王承略　劉心明　主編

二十五史藝文經籍志考補萃編續刊

考補萃編續刊

第十卷

南唐藝文志

宋史藝文志新編

宋史藝文志考異

唐圭璋　著
李　兵　整理

[明]柯維騏　撰
李學玲　整理

[清]錢大昕　撰
陳福盛　整理

清華大學出版社　北京

圖書在版編目（CIP）數據

二十五史藝文經籍志考補萃編續刊. 第十卷/王承略，劉心明主編. —北京：清華大學出版社，2021.7

ISBN 978-7-302-58189-5

Ⅰ．①二… Ⅱ．①王… ②劉… Ⅲ．①二十五史－藝文志 Ⅳ．①Z838

中國版本圖書館 CIP 數據核字（2021）第 094577 號

責任編輯：馬慶洲
封面設計：曲曉華
責任校對：劉玉霞
責任印製：叢懷宇

出版發行：清華大學出版社
  網　　址：http://www.tup.com.cn，http://www.wqbook.com
  地　　址：北京清華大學學研大廈 A 座　　**郵　　編**：100084
  社 總 機：010-62770175　　**郵　　購**：010-62786544
  投稿與讀者服務：010-62776969，c-service@tup.tsinghua.edu.cn
  質量反饋：010-62772015，zhiliang@tup.tsinghua.edu.cn
印 裝 者：三河市金元印裝有限公司
經　　銷：全國新華書店
開　　本：148mm×210mm　　**印　張**：13.375　　**字　　數**：298 千字
版　　次：2021 年 7 月第 1 版　　**印　　次**：2021 年 7 月第 1 次印刷
定　　價：79.00 元

產品編號：093593-01

《二十五史藝文經籍志考補萃編續刊》編纂委員會

學術顧問：張高評

主　　編：王承略　劉心明

副主編：馬慶洲　李　兵

特約作者：劉兆祐　顧力仁　劉　琳　聶鴻音　張固也

點校整理：辛智慧　李學玲　張　雲　杜志勇　于少飛

　　　　　　楊勝男　由墨林　張　偉　陳福盛　解樹明

　　　　　　邱琬淳

校　　對：王成厚　李　博　王　瑞　王志遠　肖鴻哉

　　　　　　楊潤東　靳亞萍　馬慶輝　李古月　王銀萍

　　　　　　張孜烜　盧姝宇　林　相　朱世堯　侯穎格

目　　録

南唐藝文志

唐圭璋　著

李兵　整理

底本：《中華文史論叢》1979 年第 3 輯（總第 11
輯），上海古籍出版社，1979 年 9 月

宋人著《南唐書》，有胡恢、馬令、陸游三家。胡《書》不傳，馬、陸二《書》雖傳，但無《藝文志》，亦一憾事。案南唐三世偏安江南，搜采圖書，延攬賢士，宣揚文化，不遺餘力。宋平南唐，猶得藏書十餘萬卷，可見平時蓄積之富。而在音樂、美術、小學、文學各方面，南唐俱有特殊之貢獻，對後世文化發展之影響，尤其深遠。兹就王堯臣《崇文總目》（下簡稱《崇文目》）、晁公武《郡齋讀書志》（下簡稱晁《志》）、陳振孫《直齋書録解題》（下簡稱陳《録》）、尤袤《遂初堂書目》（下簡稱尤《目》）諸書所引南唐人著述目録，並參之以《南唐書》《通志》《通考》《宋史》以及公私所藏書目，區分部類，一一志之，借以考見南唐一代文藝之概況。

經　部

禮　類

禮經釋　黄載撰

見馬《書》本傳。《傳》云："載嘗釋《禮經》，獲百千，一旦爲人
竊取，載笑曰：'彼無資者也，將借此以成家，亦我之德。'了不
介意。"

樂　類

小胡笳十九拍一卷　蔡翼撰

原見《崇文目》，題作"僞唐蔡翼撰"。《通志》同。《通考》引
《崇文目》，"笳"下多一"子"字，注云："僞唐蔡翼撰，琴曲有
《大》《小胡笳》，《大胡笳十八拍》，沈遼集，世名'沈家聲'。
《小胡笳》又有《契聲一拍》，共十九拍，謂之'祝家聲'。祝氏
不詳何人，所載乃小胡笳子。"陳《錄》有《大胡笳十九拍》一
卷，題作《大胡笳十九拍》，疑有誤。

琴調一卷　蔡翼撰

原見《崇文目》，題作"僞唐蔡翼撰"。《通考》引《崇文目》、《玉
海》引《國史志》、《宋志》並同。

阮咸譜一卷　蔡翼撰

見《通考》引《崇文目》。

春秋類

春秋纂要十卷　姜虔嗣撰

原見《崇文目》，題作“僞唐人姜虔嗣撰”。《通志》同。《通考》引《崇文目》亦作“僞唐姜虔嗣撰”，但書名作《春秋纂例》，且無卷數，注云：“以《春秋》左氏、公、穀三家之《傳》，學者鈔集之文。”《宋志》作姜虔嗣《春秋三傳纂要》二十卷。[①]

小學類

説文解字韻譜十卷　　徐鍇撰

原見《崇文目》，《山堂考索》引《中興館閣書目》、晁《志》、《宋志》並同。晁《志》云：“鍇以許慎學絶，取其字分譜四聲，殊便檢閲。然不具載其解爲可恨，頗有意再編之。”《通志》、《續四庫闕書目》（丁氏鈔本）、陳《録》、《通考》並作《説文韻譜》十卷。尤《目》作《説文篆韻》，無卷數。陳《録》云：“又取《説文》以聲韻次之，便於檢討，鉉爲作序。”李昉撰《徐鉉墓志銘》，謂徐鉉撰《説文韻譜》十卷。據徐鉉《韻譜後序》，此實鍇撰而鉉篆書，李昉恐即緣此誤以爲鉉撰。天一閣藏有《説文解字篆韻譜》五卷。《述古堂藏書》亦有宋本影抄徐鍇《篆韻》五卷五本。《四庫全書》《函海》《小學匯函》並有五卷本。瞿氏《書目》、陸氏《藏書志》並有元刊本五卷。北京圖書館有元延祐三年種善堂刻本五卷，南陵徐氏又有影印元種善堂五卷本。海源閣藏有十卷舊抄本，馮桂芬亦有影宋本十卷，分卷雖異，内容實同。《通志》又有《説文音隱》四卷，不著撰人，《十國春秋》誤以爲徐鍇撰，劉承幹《南唐書補注》亦誤以爲徐鍇撰。

通釋五音一千卷　　徐鍇撰

見徐鉉《韻譜前序》，又見《宋史·徐鉉傳》。《補五代史藝文志》亦作一千卷。按《四部叢刊》影印宋本《徐公文集》，其中

---

① “春秋”二字原脱，據清乾隆武英殿刻本《宋史·藝文志》補。

《韻譜前序》之"千"字,形似"十"字,疑原本作"十",《宋史》誤引作"千"。

説文解字繫傳四十卷　徐鍇撰

《崇文目》作三十八卷,《通志》同。尤《目》有徐鍇《説文》,無卷數。《玉海》引《中興館閣書目》、陳《録》、《通考》《宋志》並作四十卷。陳《録》云:"南唐校書郎廣陵徐鍇楚金撰,爲《通釋》三十篇,《部叙》二篇,《通論》三篇,《袪妄》《類聚》《錯綜》《疑義》《繫述》各一篇。鍇至集賢學士,右内史舍人,不及歸朝而卒。鍇與兄鉉齊名,或且過之,而鉉歸朝通顯,故名出鍇上。此書援引精博,小學家未有能及之者。"《宋志》除著録《繫傳》四十卷以外,又重出《説文通釋》四十卷,據徐鉉《韻譜前序》,亦稱此書爲《通釋》,當緣此書卷一至卷三十,凡三十卷爲《通釋》,其餘十卷則爲《雜論》,《通釋》爲主故耳。《宋志》誤分爲二書,《十國春秋》亦沿《宋志》之誤。《補五代史藝文志》謂自吳任臣《十國春秋》始誤分爲二書,不知誤分爲二書,始自《宋志》,非始自吳氏。《讀書敏求記》亦作四十卷,注謂書名"繫傳"者,"蓋尊叔重之書爲經,而自比於邱明之爲《春秋》作傳也。"《述古堂書目》有四十卷宋本影鈔。今傳本並作四十卷,有《四庫全書》本、汪啓淑本、馬俊良本、祁雋藻本、《小學匯函》本,祁本出自影宋鈔本,歷經黃蕘圃、顧千里鑑藏,至爲可貴。《四部叢刊》據常熟瞿氏藏宋本,並配以吳興張氏藏影宋本寫本。《四部備要》則據祁本校印。

説文解字十五卷　徐鉉校定本

原見《崇文目》,《通志》同。晁《志》、陳《録》、《通考》並作三十卷,蓋十五卷各分上下,實亦三十卷。陳《録》云:"《説文解字》三十卷,漢太尉祭酒汝南許慎叔重撰,凡十四篇,並序目一篇,各分上下卷,凡五百四十部,九千三百五十三文,重一千一百六十三。雍熙中，右散騎常侍徐鉉奉詔校定，以唐李陽冰排斥許氏爲臆説。末有"新定字義"三條，其音切則以唐孫愐韻爲定。"《述古堂藏書》有宋板許氏《説文》三十卷四本，《四庫全書》亦有三十卷本。十五卷有汲古閣刊本、平津館刊本、藤花榭刊本。《續古逸叢書》有影印宋刊本，即平津館藤花榭所據刻之本。《四部叢刊》據日本巖崎氏藏宋刊本影印，《四部備要》據大興朱氏藏宋刊本影印。

鉦銘碑一卷　徐鉉撰

見瞿耆年《籀史》。

三家老子音義一卷　徐鉉撰

《宋志》小學類作徐玄撰。《玉海》引《中興館閣書目》作徐鉉。

臨書關要一卷　僧應之撰

原見《崇文目》，不注撰人。《通志》《宋志》並作僧應之撰。

史　部

正史類

漢書刊誤一卷　張佖撰

見《玉海》引《中興館閣書目》，又見《宋志》正史類。《宋志》"佖"作"泌"。《才調集》有張泌詩，《花間集》有張泌詞，疑俱非南唐之張佖。又《説郛》中有張泌《妝樓記》一卷，明刊本《虞初志》中有張泌《韋安道傳》及《蔣琛傳》，明刊本《合刻三志》中有張泌《屍媚傳》一卷，亦俱系僞托。

編年類

元類一卷　沈汾撰

原見《崇文目》，《宋志》同。《通志》未注撰人。

歷代年譜一卷　徐鍇撰

見《通志》史類。

南唐烈祖實録二十卷　高遠撰

見陸《書》，《宋志》同。陳《録》、《通考》並作十三卷。陳《録》云："《南唐烈祖實録》十三卷，南唐史館修撰高遠撰，闕第八、第十二卷。遠又嘗爲《吳録》二十卷，而徐鉉、鄭文寶皆云，開寶中，遠始輯升元以來事，書未成而疾，悉焚其草，故事多遺落。"

元宗實録十卷　高遠撰

見陸《書》本傳。《傳》云："遠又自撰《元宗實録》十卷，未及上，會屬疾，取史稿及他所著書，凡百餘卷，悉燔之。"

雜史類

中朝故事三卷　尉遲樞撰

原見《崇文目》，《通志》同。《通志》注云："僞唐尉遲樞撰，記宣、懿、昭三宗事。"晁《志》、陳《錄》、《通考》《宋志》並作二卷，撰人並作尉遲偓。晁《志》云："記唐懿、昭、哀三朝故事，故曰中朝。"陳《錄》云："僞唐給事中尉遲偓撰，載唐末雜事。"尤《目》有《中朝故事》，無撰人及卷數。此書《太平廣記》曾引之，《說郛》《歷代小史》並作一卷。《廣四十家小說》作二卷，《述古堂書目》亦作二卷。八千卷樓有影宋鈔本《中朝故事》一卷。《隨庵徐氏叢書》據影宋鈔本影刊《中朝故事》一卷。《四庫全書》有《中朝故事》二卷，撰人作"南唐尉遲偓"，並謂"其書皆記唐宣、懿、昭、哀四朝舊聞"。《通志》雜史類有尉遲樞撰《中朝故事》三卷，職官類又有尉遲渥撰《中書故事》一卷，豈別是一書耶？《續四庫闕書目》亦有尉遲渥《中書故事》二卷。

三朝革命錄三卷　徐廙撰

原見《崇文目》，《通志》《宋志》並同。《通志》注云："載隋唐事，盡於天祐禪梁，僞吳徐廙撰。"

十三代史略　夏鵬　夏鴻撰

《江南通志》云："夏鴻，池州貴池人，嘗與兄鵬輯《十三代史略》，隱居不出，鄉人罕見其面。"

唐補記三卷　程匡柔撰

原見《崇文目》，馬令《南唐書》同。尤《目》有《唐補記》，無撰人及卷數。《玉海》引《崇文目》，"記"作"紀"。《通志》作唐程柔撰《唐補紀》三卷，記宣、懿、僖宗事。作"程柔"，因避太祖"匡"字諱而改。陳《錄》云："《大唐補記》三卷，南唐程匡柔撰。序言懿宗朝有焦璐者，撰《年代紀》，述神堯止宣宗。匡柔襲摭三百年曆，[①]補足十九朝。起咸通戊子，止癸巳，附璐書中。乾符以後，備存《補紀》。末有《後論》一篇，文辭雖拙，論議亦正。"《通考》全引陳《録》。《宋志》編年類有程正柔《大唐補記》三卷，別史類又有程光榮—作"柔"。《唐補記—作"紀"。》三卷，顯系重出。光柔、正柔當皆因避"匡"字諱而改。《補五代史藝文志》録《大唐補記》三卷，撰人作程匡，恐誤。

吳録二十卷　　徐鉉等撰

原見《崇文目》，《通志》《宋志》並同。《通志》注云："記楊行密據淮南盡楊溥。"錢繹誤引《唐志》作《吳録》三十卷，張勃撰。案《唐志》所載《吳録》，乃三國之吳，非楊吳之吳，《通志》載張勃《吳録》三十卷亦入魏吳類可證。陸書《高遠傳》，謂遠在史館，與徐鉉、喬匡舜、潘佑共成《吳録》二十卷。《宋志》注謂徐鉉、高遠、喬舜、潘佑等撰，正本陸《書》。

吳將佐録一卷

《崇文目》《通志》並未注撰人。《通志》注云："記楊行密時功臣三十六人行事，又三十四人只載姓名。"

江南録十卷　　徐鉉　湯悦等撰

原見《崇文目》，晁《志》、《通志》、陳《録》、《宋志》並同。晁《志》云："鉉等自江南歸朝，奉詔集李氏時事。"陳《録》云："給事中廣陵徐鉉鼎臣、光禄卿池陽湯悦德川撰。二人皆唐舊臣，故太宗命之撰次。悦即殷崇義，避宣祖諱及太宗舊名，並姓改焉。"馬書《湯悦傳》謂悦撰《江南録》十卷，"自言有陳壽史體"。

---

① "摭"字原脱，據清光緒二十二年浙江書局刻本《文獻通考·經籍考》補。

高皇帝過江事實一卷

《崇文目》《通志》並不注撰人。《通志》注云："記僞吳太和二年李昇過江鎮金陵事。"《宋志》誤作《高宗皇帝過江事實》。

閩王審知傳一卷　　陳致雍撰

《崇文目》《通志》並同。《通志》注云："僞唐陳致雍撰。"陳《錄》、《通考》並作《閩王列傳》一卷。陳《錄》云："秘書監晉江陳致雍撰，二世七主，通六十年。"

烈祖開基錄十卷　　王顏撰

《崇文目》《通志》並同。《通志》注云："僞唐王顏撰，記李昇據金陵事，昇號烈祖。"陳《錄》、《通考》《宋志》並作《南唐烈祖開基志》十卷。陳《錄》云："南唐滁州刺史王顏撰，起天祐乙丑，止升元癸卯，合三十九年。"《續唐書經籍志》誤作王鉉撰。

江南李氏事迹一卷

見《通志》霸史類，未注撰人。《續四庫闕書目》同。

吳唐拾遺錄十卷　　許載撰

《通志》霸史類作許氏撰，《續四庫闕書目》《宋志》並作許載撰。

江南志二十卷

見《宋志》別史類，未注撰人。

唐春秋三十卷　　郭昭慶撰

見馬《書》及陸《書》本傳。馬《書》謂昭慶擬《元經》，作《唐春秋》三十卷，爲徐鉉、徐鍇所匿。

金陵六朝記二卷　　尉遲偓撰

有明嘉靖辛丑豁山人校本，見朱緒曾《開有益齋讀書志》。《宋志》有《金陵六朝記》一卷，無撰人。《也是園書目》有尉遲偓《金陵六朝記》三卷。

儀注類

州縣祭祀儀　五禮儀鏡五卷　寢祀儀一卷　陳致雍撰

見《宋志》儀注類。《玉海》引《中興館閣書目》有陳致雍《五禮儀鏡》六卷。陳《録》引《中興館閣書目》有《新定寢祀禮》一卷，注云："不知作者，《中興館閣書目》有此書，云前後有序，題太常博士陳致雍撰集。今此本亦前後有序，意其是也。致雍，晉江人，及仕本朝。"

郊望論　周彬撰

周彬有《郊望論》數千言，廣陳前古得失，見馬《書》本傳。

刑法類

江南刑律統類十卷　姜虔嗣撰

原見《崇文目》，《通志》《宋志》並同。《通志》注云："僞吳天祚中，姜虔嗣撰。"

江南删定條三十卷　李氏撰

原見《崇文目》，撰人作僞唐李氏，《通志》同。陸《書》作《升元删定條》，無卷數。

江南格令條八十卷

見《宋志》刑法類，無撰人。

升元格

升元三年，命有司作《升元格》，與《吳令》並行，見陸《書》。

古今國典　徐鍇撰

見陸《書》徐鍇本傳，未注卷數。《補五代史藝文志》録徐鍇《古今國典》一百卷，未知何據。

地理類

方輿記一百三十卷　徐鍇撰

原見《崇文目》，《通志》《宋志》並同。陸《書》未著卷數。

豫章記三卷　徐廣撰

原見《崇文目》。《輿地碑記目》作南唐涂廣撰《豫章記》三卷。
《江西通志》載郭子章《豫章書》云："涂廣，南昌人，仕南唐爲
本縣尉，撰《補豫章記》。"

晉安海物異名記二卷　陳致雍撰

原見《崇文目》，《通志》同。陳《録》、《宋志》並作三卷。《國史
經籍志》謂《宋志》入小説類，非是。晉安，陳《録》作晉江。陳
《録》云："《晉江海物異名記》三卷，[①]秘書監莆田陳致雍撰。
致雍仕僞閩、南唐，後歸朝。"

高麗國海外使程記三卷　章僚撰

原見《通志》史類，無撰人，注云："升元中録。"陳《録》、《通考》
《宋志》《十國春秋》並作章僚《海外使程廣記》三卷。陳《録》
云："南唐如京使章僚撰。使高麗，所記海道及其國山川事迹
物産甚詳，史虚白爲作序，稱己未十月，蓋本朝開國前一歲
也。"程大昌《演繁露》作張僚《海外行程記》。

傳記類

金華子雜編三卷　劉崇遠撰

原見《崇文目》，《宋志》同。《通志》作"僞唐劉榮遠撰"，注云：
"記大中咸通後事。"陳《録》"雜編"作"新編"。晁《志》、《通
考》並無"雜編"二字。劉崇遠，晁《志》作唐人，注云："金華

---

① "物"，原誤作"外"，據清《武英殿聚珍版叢書》本《直齋書録解題》卷八改。

子，崇遠自號，蓋慕黃初平爲人也。録唐大中後事，一本題曰
《劉氏雜編》。"陳《録》云："《金華子新編》三卷，大理司直劉崇
遠撰，五代時人，記大中以後雜事。"《四庫提要》據書中《自
序》"升元受命"語，謂升元乃南唐紀年，晁《志》謂唐人，陳
《録》謂五代人並誤。宋濂《諸子辨》以爲其人不可考，亦未核
《自序》。《說郛》有《金華子雜編》一卷。《四庫全書》有《大
典》輯本《金華子》二卷六十餘條。《榕園叢書》亦有《金華子》
二卷。又，《函海》《讀畫齋叢書》並有《金華子雜編》二卷。
《全唐文》録有劉崇遠《金華子新編序》。上海圖書館有清周
廣業校注《金華子雜編》二卷稿本。

南楚新聞三卷　尉遲樞撰

原見《崇文目》，《通志》同。《通志》注云："唐尉遲樞，記寶曆
至天祐時事。"

賈氏談録一卷　張洎撰

晁《志》云："《賈氏談録》一卷，右僞唐張洎奉使來朝，録賈黃
中所談三十餘事，歸獻其主。"陳《録》云："《賈公談録》一卷。
序言庚午銜命宋都，聞於補闕賈黃中，凡二十六條，而不著其
名。別本題‘清輝殿學士張洎’，蓋洎自江南奉使也。庚午寶
開寶三年。黃中，晉開運中以七歲爲童子闕頭，十六歲進士
及第第三人。"《廣四十家小說》有《賈氏談録》一卷，《四庫全
書》從《大典》輯出一卷，《守山閣叢書》亦有一卷。

登科記十五卷　徐鍇撰

見《宋志》傳記類。

歲時類

歲時廣記一百二十卷　徐鍇撰

原見《崇文目》類書類，《玉海》引《中興館閣書目》、《山堂考

索》引《中興館閣書目》、《宋志》卷數並同。《宋志》入子部農家類，内八卷闕。《通志》作一百十二卷，改入月令類，《校讎略》云：“‘歲時’自是一家書，如《歲時廣記》百十二卷，《崇文目》不列於‘歲時’，而列於‘類書’，何耶?”《國史經籍志》亦改入時令類，當本之《通志》。尤《目》無撰人及卷數。陸《書》無卷數。《續四庫闕書目》有《歲時廣記目録》一卷。

目録類

群書麗藻一千卷目録五十卷　朱遵度撰

《崇文目》僅著《目録》五十卷，撰人作宋遵度。《通志》亦僅載《目録》五十卷，撰人作“僞唐朱遵度”。《玉海》引《中興書目》作南唐朱遵度撰《群書麗藻》一千卷，《目録》五十卷。《山堂考索》引《中興書目》亦作朱遵度。《國史經籍志》亦作朱遵度。《宋志》於目録類載朱遵度《群書麗藻目録》五十卷，又於總集類載朱遵度《群書麗藻》一千卷，[①]《目》五十卷。陳《録》云：“《群書麗藻》六十五卷。按《三朝藝文志》一千卷，崔遵度編。《中興館閣書目》但有《目録》五十卷，云‘南唐司門員外郎崔遵度撰’。以六例總括古今之文：一曰‘六籍瓊華’，二曰‘信史瑤英’，三曰‘玉海九流’，四曰‘集苑金鑾’，五曰‘絳闕蕊珠’，六曰‘鳳首龍編’，爲二百六十七門，總一萬三千八百首。今無《目録》，合三本，共存此卷數，斷續訛缺，不復成書，當其傳寫時固已如此矣。其目止有四種，無‘金鑾’‘蕊珠’二類，姑存之，以備闕文。按《江南餘載》，遵度，青州人，居金陵，高尚不仕。《中興書目》云‘司門郎’，未知何據也。”據《江

---

① “朱”，原誤作“宋”，據清乾隆武英殿刻本《宋史・藝文志》改。

表志》云："朱遵度本青州書生，好藏書，高尚其事。閑居金陵，著《鴻漸學記》一千卷，《群書麗藻》一千卷，漆書數卷，皆行於世。"是撰《群書麗藻》者，當以作朱遵度爲是，至崔遵度乃作《琴箋》者。查《知不足齋叢書》本《江南餘載》，亦無朱遵度事。

子　部

儒家類

治書十卷　郭昭慶撰

見《通志》，惟撰人誤作郭昭度。馬《書》及陸《書》並謂郭昭慶撰《治書》五十篇。馬《書》謂《治書》内有《禁絕》三篇，多天文孫吳之術。汪之昌《青學齋集》誤據《十國春秋》補《禁絕》三篇。

經國　治民論　郭昭慶撰

馬《書》謂昭慶獻《經國》《治民論》各十餘篇。

爲政九要　史虛白撰

《文淵閣書目》有虛白處士《爲政九要》一部一冊。

太玄經注　張易撰

陸書《張易傳》謂易注《太玄經》，未成而卒。

道家類

化書六卷　譚峭撰

原見《崇文目》。晁《志》、《通志》、陳《錄》、《宋志》並作宋齊丘撰。《江南野史》謂宋齊丘作《化書》五十餘篇。張耒《柯山集》亦有宋齊丘《化書題跋》。尤《目》有《齊丘化書》，無卷數。《山堂考索》引《中興館閣書日》作三卷。宋碧虛子陳景元跋《化書》云：“舊傳陳摶言，譚峭景升在終南著《化書》。”天一閣有明刊《化書》六卷，撰人作譚景升，紫霄真人譚景升。北京圖書館有譚峭《化書》六卷宋刻本、元刻本及明弘治刻本，南

京圖書館亦有弘治刻本譚峭《化書》六卷。宋濂《諸子辨》以
爲《化書》乃齊丘竊譚峭之作,非齊丘自作。王世貞《弇州山
人續稿跋》云:"是書也,吾以爲齊丘必竄入其自著十之一二,
而後掩爲己有。"《述古堂藏書》有抄本《譚子化書》六卷。《道
藏》《續道藏》《說郛》《寶顔堂秘笈》《唐宋叢書》《格致叢書》
《四庫全書》《墨海金壺》《榕園叢書》《正覺樓叢刊》並有譚峭
《化書》六卷。《鹽邑志林》《珠叢別録》並有《譚子化書》一卷。
《子匯》有《齊丘子》一卷。《全唐文》有宋齊丘《齊丘子自序》,
謂《化書》六卷,百有十篇,上二卷說道與術,中二卷說德與
仁,下二卷說食與儉。

襲古書三卷　萬朝撰

原見《崇文目》。《通志》作"僞唐范朝撰"。

續仙傳三卷　沈汾撰

原見《崇文目》,《玉海》引《中興館閣書目》、《宋志》並同。《太
平廣記》引作《續神仙傳》。《通志》作《續神仙傳》三卷。陳
《録》云:"唐溧水令沈汾撰,'汾'或作'玢'。"《通考》引陳
《録》同。明嘉靖黄省曾有《續仙傳》一卷刻本。《文淵閣書
目》有《續仙傳》兩部各一册。《夷門廣牘》有《續神仙傳》一
卷。《說郛》《絳云樓書目》並有《續神仙傳》三卷。《道藏》、
汲古閣及《四庫全書》並有《續仙傳》三卷。《述古堂藏書》有
抄本《續仙傳》三卷。《全唐文》有沈汾《續仙傳序》,序末署
名沈汾。

宗性論修真秘訣　聶紹元撰

見《十國春秋》卷三十四《聶紹元傳》,《傳》云:"學士徐鉉、徐
鍇爲之嘆曰:'吴筠、施肩吾無以加焉。'"

逍遥大師問政先生聶君傳一卷　徐鍇撰

原見《通志》,《續四庫闕書目》同。尤《目》有《聶真人傳》。

論氣正訣一卷　何溥撰

見《十國春秋》卷二十九。元宗時，溥曾爲國子祭酒。《四庫全書》收有何溥《靈城精義》二卷，《提要》以爲贋作。

徐仙翰藻十四卷　徐知證撰

元陳慕根輯，見萬曆本《續道藏》。北京圖書館藏有元抄本《徐仙翰藻》十四卷。《全唐文》録徐知證文一篇。

釋家類

舍利塔記一卷　高越撰

原見《崇文目》，《通志》《宋志》並同。

石本金剛經一卷

陳《録》云：“南唐保大五年，壽春所刻。乾道中，劉岑季高再刻於建昌軍，不分三十二分，相傳以爲最善。”

四注金剛經一卷　僧應之撰

見《宋志》道家類，内附釋氏及神仙。

大唐保大乙巳歲續貞元釋教録一卷　僧恒安撰

北京圖書館有高麗高宗三十四年（宋淳祐七年）大藏都監刻大藏本。

楞嚴經注釋　僧文遂撰

見《十國春秋》卷三十三《文遂傳》。

雜家類

法語二十卷　劉鶚撰

《崇文目》誤作劉鄂撰。徐鉉撰《劉鶚墓志銘》，謂“鶚著《法語》八十一篇，大抵宗尚《周禮》，以質百氏之惑”。晁《志》入儒家類，撰人作南唐劉鶚，注云：“鶚，甲戌歲，擢南唐進士第，實開寶七年也。著書凡八十一篇，言治國立身之道，徐鉉爲之叙。"《宋志》作劉鶚撰《劉子法語》二十卷。

通論五卷　劉鶚撰

《宋志》雜家類録《劉子法語》二十卷，又録劉鶚《通論》五卷。《崇文目》入小説類。

格言五卷　韓熙載撰

原見《崇文目》，晁《志》、陳《録》、《通考》《宋志》並同。晁《志》云："熙載以經濟自任，乃著書二十六篇，論古今王伯之道，以干李煜。首言陽九百六之數及五運迭興事，其駁雜如此。有門生舒雅序。"《通志》作六卷。《宋志》此書兩見，一見儒家類，一見雜家類。

格言後述三卷　韓熙載撰

見陸《書》及《宋志》雜家類。

皇極要覽　韓熙載撰

見馬《書》本傳，無卷數。

古今語要十二卷　喬舜封撰

原見《通志》。《宋志》兩見，一見史鈔類，作喬舜撰；一見類事類，作喬舜封撰。

雜説六卷　李煜撰

原見《通志》小説家類。尤《目》作《李氏雜説》，無卷數。《宋志》入雜家類，作二卷。《續四庫闕書目》作一卷。《江南別録》謂李煜著《雜説》數千萬言，《皇宋書録》謂李煜著《雜説》數千言。《李煜墓志銘》《湘山野録》及馬《書》並謂李煜著《雜説》百篇。馬《書》云："後主著《雜説》百篇，時人以爲可繼《典論》。"徐鉉《雜説序》作三卷，三卷之中，又分上下，凡一百篇。

理訓十卷　朱齊丘撰

見《宋志》雜家類。

小説類

稽神録十卷　徐鉉撰

原見《崇文目》，《通志》《宋志》並同。晁《志》、陳《録》、《通考》並作六卷。晁《志》云：“《稽神録》六卷，右南唐徐鉉撰，記怪神之事。序稱自乙未歲至乙卯，凡二十年，僅得百五十事。楊大年云：‘江東布衣蒯亮好大言夸誕，鉉喜之，館於門下。《稽神録》中事，多亮所言。’”陳《録》云：“《稽神録》六卷，南唐徐鉉撰。元本十卷，今無卷，第總作一卷，當是自他書中録出者”。《徐鉉墓志銘》作二十卷。《太平廣記》曾引此書。《東都事略》作《稽神論》。《也是園書目》有《稽神録》六卷，《述古堂書目》又有抄本《稽神録》十卷。《傳是樓書目》作七卷，《士禮居藏書》《皕宋樓藏書》並作六卷，別有《補遺》二卷。《津逮秘書》《四庫全書》《學津討原》並有六卷及《拾遺》一卷刊本。《四庫提要》謂晁《志》稱凡一百五十事，此本乃有一百七十四事，又有《拾遺》十三事，疑從《太平廣記》録出，又誤録他書並入之故。陸心源有《校補》二卷。

摭言十五卷　廣摭言十五卷　何晦撰

見《宋志》小説類。《宋志》小説類，有唐王定保《摭言》十五卷，又有何晦《摭言》十五卷，《廣摭言》十五卷。陳《録》云：“《廣摭言》十五卷，鄉貢進士何晦撰。其序言太歲癸酉，下第於金陵鳳臺旅舍。癸酉者，開寶六年也，時江南猶未下，晦蓋其國人歟。”《通考》引陳《録》作《唐摭言》，《文淵閣書目》有《唐摭言》一部三册。《國史經籍志》有南唐何晦撰《唐摭言》，《十國春秋》亦作《唐摭言》。劉毓崧謂何晦《摭言》“其成書後於王定保五十六年，惜久佚不傳，無以知其體裁之同異”。

笑林　楊名高撰

見馬《書》楊名高本傳。《太平廣記》引《笑林》，未知是否楊著之《笑林》。

藝術類

射書十五卷　徐鍇　歐陽陌撰

原見《崇文目》，《玉海》引《崇文目》、《通志》並同。《宋志》作徐鍇《射書》十五卷。

五善射序一卷　程正柔撰

原見《通志》藝術類，《續四庫闕書目》同。

金谷園九局譜一卷　徐鉉撰

《崇文目》及《宋志》俱未著撰人。《通志》作“偽唐徐鉉撰”。

棋圖義例一卷　徐鉉撰

原見《崇文目》，《宋志》同。

繫蒙小葉子格一卷　大周后撰

《崇文目》作“偽唐后主妃周氏撰”。“繫”，《通志》《宋志》並作“擊”。周在浚《南唐書注》引《宋志》，謂周后有《擊蒙小葉子格》一卷，《編金葉子格》一卷，《小葉子例》一卷。按《崇文目》《通志》《宋志》並有周后《擊蒙小葉子格》一卷，但《編金葉子格》及《小葉子例》俱未著名氏，實非周后撰。

墨經一卷　李氏撰

見《宋志》雜藝類。尤《目》有《墨經》，無撰人亦無卷數。朱長文《墨池編》，謂江南黟歙之地，李廷珪墨尤佳。

書述　李煜撰

晁《志》錄《臨池妙訣》三卷，注云：“後有江南李煜《述書》。”陳思《書苑精華》中有《書述》一則云：“書有八字法，謂之撥鐙，自衛夫人並鍾王傳授於歐、顏、褚、陸等，流於此日，然世人罕知其道者。"

升元帖

周密《志雅堂雜抄》謂後主嘗命徐鉉以所藏古今法帖刻石。
陶宗儀《輟耕録》則謂此帖乃中主於保大七年命倉曹参軍王
文炳摹刻。

續筆陣圖　李煜撰

高士奇《天禄識餘》云："《筆陣圖》乃羊欣作，李後主續之。"

霓裳羽衣曲　大周后撰

見《江表志》、馬《書》及陸《書》。後主《玉樓春詞》云："重拍霓
裳歌遍徹。"馬《書》云："後主嘗演《念家山》舊曲，後復作《邀
醉舞》《恨來遲新破》，皆行於時。"

漆經三卷　朱遵度撰

見《宋志》藝術類。《崇文目》入小説類，撰人作朱遵。《通志》
入食貨類，撰人作僞唐朱遵。《續四庫闕書目》入小説類，無
撰人。按《江表志》謂朱遵度撰《漆經》數卷，當以作朱遵度
爲是。

醫書類

續傳信方十卷　王顔撰

原見《崇文目》，《通志》《宋志》並同。

升元廣濟方三卷　華宗壽撰

原見《崇文目》，《通志》《宋志》並同。

食性本草十卷　陳士良撰

見《通志》醫方類，撰人作僞唐陳士良。《重修政和證類本草》
云："《食性本草》，僞唐陪戎副尉劍州醫學助教陳士良撰。以
古有食醫之官，因食養以治病，故取《神農本草經》泊陶隱居，
蘇恭、孟詵、陳藏器諸家關於飲食者類之。附以已載食醫諸

官及五時調養臟腑之術，集賢殿學士徐鍇爲之序。”

曆數類

保大齊政曆十九卷

原見《崇文目》，無撰人。《通志》注作“僞唐曆”，《宋志》作《唐保大齊正曆》三卷。

中正曆　陳承勛撰

升元四年，頒《中正曆》，[①]曆官陳承勛所撰，見陸《書》。

五行類

玉管照神局二卷　宋齊丘撰

原見《通志》，《四庫闕書目》（徐松輯本）、《續四庫闕書目》《宋志》並同。陳《録》、《通考》並作《玉管神照》一卷，無名氏撰。《趙定宇書目》有《玉管照神》四本，《絳云樓書目》有《玉管照神》一卷。《讀書敏求記》有《玉管照神》十卷，注云：“上局所論，皆人之體貌，有形可見，故謂之陽局。下局所論，皆出形之外，無象可見，故謂之陰局。齊丘之大旨盡於此矣。”《十國春秋》作《增補玉管照神經》十卷。《四庫全書》從《永樂大典》録出三卷。《十萬卷樓叢書》有《玉管照神局》二卷。

---

① “正”，原誤作“心”，據《四部叢刊續編》影印明抄本《南唐書》改。

集　部

總集類

鴻漸學記一千卷　朱遵度撰

見《江表志》。

諫書八十卷　張易編

原見《崇文目》，不著撰人。《續四庫闕書目》入類書類，《宋志》入類事類，並無撰人。《通志》亦無撰人。《玉海》引《崇文目》作張易纂《諫書》八十卷。《通志》注云：“集歷代君臣、父子、朋友諫諍之説。”

大唐直臣諫奏七卷　張易編

原見《崇文目》，《通志》同。《玉海》引《崇文目》、《宋志》並無“大”字。陸《書》作《諫奏集》七卷。

軍書十卷　王紹顔編

原見《崇文目》，《通志》《宋志》並同。

唐吳英雋賦集七十卷　楊氏編

原見《崇文目》。《通志》作“僞吳楊氏撰”，《宋志》作江文蔚《唐吳英秀賦》七十二卷。《續四庫闕書目》作《唐吳英秀賦集》七十七卷。

賦苑二百卷　徐鍇編

原見《崇文目》，《通志》同。《通志》注云：“集唐人及近代律賦”。陸《書》無卷數。《宋志》總集類録《賦苑》二百卷外，又有《目録》一卷。汪之昌《青學齋集》謂徐鍇又撰《廣類賦》二十五卷，《靈仙賦集》二卷，《甲賦》二卷，《賦選》五卷。按，此數種皆非徐鍇撰,《廣類賦》二十五卷,《靈仙集賦》二卷,《崇文目》《通志》及《宋志》俱無撰人；[1]《賦選》五卷,《崇文目》及《通志》俱注作李魯編,《宋志》則不著撰人；《靈仙賦集》二卷,《通志》《宋志》俱無撰人；《甲賦》二卷,《崇文目》無撰人；《宋志》作《甲賦》五卷,亦無撰人。

江南續又元集十卷　劉吉編

原見《崇文目》,《通志》同。《宋志》作二卷。

江南制誥集七卷

見《續四庫闕書目》。《宋志》總集類作《江南制集》七卷。

桂香詩一卷　喬舜編

見《宋志》總集類。《崇文目》及《通志》並入別集類。《全唐詩》録喬舜詩一首。《徐鉉文集》卷四有《送德林郎中赴東府詩序》,詩作者六人,首篇正作喬舜。又卷八有《洪州掌書記喬匡舜賜紫制》,當是入宋避去"匡"字耳。陸《書》卷八有《喬匡舜傳》,作喬舜封者,豈亦入宋後改名耶。

別集類

陳陶文集十卷

原見《崇文目》。《唐志》《通志》《宋志》《唐才子傳》並作《陳陶文録》十卷。晁《志》、《通考》並作《陳陶集》二卷。

癖書十卷　陳陶撰

見《北夢瑣言》卷五。

徐鉉文集三十卷

《崇文目》《湘山野録》《通志》並作《徐鉉集》二十卷。《徐鉉墓志銘》、晁《志》、《東都事略》並作《徐鉉集》三十卷。《遂初堂

---

[1]　檢清乾隆武英殿刻本《宋史·藝文志》,未見"靈仙集賦"。

書目》作《徐鉉集》，無卷數。《續四庫闕書目》作《徐鼎臣集》三十卷。陳《錄》、《通考》並作《徐常侍集》三十卷。陳《錄》云："其二十卷，仕江南所作，餘十卷，歸朝後所作也。所撰《李煜墓銘》，婉微有體，《文鑑》取之。"陳彭年《徐公集序》，謂公自勒成二十卷，其餘存者，吳淑編爲十卷，通成三十卷。《宋志》作《徐鉉集》三十二卷。《文淵閣書目》載《徐騎省文集》一部十册。《季滄葦書目》有《徐常侍集》三十卷三本，《也是園書目》有《徐騎省集》三十卷，《傳是樓書目》有《徐常侍文集》三十卷，《皕宋樓藏書》有《徐公文集》三十卷。《四庫全書》收有《騎省集》三十卷。知聖道齋藏有《徐常侍集》，跋云："此集未見雕本，從天一閣假抄"。《孫氏祠堂書目》亦有《騎省集》三十卷寫本。《四部叢刊》用黃蕘圃校宋本影印《徐公文集》三十卷，《四部備要》用宋明州本校印《徐公文集》三十卷。《全唐詩》編徐鉉詩六卷，《全唐文》編徐鉉文十卷。

質論一卷　徐鉉撰

原見《崇文目》別集類，《四庫闕書目》同。《宋志》此目兩見，一見別集類，一見儒家類。《通志》作二卷。《徐鉉墓志銘》謂鉉擬徐幹《中論》作《質論》數十篇，《徐鉉行狀》謂鉉作《質論》十四篇。《江南別錄》謂李煜爲徐鉉《質論》作序。《東都事略》謂鉉作《質疑論》。《續四庫闕書目》別集類作《質論篇》一卷。雜家類又重出《質論》二卷。馬《書》誤謂徐鍇著《質論》十餘篇，《十國春秋》《續唐書經籍志》並沿馬《書》之誤。

湯悦集三卷

見《宋志》別集類。《全唐詩》録湯悦詩五首。

李煜集十卷

原見《崇文目》，晁《志》、《宋志》並同。《宋志》別集類録《李煜集》十卷外，又重出《南唐李後主集》十卷。《通志》、陳《錄》、

《通考》並作《李後主集》十卷。尤《目》有《南唐李後主集》，無卷數。徐鉉《李煜墓志銘》作《李煜文集》三十卷。徐鉉《雜説序》謂李煜有《雅頌文賦》三十卷，有徐鍇序。《崇文目》《通志》《宋志》《國史經籍志》於《李煜集》十卷外，又有《李煜集略》十卷，疑系重出。《全唐文》録李煜文六篇。

宋齊丘集四卷

原見《崇文目》，《通志》作六卷，《十國春秋》亦謂宋齊丘有文集六卷。《宋志》別集類有宋齊丘《祀玄集》三卷。《四庫闕書目》《續四庫闕書目》並有《宋齊丘詩》二卷。《全唐詩》録齊丘詩三首，《全唐文》録齊丘文四篇。

宋齊丘文傳十三卷

《宋志》別集類録齊丘《祀玄集》三卷外，又録《齊丘文傳》十三卷。

梅嶺集五卷　　成文幹撰

原見《崇文目》，《通志》同。晁《志》、《續四庫闕書目》《通考》並作成彦雄《梅頂集》一卷。晁《志》謂集有劉鉉序。《宋志》作《成文幹詩集》五卷。《全唐詩》録成文幹詩一卷。

孫晟文集五卷

原見《崇文目》。《通志》《宋志》並作《孫晟集》五卷。晁《志》、《通考》並作三卷。《全唐文》録孫晟文二篇。

續古闕文一卷　　孫晟撰

見《宋志》別集類。

徐鍇集十卷

原見《崇文目》，《通志》同。《宋志》作十五卷。《全唐詩》録徐鍇詩五首，《全唐文》録徐鍇文六篇。

張泊集五十卷

《崇文目》作《張泊集》五十卷。張泊，馬《書》有傳，作“泊”誤。尤《目》有《張泊集》，無卷數。《通志》、《宋史》本傳、《宋志》並謂張洎有集五十卷，《十國春秋》誤以爲洎有文集十五卷。
《全唐文》録張洎文一篇。

芸閣集十卷　郭昭慶撰

《崇文目》與《宋志》並誤作昭度。昭慶，馬《書》、陸《書》並有
傳，《通志》及《國史經籍志》並作昭慶。

孟拱辰文集三卷

原見《崇文目》。《通志》作《孟拱辰集》三卷，《宋志》作孟拱辰
《鳳苑集》三卷。

安居雜著十卷　程柔撰

見《宋志》別集類。

潘舍人文集二十卷　潘佑撰

原見《崇文目》，《通志》無“文”字。晁《志》、《通考》並作潘佑
《滎陽集》十卷，《續四庫闕書目》作潘祐《滎陽集》二十卷，《宋
志》作潘佑《滎陽集》二十卷。尤《目》有《南唐潘佑集》，無卷
數。《國史經籍志》作《潘舍人滎陽集》二十卷。潘佑，馬
《書》、陸《書》並有傳，作“祐”誤。《金唐詩》録潘佑詩四首，
《全唐文》録潘佑文四篇。

曲臺奏議集二十卷　陳致雍撰

原見《崇文目》，《通志》無“集”字。尤《目》有南唐陳致雍《曲
臺奏議》，無卷數。吳曾《能改齋漫録》謂南唐陳致雍《曲臺奏
議集》，徐鍇爲序。《宋志》別集類有陳致雍《曲臺奏議集》二
十卷，儀注類又重出陳致雍《曲臺奏議集》。《文淵閣書目》有
南唐陳致雍《曲臺奏議》二册。朱緒曾藏有陳致雍《曲臺奏
議》十卷原書，見《開有益齋讀書志》。《全唐文》録陳致雍文
九十四篇。

喬匡舜集七十餘卷

見《徐公文集》卷十六《喬匡舜墓志銘》。

江簡公集十卷　江文蔚撰

見《徐公文集》卷十八《江簡公集序》。《全唐文》録江文蔚文一篇。

韓熙載文集五卷

見晁《志》及《通考》。《全唐詩》録韓熙載詩五首,《全唐文》録韓熙載文四篇。

擬議集十五卷　定居集二卷　韓熙載撰

見陸《書》韓熙載本傳。《十國春秋》誤作《擬議集》五十卷。

虛白文集　史虛白撰

天聖中,虛白孫溫獻《虛白文集》,見陸書《史虛白傳》。《宋志》雜家類有《釣磯立談》一卷,撰人誤作史虛白。《十國春秋》又沿《宋志》之誤。《四庫提要》據書中《自序》,以爲虛白之子所作。

肥川集十卷　磨盾集十卷　章震撰

見《宋志》別集類。《崇文目》有《磨盾集》一卷,無撰人。《通志》有《磨盾集》十卷,亦無撰人。《崇文目》《通志》並有《章震詩》十卷,但俱無集名。《全唐文》録章震文一篇。

閑居集十卷　沈彬撰

見《宋志》別集類。《崇文目》有《沈彬詩》一卷,《通志》作《沈彬詩》二卷,但俱無《閑居集》十卷。《全唐文》録沈彬文一篇。

碧雲集三卷　李中撰

原見《崇文目》,無撰人。晁《志》、《通考》並作《李有中詩集》二卷。《宋志》作《李中集》三卷。《唐人八家詩》《唐詩百名家全集》並有《碧雲集》三卷。《也是園書目》作李忠《碧雲集》一卷,《述古堂書目》作李中《碧雲集》二卷。《絳云樓書目》有李中《碧雲集》,無卷數。《季滄葦書目》有宋板李中《碧雲集》三卷一本。今人鄧邦述有宋刊《碧雲集》原本,《四部叢刊》據之

縮印。《全唐詩》編李中詩四卷。明刊《合刻三志》中有李中
《異僧傳》一卷,當系偽托。

僧應之詩一卷

原見《崇文目》。《宋志》作《僧應之集》一卷。

陳陶詩十卷

《唐志》《通志》並有《陳陶文錄》十卷,無《陳陶詩》十卷。《宋
志》別集類既有《陳陶文錄》十卷,又有《陳陶詩》十卷。《唐詩
百名家全集》有《陳嵩伯詩集》一卷。明徐燉《紅雨樓書目》亦
有《陳陶詩》一卷。①《全唐詩》錄陳陶詩二卷。

金陵古迹詩四卷　　朱存撰

《崇文目》撰人作李存,《通志》《國史經籍志》亦作李存。《續
四庫闕書目》作《朱存詩》二卷。《宋志》別集類有朱存《金陵
覽古詩》二卷,又重出朱存《金陵詩》一卷。《全唐詩》有朱存
詩一首。諸書作"李存"誤。

沈彬詩二卷

原見《崇文目》,《通志》同。晁《志》、《通考》並作《沈彬集》一
卷。晁《志》云:"《沈彬集》一卷。右南唐沈彬,保大中以尚書
郎致仕,居高安。集中有與韋莊、杜光庭、貫休詩,唐末三人
皆在蜀,疑其同時避亂,嘗入蜀云,《上李昇山水圖》詩在
焉。"尤《目》有《沈彬集》,無卷數。《全唐詩》錄沈彬詩十
九首。

李煜詩一卷

《崇文目》作《江南李王詩》一卷。《宋志》作《李煜詩》一卷。
《全唐詩》錄李煜詩十八首,斷句十六。

---

① "燉",原誤作"渤",據上下文意改。

孫魴詩三卷

原見《崇文目》,《通志》同。馬書《孫魴傳》,謂魴有詩百篇行於世。《宋志》別集類作《孫魴詩集》三卷,又重出《孫魴詩》五卷。《全唐詩》録孫魴詩七首。"魴",《國史經籍志》誤作"鈁",《續唐書經籍志》誤作"舫"。

李建勛詩二卷

原見《崇文目》,《通志》《國史經籍志》並同。陳《録》、《通考》並作《李建勛集》一卷。尤《目》作《南唐李建勛集》,無卷數。《唐詩品匯》及《紅雨樓書目》並作三卷。《百川書志》作《李丞相集》二卷。《述古堂藏書》有《李建勛丞相集》二卷。《唐百家詩》《唐詩百名家全集》《唐人五十家小集》《四部叢刊續編》並有《李丞相詩集》二卷。鐵琴銅劍樓有宋刊本《李丞相集》二卷。《全唐詩》録李建勛詩一卷。

鍾山公集二十卷　李建勛撰

原見《崇文目》,《通志》同。《續四庫闕書目》《唐才子傳》並作李建勛《鍾山集》二十卷。《宋志》作《李建勛集》二十卷。

江爲詩一卷

原見《崇文目》,《通志》《宋志》並同。陳《録》、《通考》並作《江爲集》一卷。《通志》注,江爲,僞唐人。陳《録》云:"《江爲集》一卷,五代建安江爲撰,爲王氏所誅,當漢乾祐中。"《紅雨樓書目》有《江爲詩》一卷。《全唐詩》録江爲詩八首。

邱旭詩一卷

原見《崇文目》,《宋志》同。

章震詩十卷

原見《崇文目》,《通志》同。

廖凝詩七卷

原見《崇文目》,《通志》同。《宋志》作《廖凝詩集》七卷。《國史經籍志》作《廖光凝詩》七卷。《全唐詩》録廖凝詩三首。

馮延巳集一卷

原見《崇文目》，"延"作"彥"，"巳"作"己"。《通志》作《馮延己集》一卷。[①] 按，馮延巳，字正中，一名延嗣。焦竑《筆乘》云："可中時巳也，正中時午也。"是正中名當作"延巳"，古書記"延巳"往往誤作"延己"。《全唐文》録馮延巳文一篇。《詩話總龜》有馮延巳二斷句。《唐代叢書》中有馮延巳《墨昆侖》一卷，當系僞托。

李叔文詩一卷

原見《崇文目》，"李"作"季"。《通志》《國史經籍志》並作《李叔文詩》一卷。《宋志》注："'文'一作'父'。"

郭鵬詩一卷

原見《崇文目》，《通志》《宋志》並同。

斐然集五卷　李爲先撰

原見《崇文目》，無撰人，集名《鄉黨斐然集》。《通志》作僞唐李爲先《斐然集》五卷。《宋志》作李爲光《斐然集》五卷。

擬謡十卷　喬舜撰

見《宋志》別集類。《全唐詩》録其詩一首。

孟水部詩集　孟賓于撰

見王禹偁《小畜集·孟水部詩集序》。《序》中云："《金鰲集》者，應舉時詩也；《湘東集》者，馬氏幕府詩也；《金陵集》者，李氏詩也；《玉笥集》者，吉州詩也；《劍池集》者，豐城詩也。總五百五首，今合爲一集，以官爲名。"馬《書》有孟賓于《金鰲集》，無卷數。尤《目》有《孟賓于集》，亦無卷數。《四庫闕書目》《續四庫闕書目》並有《孟賓于詩》一卷。陳《録》、《通考》

---

① "集"字原脱，據清文淵閣《四庫全書》本《通志·藝文略》補。

並作《孟賓于集》一卷。《宋志》別集類有孟賓于《金鰲詩集》二卷。《唐才子傳》謂賓于垂髫時,書所作百篇名《金鰲集》。《全唐詩》錄孟賓于詩八首。

李明詩五卷

原見《崇文目》。《通志》及《宋志》並作《李明詩集》五卷。《通志》注作僞唐。

鍾山集一卷　左偓撰

見《宋志》別集類。韓熙載稱左偓能詩,有集千餘首,見阮閱《詩話總龜》。《全唐詩》錄左偓詩十首。《續唐書經籍志》誤作王偓撰。

文獻太子詩集　李弘冀撰

見《徐公文集》卷十八《文獻太子詩集序》。

蕭庶子詩

見《徐公文集》卷十八《蕭庶子詩序》。

成氏詩集

見《徐公文集》卷十八《成氏詩集序》。《序》中言成氏詩有數百篇。

廬岳集　邵拙撰

見馬《書》本傳,《傳》謂拙有詩三百篇,曰《廬岳集》,尚書郎孫邁爲之序。

毛炳詩集

見馬《書》本傳。

釣鰲集　劉吉撰

吉有詩三百首,曰《釣鰲集》,徐鉉爲序,見《詩話總龜》。

伍喬集一卷

見陳《錄》及《通考》。陳《錄》謂伍喬本江南進士,後歸朝。《百川書志》及《紅雨樓書目》並有《伍喬集》一卷。《唐百家

詩》《唐詩百名家全集》《十三唐人詩》《貴池先哲遺書》並有
《伍喬詩集》一卷。《絳云樓書目》《也是園書目》並有《伍喬詩
集》一卷，《述古堂藏書》作《伍喬集》一卷。《全唐詩》録伍喬
詩一卷。

閣中集十卷　徐知諤撰

見陸《書》本傳。《傳》謂知諤所著文賦歌詩十卷，號《閣中
集》。《十國春秋》引陸《書》。

怨詞三十篇　胡元龜撰

《十國春秋》卷三十一謂元龜撰《怨詞》三十篇，"元宗聞而
鳩之"。

拾遺集　余璀撰

《十國春秋》卷三十一云："余璀字昆美，一名賜，古田人也。
仕元宗，爲左拾遺。璀善唐律，有《拾遺集》若干卷。"

陳況詩

"況"一作"貺"，馬《書》及陸《書》並有《況傳》。《江南野史》云
況有詩數百首。《全唐詩》録況詩一首。

劉洞詩

洞有詩百篇，《夜坐》詩尤著名，人稱"劉夜坐"，見馬書《夏寶
松傳》及陸書《劉洞傳》。《全唐詩》録洞詩一首。胡仔《苕溪
漁隱叢話》以爲《劉洞傳》不載《夜坐》詩，夜坐乃孫魴耳。

夏寶松詩

寶松與劉洞爲詩友，有《宿江城》詩，人稱夏江城，見馬《書》及
陸《書》。

孟貫詩　一卷

孟貫初客江南，後仕周。尤《目》有《益貫集》，無卷數。《百川
書志》《紅雨樓書目》及《述古堂藏書》並有《孟貫集》一卷。
《唐詩百名家全集》《十三唐人詩》及《全唐詩》録其詩一卷，凡

三十一首。

處士集　梁藻撰

《全唐詩》謂藻有《處士集》若干卷，今存詩一首。

蒲先生叢稿

見《古今書刻上編》詩文類。

體物集一卷　郭蕡撰

原見《崇文目》，《宋志》同。《通志》作僞唐郭蕡《體物賦集》一卷。《續四庫闕書目》作《郭蕡賦》一卷。

邱旭賦一卷

原見《崇文目》，《宋志》同。《通志》作《邱明賦》一卷。

倪曙賦一卷

原見《崇文目》，《宋志》同。《通志》"曙"作"曉"，蓋避英宗諱。《宋志》別集類於《倪曙賦》一卷外，又重出《倪曉賦》一卷。

獲稿三卷　倪曙撰

原見《崇文目》，《通志》《宋志》並同。《通志》注云："倪曉既亡，得其遺稿二十一首賦。"

江翰林賦集三卷　江文蔚撰

原見《崇文目》，《通志》同，惟"文"俱誤作"之"字。《全唐文》録江文蔚文一篇。

田霖四六一卷

晁《志》、陳《録》、《通考》並作《田霖四六集》一卷，《宋志》無"集"字。

宋齊丘四六一卷

見《通志》。

南唐二主詞一卷　李璟　李煜撰

見陳《録》卷二十一歌詞類。陳《録》云："《南唐二主詞》一卷，中主李璟、後主李煜撰。卷首四闋，《應天長》《望遠行》各一，

《浣溪沙》二，①中主所作。重光嘗書之，墨迹在盱江晁氏，題云：‘先皇御製歌詞’。余嘗見之，於麥光紙上作撥鐙書，有晁景迂題字。今不知何在矣。餘詞皆重光作。”明吳訥《唐宋名賢百家詞》傳抄本中有《南唐二主詞》一卷。以後有萬曆呂遠本，清康熙侯文燦《十名家詞》本，清光緒金武祥《粟香室叢書》復刻侯本，清宣統《晨風閣叢書》本。今人王仲聞有《南唐二主詞校訂》。

李後主詞

見尤《目》，無卷數。

陽春録一卷　馮延巳撰

原見《崇文目》，陳《録》、《宋志》並同。尤《目》作《陽春集》，無卷數。馬《書》本傳云：“著樂章百餘闋，其《鶴沖天》詞云云，見稱於世。”陳《録》云：“《陽春録》一卷，南唐馮延巳撰。高郵崔公度伯易題其後，稱其家所藏最爲詳確。而《尊前》《花間》諸集，往往謬其姓氏，近傳歐陽永叔詞，亦多有之，皆失其真也。世言‘風乍起’爲延巳所作，或云成幼文也，今此集無有，當是幼文作。長沙本以置此集中，殆非也。”明吳訥《唐宋名賢百家詞》傳抄本中有《陽春集》一卷，以後有侯文燦《十名家詞》本、《粟香室叢書》復刻侯本、《四印齋所刻詞》本。近人陳秋帆有《陽春集箋》。

文史類

賓朋宴語三卷　邱旭撰

馬《書》有《邱旭傳》，《傳》中録《賓朋宴語》，未著卷數。《通志》小説類録《賓朋宴語》三卷，撰人作邱時。《宋志》傳記類

---

① “二”字原脱，據清《武英殿聚珍版叢書》本《直齋書録解題》卷二十一補。

作邱旭《賓朋宴語》一卷。《續四庫闕書目》作邱旭《賓朋宴語》三卷。陳《録》文史類作邱昶《賓朋宴話》三卷,《通考》引陳《録》同。陳《録》云:"《賓朋宴話》三卷,太子中舍致仕,貴溪邱昶孟陽撰。南唐進士,歸朝,宰數邑。著此書十五篇,叙唐以來詩賦源流,天喜辛酉鄧賀爲序。"據馬《書》,當以作"邱旭"爲是,《通志》作邱時,陳《録》作邱昶並誤,《國史經籍志》亦沿《通志》之誤作邱時。

宋史藝文志新編

〔明〕柯維騏　撰

李學玲　整理

底本：明嘉靖四十三年(1564)杜晴江刻《宋史新編》
　　卷四十七至卷五十四《藝文志》

藝文一

自庖羲作而八卦畫，更唐虞三代君臣之陳述，孔門師弟子之删修講授，而藝文備矣。後世君國者，憲其謨。蓄德者，淑其教。飾治者，敷其華。應務者，涉其博。修辭者，規其制。誠致理之蓍龜，志學之摽的歟。秦不師古，並百家之書燔滅之，漢興始購民間充秘府，雖街謠巷語，有可采者，咸不廢也。兼以世儒之經笺史纂論議詩歌各表見其所長。歷代相沿，迄于宋彌，彬彬盛矣。宋初貯書有三館，太宗有崇文院、有秘閣，真宗有太清樓，神宗有秘書省，仁宗嘗命儒臣仿《開元類編》爲四部，號《崇文總目》，凡三萬卷有奇。逮徽宗，秘書總目倍之，靖康之難悉亡于金。南渡，仍建秘書，搜訪補輯，十得五六，嗣是世遘虜患，戎事方殷，而其君猶留意經術，不替家法。其臣暨草野之士，亦孜孜習以成俗，故一代述作，前莫之與侔。舊史所列合古今書蓋九千八百十九部十二萬卷云。嗚乎，右文之效，累朝熙洽徵矣，道君而下，或溺異教，或斥正學，或累多欲，是皆飾名而遺實，庸益于治乎？然則宋之不競，雖文勝之弊要，未可一概論也。

經類十：曰易類，曰書類，曰詩類，曰禮類，曰樂類，曰春秋類，曰孝經類，曰論語類，曰經解類，曰小學類。

易　類

周易古經一卷
薛貞注　歸藏三卷

卜子夏　易傳十卷

周易上下經六卷

韓康伯注　繫辭説卦序卦雜卦三卷

鄭玄　周易文言注義一卷

王弼　略例一卷　易辨一卷

阮嗣宗　通易論一卷

干寶　易傳一卷

晋人撰　易髓八卷

孔穎達　正義十四卷

玄談六卷

易正義補闕七卷

任正一　甘棠正義三十卷

關朗　易傳一卷

王肅　傳十一卷

陸德明　釋文一卷

衛元嵩　周易元包十卷　　蘇元明傳,①李江注。

李鼎祚　集解十卷

史文徽　易口訣義六卷

成玄英　流演窮寂圖五卷

蔡廣成　啓源十卷　又　周易外義三卷

沙門一行　傳十二卷

王隱　要削三卷

陸希聲　傳十三卷

郭京　舉正三卷

東鄉助　物象釋疑一卷

---

①　"蘇元明",清乾隆武英殿刻本《宋史·藝文志》(以下《宋史·藝文志》皆據此本,不再注明)作"蘇源明"。

邢璹　補闕周易正義略例疏三卷

李翶　易詮七卷

張弧　周易上經王道小疏五卷

張韓　啓玄一卷

青城山人　揲蓍法一卷

王昭素　易論三十三卷

縱康乂　周易會通正義三十三卷

陰洪道　周易新論傳疏十卷

陳摶　易龍圖一卷

范諤昌　大易源流圖一卷　又　證墜簡一卷

胡旦　易演聖通論十六卷

石介　口義十卷

冀震　周易義略十卷

代淵　周易旨要二十卷

何氏　易講疏十三卷

陸秉　意學十卷

王洙　言象外傳十卷　又　所藏古易十三卷

劉牧　新注周易十一卷　又　卦德通論一卷　易數鈎隱圖
　一卷

吳秘　周易通神一卷

黃黎獻　略例一卷　又　室中記師隱訣一卷

龔鼎臣　補注易六卷

彭汝礪　易義十卷

趙令滜　易發微十卷

喬執中　易説十卷

趙仲鋭　易義五卷

謝湜　易義十二卷

譚世績　易傳十卷

陸太易　周易口訣七卷

冀珍　周易闡微詩六卷

李贄　周易説九卷

張杲　周易圖象成名圖一卷

裴通　周易玄解三卷

邵雍　皇極經世十二卷　又　叙篇系述二卷　觀物外篇六卷　觀物內篇解二卷

邵伯温　周易辨惑一卷

常豫　易源一卷

徐庸　周易意蘊凡例總論一卷　又　卦變解二卷

宋咸　易訓三卷　又　易補注十卷　又　劉牧王弼易辨二卷

皇甫泌　易解十九卷

鄭揚庭　時用書二十卷　又　明用書九卷　易傳辭三卷　易傳辭後語一卷

陳良獻　周易發隱二十卷

石汝礪　乾生歸一圖十卷

鮑極　周易重注十卷

葉昌齡　圖義二卷

胡瑗　易解一十二卷　口義十卷　繫辭説卦三卷

歐陽修　易童子問三卷

阮逸　易筌六卷

王安石　易解十四卷

尹天民　易論要纂一卷　又　易説拾遺二卷

司馬光　易説一卷　又　三卷　繫辭説二卷

鮮于侁　周易聖斷七卷

蘇軾　易傳九卷

程頤　易傳九卷　又　易繫辭解一卷

張載　易説十卷

呂大臨　易章句一卷

龔原　續解易義十七卷　又　易傳十卷

李平西　河圖傳一卷

李遇　删定易圖序論六卷

張弼　易解義十卷

顧叔思　周易義類三卷

劉概　易繫辭十卷

晁説之　録古周易八卷

晁補之①　太極傳五卷　因説一卷　太極外傳一卷

游酢　易説一卷

耿南仲　易解義十卷

安泳　周易解義一部

陳瓘　了齋易説一卷

鄒浩　繫辭纂義二卷

張根　易解九卷

周易六十四卦賦一卷

林德祖　易説九卷

陳禾　易傳十二卷

李授之　易解通義三十卷

朱震　易傳十一卷　卦圖三卷　易傳叢説一卷

張汝明　易索十三卷

郭忠孝　兼山易解二卷　又　四學淵源論三卷

任奉占　周易發題一卷

---

① "晁補之",《宋史·藝文志》作"晁説之"。

陳高　八卦數圖二卷

林儵　易説十二卷　變卦八卷　變卦纂集一卷

凌唐佐　集解六卷

袁樞　學易索隱一卷

夏休　講義九卷

郭雍　傳家易解十一卷

沈該　易小傳六卷

都絜　易變體十六卷

鄭克　揲蓍古法一卷

吳沆　易璇璣三卷

李椿年　易解八卷　疑問一卷

李光　易説十卷

李衡　易義海撮要十二卷

洪興祖　易古經考異釋疑一卷

張行成　元包數總義二卷　述衍十八卷　通變四十八卷

晁公武　易詁訓傳十八卷

胡詮　易傳拾遺十卷

程大昌　易原十卷　又　易老通言十卷

楊萬里　易傳二十卷

林栗　易經傳集解三十六卷

李舜臣　易本傳三十三卷

曾穜　大易粹言十卷

呂祖謙　定古易十二篇爲一卷　又　音訓二卷　周易繫辭精
　義二卷

朱熹　易傳十一卷　又　本義十二卷　易學啓蒙三卷　古易
　音訓二卷

張浚　易傳十卷

倪思　易訓三十卷

趙善譽　易説二卷

劉文郁　易宏綱八卷

吳仁傑　古易十二卷　又　周易圖説二卷　集古易一卷

王日休　龍舒易解一卷

劉翔　易解六卷

胡有開　易解義四十卷

鄒巽　易解六卷

鄭剛中　周易窺餘十五卷

楊簡　已易一卷

潘夢旂　大易約解九卷

麻衣道者　正易心法一卷

鄭東卿　易説三卷

項安世　周易玩辭十六卷

程迥　易章句十卷　又　外編一卷　占法　古易考一卷

林至　易裨傳一卷

業適　習學記言周易述釋一卷

李椿　觀畫二卷

王炎　筆記八卷

鄭汝諧　易翼傳二卷

湯羲　周易講義三卷

樂只道人　羲文易論微六卷

朱氏　三宮易一卷

劉烈　虛谷子解卦周易三卷

劉牧　鄭夫　注周易七卷

楊文煥　五十家易解四十二卷

孫份　周易先天流衍圖十二卷

劉半千　義易正元一卷

馮椅　易學五十卷

商飛卿　講義一卷

周易卦類三卷

易辭微三卷

易正經明疑録一卷

易傳四卷

口義六卷

易樞十卷

繫辭要旨一卷　並不知作者。

鄭玄注　易乾鑿度三卷　易緯七卷　易緯稽覽圖一卷　易通卦驗二卷　並鄭玄注。

流演通卦驗一卷　不知作者。

王柏　讀易記十卷　又　涵古易説一卷　大象衍義一卷

曾幾　易釋象五卷

劉禹偁　易解十卷

程達　易解十卷

戴溪　易總説二卷

趙汝談　易説三卷

真德秀　復卦説一卷

吳如愚　易説一卷

李光　易傳十卷

李燾　易學五卷　又　大傳雜説一卷

朱承祖　易摭卦總論十卷

林起鰲　易述古言二卷

方實孫　讀易記八卷

魏了翁　易集義六十四卷　又　易要義十卷

鄭子厚　大易觀象三十二卷

書　類

孔安國　尚書傳十二卷　又　隸古文尚書二卷

鄭玄注　伏勝大傳三卷

孔晁注　汲冢周書十卷

陸德明　釋文音義一卷

孔穎達　正義二十卷

馮繼先　尚書廣疏十八卷　又　尚書小疏十三卷

尹恭初　尚書新修義疏二十六卷

胡旦　尚書演聖通論七卷

胡瑗　洪範口義一卷

蘇洵　洪範圖論一卷

程頤　堯典舜典解一卷

王安石　新經書義十三卷　又　洪範傳一卷

蘇軾　書傳十三卷

程頤門人記　書説一卷

孔武仲　書説十三卷

曾肇　書講義八卷

陳諤　開寶新定尚書釋文三卷

孟先　禹貢治水圖一卷　尚書洪範五行記一卷

王晦叔　周書音訓十二卷

司馬光等[①]　無逸講義一卷

吳安詩等　無逸説命解二卷

劉彝　洪範解六卷

---

① “司馬光”，《宋史·藝文志》作“司馬康”。

曾旼等　講義三十卷

葉夢得　書傳十卷

張綱　解義三十卷

吳孜　大義三卷

吳棫　裨傳十三卷

張九成　尚書詳說五十卷

洪興祖　口義發題一卷

陳鵬飛　書解三十卷

程大昌　書譜二十卷　又　禹貢論五卷　禹貢論圖五卷　禹貢後論一卷

晁公武　尚書詁訓傳四十六卷

史浩　講義二十二卷

呂祖謙　書說三十五卷

黃度　書說七卷

李舜臣　尚書小傳四卷

吳仁傑　尚書洪範辨圖一卷

陳伯達　翼範一卷

朱熹　書說七卷　黃士毅集。

林之奇　集解五十八卷

陳經　詳解五十卷

康伯成　書傳一卷

夏僎　書解十六卷

王炎　小傳十八卷

孫泌　尚書解五十二卷

蔡沈　書傳六卷

胡瑗　尚書全解二十八卷

成申之　四百家集解五十八卷

楊玉集　尚書義宗三卷

毛漸所得　三墳書三卷

尚書治要圖五卷

尚書解題一卷

渾灝發旨一卷　並不知作者。

王柏　讀書記十卷　又　書疑九卷　書附傳四十卷

袁燮　書鈔十卷

袁覺　讀書記二十三卷

黃倫　尚書精義六十卷

趙汝談　書說二卷

卞大亨　尚書類數二十卷

胡銓　書解四卷

李燾　尚書百篇圖一卷

劉甄　書青霞集解二十卷

應鏞　書約義二十五卷

魏了翁　書要義二十卷

<h2 style="text-align:center">詩　類</h2>

韓詩外傳十卷

鄭玄箋　毛詩二十卷

鄭玄　詩譜三卷

陸璣　草木鳥獸蟲魚疏二卷

孔穎達　正義四十卷

陸德明　詩釋文三卷

成伯璵　毛詩指說統論一卷　又　毛詩斷章二卷

張訢　別錄一卷

毛詩正數二十卷

毛詩釋題二十卷

毛詩小疏二十卷

鮮于侁　詩傳六十卷

李常　詩傳十卷

魯有開　詩集十卷

胡旦　毛詩演聖通論二十卷

宋咸　毛詩正紀三卷　又　外義二卷

劉宇①　詩折衷二十卷

蘇子才　毛詩大義三卷

周軾　箋傳辨誤八卷

丘鑄　周詩集解二十卷

歐陽修　詩本義十六卷　又　補注毛詩譜一卷

蘇轍　詩解集傳二十卷

彭汝礪　詩義二十卷

趙令淯　講義二十卷

喬執中　講義十卷

毛漸　詩集十卷

沈銖　詩傳二十卷

孔武仲　詩說二十卷

王商範　毛詩序義索隱二卷

王安石　新經毛詩義二十卷　又　毛詩會解一百卷

舒王詩義外傳十二卷

程頤　新解一卷

張載　詩說一卷

趙仲銳　詩義三卷

---

① “劉宇”,《宋史·藝文志》作“劉宇”。

游酢　詩二南義一卷

范祖禹　詩解一卷

楊時　詩辨疑一卷

茅知至　周詩義二十卷

蔡卞　毛詩名物解二十卷

董逌　廣川詩考四十卷

吳良輔　詩重文説七卷

劉孝孫　正論十卷

吳景山　十五國風咨解一卷

劉泉　毛詩判篇一卷

吳棫　毛詩叶韻補音十卷

李樗　毛詩詳解四十六卷

晁公武　毛詩詁訓傳二十卷

呂祖謙　家塾讀詩記三十二卷

鄭樵　詩傳二十卷　又　辨妄六卷

范處義　詩學一卷　又　解頤新語十四卷　詩補傳三十卷

朱熹　詩集傳二十卷　詩序辨一卷

張貴謨　詩説三十卷

鄭諤　毛詩解義三十卷

黃度　詩説三十卷

吳氏　詩本義補遺二卷

戴溪　續讀詩記三卷

錢文子　白石詩傳一十卷　又　詩訓詁三卷

黃邦彥　講義三卷

鮮于戣　詩頌解三卷

黃椿　詩解二十卷　總論一卷

林岊　講義五卷

毛詩釋篇目疏十卷

詩疏要義一卷

毛詩玄談一卷

毛詩章疏三卷

毛詩提綱一卷

毛詩名物性門類八卷

義方二十卷

釋文二十卷

通義二十卷

毛鄭詩學十卷

詩關雎義解一部

比興窮源一卷　並不知作者。

陳寅　詩傳十卷

許奕　毛詩説三卷

李燾　詩譜三卷

王應麟　詩考五卷　又　詩地理考五卷　詩草木鳥獸蟲魚廣
　疏六卷

輔廣　詩説一部

嚴粲　詩集一部

王質　詩總聞二十卷

魏了翁　詩要義二十卷

王柏　詩辨説二卷　又　詩可言二十卷

高端叔　詩説一卷

曹粹中　詩説三十卷

項安世　毛詩前説一卷　又　詩解二十卷

鄭庠　詩古音辨一卷

禮　類

儀禮十七篇

大戴禮記十三卷　戴德纂。

禮記二十卷　戴聖纂。

鄭玄　古禮注十七卷　又　周禮注十二卷　禮記注二十卷　禮記月令注一卷

崔靈恩　三禮義宗三十卷

成伯璵　禮記外傳十卷　張幼倫注。

韋彤　五禮精義十卷　又　五禮緯書二十卷

丘光庭　兼明書四卷

杜肅　禮略十卷

陸德明　音義一卷　又　古禮釋文一卷

賈公彥　儀禮疏五十卷　又　禮記疏五十卷　周禮疏五十卷

孔穎達　禮記正義七十卷

聶崇義　三禮圖集注二十卷

楊逢殷　禮記音訓指説二十卷

上官均　曲禮講義二卷

歐陽丙　三禮名義五卷

魯有開　三禮通義五卷

殷介集　五禮極義一卷

孫玉汝　五禮名義十卷

余希文　井田王制圖一卷

胡先生　中庸義一卷

李洪澤　直禮一卷

張詵　喪禮十卷

禮粹二十卷　不知作者。

王殼　中禮八卷

程顥　中庸義一卷

吕大臨　大學一卷　又　中庸一卷　禮記傳十六卷

喬執中　中庸義一卷

游酢　中庸解義五卷

王安石　新經周禮義二十二卷

王昭禹　周禮詳解四十卷

陸佃　禮記解四十卷　又　禮象十五卷　述禮新説四卷　儀
　禮義十七卷

何洵直　禮論一卷

陸佃　大裘議一卷

郭忠孝　中庸説一卷

龔原　周禮圖十卷

郭雍　中庸説一卷

陳祥道①　注解儀禮三十二卷　又　禮例詳解十卷　禮書一百
　五十卷

陳暘　禮記解義十卷

李格非　禮記精義十六卷

楊時　周禮義辨疑一卷　又　中庸解一卷

喻樗　大學解一卷

司馬光等　六家中庸大學解義一卷

江與山　周禮秋官講義一卷

馬希孟　禮記解七十卷

四先生中庸解義一卷　程頤、吕大臨、游酢、楊時撰。

方殼　禮記解義二十卷

① “陳祥道”,《宋史・藝文志》作“陳詳道”。

王普　深衣制度一卷

夏休　周禮井田譜二十卷　破禮記二十卷

周燔　儀禮詳解十七卷

李如圭　儀禮集釋十七卷

史浩　周官講義十四卷

鄭諤　周禮解義二十二卷

黄度　周禮説五卷

徐焕　周官辨略十八卷

陳傅良　周禮説一卷

徐行　周禮微言十卷

易祓　周禮總義三十六卷

朱熹　儀禮經傳通解二十三卷　又　大學章句一卷　或問二
　卷　中庸章句一卷　或問二卷　中庸輯略二卷

朱熹序　十先生中庸集解二卷

三家冠婚喪祭禮五卷　司馬光、程頤、張載定。

吳仁傑禘祫綿叢書三卷

劉彝　周禮中義十卷

張九成　中庸説一卷　大學説一卷

戴溪　曲禮口義二卷　學記口義三卷

司馬光　中庸大學廣義一卷

錢文子　中庸集傳一卷

胡銓　禮記傳十八卷　又　周禮傳十二卷　二禮講義一卷

倪思　中庸集義一卷

汪應辰　二經雅言二卷

張淳　儀禮識誤一卷

俞庭椿　周禮復古編三卷

黄幹　續儀禮經傳通解二十九卷　又　儀禮集傳集注十四卷

林椅　周禮綱目八卷　摭説一卷

鄭景炎　周禮開方圖説一卷

李心傳　丁丑三禮辨二十三卷

鄭伯謙　太平經國書統集七卷

鄭氏三禮名義疏五卷　　不著名。①　　又　三禮圖十二卷

江都集禮圖五十卷

三禮圖駁議二十卷

儀禮類例十卷

周禮類例義斷二卷

二禮分門統要三十六卷

禮記小疏二十卷　　並不知作者。

石塾　中庸集解二卷

項安世　中庸説一卷　又　周禮丘乘圖説一卷

衛湜　禮記集説一百六十卷

楊簡　孔子閒居講義一卷

鄭樵　鄉飲禮七卷

張處　月令解十二卷

晁公武　中庸大傳一卷

楊復　儀禮圖解十七卷

魏了翁　儀禮要義五十卷　又　禮記要義三十三卷　周禮折
　衷二卷　周禮要義三十卷

趙順孫　中庸纂疏三卷

袁甫　中庸詳説二卷

陳堯道　中庸説十三卷　又　大學説十一卷

真德秀　大學衍義四十三卷

---

① “著”，原誤作“者”，據《宋史·藝文志》改。

謝興甫　中庸大學講義三卷

王與之　周禮訂義八十卷

王應麟　集解踐祚篇一册

樂　類

蔡琰　胡笳十八拍四卷

孔衍　琴操引三卷

謝莊　琴論一卷

梁武帝　鍾律緯一卷

陳僧智匠　古今樂録十三卷

趙邦利　彈琴手勢譜一卷　又　彈琴右手法一卷

唐玄宗　金風樂弄一卷

太宗　九弦琴譜二十卷

琴譜六卷

唐宗廟用樂儀一卷

唐蕭明皇后廟用樂儀一卷

崔令欽　教坊記一卷

吳兢　樂府古題要解二卷

王昌齡　續樂府古解題一卷

劉貺　大樂令壁記三卷

大樂圖義一卷　不知作者。

田琦　聲律要訣十卷

薛易簡　琴譜一卷

段安節　琵琶録一卷　又　樂府雜録二卷　樂府古題一卷

陸鴻漸　教坊録一卷

李勉　琴説一卷

陳拙　琴籍九卷

徐景安　新纂樂書三十卷

趙惟簡　琴書三卷

宋仁宗　明堂新曲譜一卷　又　景祐樂髓新經一卷　審樂要
　記二卷

徽宗　黃鍾徵角調二卷

沈括　樂論一卷　又　樂器圖一卷　三樂譜一卷　樂律一卷

馮元　宋郊　景祐廣樂記八十一卷

宋祁　大樂圖一卷

聶崇義①　景祐大樂圖二十卷

劉次莊　樂府集十卷　樂府集序解一卷

大周正樂八十八卷

蜀雅樂儀三十卷

房庶　補亡樂書總要三卷　真館飲福等一卷

蔡攸　燕樂三十四冊

范鎮　新定樂法一卷

崔遵度　琴箋一卷

李宗諤　樂纂一卷

陳康士　琴調三卷　又　琴調十七卷　琴書正聲十卷　琴譜
　記一卷　琴調譜一卷　楚調五章一卷　離騷譜一卷

李約　琴曲東杓譜序一卷

琴調廣陵散譜一卷

獨孤寔　九調譜一卷

齊嵩　琴雅略一卷

僧辨正　琴正聲九弄九卷

朱文齊　琴雜調譜十二卷

---

①　"聶崇義",《宋史·藝文志》作"聶冠卿"。

蕭祐　無射商九調譜一卷　"祐"一作"祜"。

呂謂　廣陵止息譜一卷　"謂"一作"濱"。

張淡正　琴譜一卷

蔡翼　琴調一卷

僧道英　琴德譜一卷

王逸　琴譜一卷

沈氏　琴書一卷

琴譜調八卷　李翱用指法。

琴略一卷

琴式圖一卷

琴譜纂要五卷

胡瑗　景祐樂府奏議一卷　又　皇祐樂府奏議一卷

阮逸　皇祐新樂圖記三卷

陳暘　樂書二百卷

僧靈操　樂府詩一卷

吳良輔　琴譜一卷　又　樂書五卷　樂記三十六卷

楊傑　元豐新修大樂記五卷

劉昺　大晟樂書二十卷　又　樂論八卷　運譜四議二十卷
　政和頒降樂曲樂章節次一卷　政和大晟樂府雅樂圖一卷

鄭樵　系聲樂譜二十四卷

李南玉　古今大樂指掌三卷

郭茂倩　樂府詩集一百卷

李昌文　阮咸弄譜一卷

滕康叔　韶武遺音一卷

麴瞻　琴聲律二卷　又　琴圖一卷

令狐揆　樂要三卷

王大方　琴聲韻圖一卷　昭微古今琴樣一卷

劉籍　琴義一卷

沈建　樂府廣題二卷

馬少良　琴譜三均三卷

喻修樞　阮咸譜一卷

吳仁傑　樂舞新書二卷

蔡元定　律呂新書二卷

李如箎　樂書一卷　琴說一卷

古樂府十卷

趙德先　樂說三卷　又　樂書三十卷

歷代樂儀三十卷

樂苑五卷

琴箋知音操一卷

樂府題解一卷

大樂署三卷

歷代歌詞六卷

律呂圖一卷

仿蔡琰胡笳十八拍　並不知作者。

春秋類

春秋七卷

杜預　春秋左氏傳經傳集解十卷　又　春秋釋例十五卷

何休　公羊傳十二卷　又　左氏膏肓十卷

范寧　穀梁傳十二卷

董仲舒　春秋繁露十七卷

汲冢師春一卷　師春純集疏《左傳》卜筮事。

荀卿　公子姓譜二卷　一名《帝王歷紀譜》。

劉炫　春秋述議略一卷　又　春秋義囊二卷

孔穎達　春秋左氏傳正義三十六卷

公羊疏三十卷

楊士勛　春秋穀梁疏十二卷

黃恭密　春秋指要圖一卷

李瑾　春秋指掌圖十五卷

陳岳　春秋折衷論三十卷

春秋災異錄六卷

春秋謚族圖五卷

陸德明　三傳釋文八卷

陸希聲　春秋通例三卷

趙匡　春秋闡微纂類義統十卷

陸淳　集傳春秋纂例十卷　又　春秋辨疑七卷　集注春秋微旨三卷

盧仝　春秋摘微四卷

楊蘊　春秋公子譜一卷

左丘明　春秋外傳國語二十一卷　韋昭注。

柳宗元　非國語二卷

葉真　是國語七卷

馮繼先　春秋名號歸一圖　又　春秋名字同異錄五卷

杜預　春秋世譜七卷

張暄　春秋龜鑑圖一卷

馬擇言　春秋要類五卷

徐彥　公羊疏三十卷

葉清臣　春秋纂類十卷

孫復　春秋尊王發微十二卷　春秋總論一卷

李堯俞　春秋集議略論二卷

王沿　春秋集傳十五卷

章拱之　春秋統微二十五卷

王哲　春秋通義十二卷　又　皇綱論五卷

丁副　春秋演聖統例二十卷　春秋三傳異同字一卷

朱定序　春秋索隱五卷

杜諤　春秋會義二十六卷

朱瑗①　春秋口義五卷

劉敞　春秋傳十五卷　又　春秋權衡十七卷　春秋説例
　十一卷　春秋意林二卷

蘇轍　春秋集傳十二卷

王安石　左氏解一卷

楊彦齡　左氏春秋集表二卷②　又　左氏蒙求二卷

沈括　春秋機括二卷

趙瞻　春秋論三十卷　又　春秋經解義例二十卷

唐既濟　春秋邦典二卷

孫覺　春秋經社要義六卷　春秋經解十五卷　春秋學纂
　十二卷

晁補之　左氏春秋傳雜論一卷

劉攽　内傳國語十卷

孫子平　陳明道　同撰　春秋人譜一卷

朱長文　春秋通志二十卷

家安國　春秋通義二十四卷

張大亨　春秋通訓十六卷　又　五禮例宗十卷

陸佃　春秋傳二十卷③　又　補遺一卷

程頤　春秋傳一卷

---

① “朱瑗”，《宋史·藝文志》作“胡瑗”。
② “集”，《宋史·藝文志》作“年”。
③ “春秋傳”，《宋史·藝文志》作“春秋後傳”。

黎錞　春秋經解十二卷

王裴　春秋義解十二卷

張冒德　春秋傳類音十卷

韓台　春秋左氏傳口音三卷

陳德寧　公羊新例十四卷　又　穀梁新例六卷

陰洪道　注春秋叙一卷

張翰　春秋排門顯義十卷　"翰"一作"幹"。

李撰　春秋總要十卷

袁希政　春秋要類五卷　"希"一作"孝"。

張德昌　春秋傳類十卷

沈緯　春秋諫類二卷

郭翔　春秋義鑑三十卷

王仲孚　春秋類聚五卷

黃彬　春秋叙鑑三卷

春秋精義三十卷

洪勛　春秋國鑑五卷

春秋加減一卷①

王睿　春秋守鑑一卷

春秋龜鑑一卷

張傑　春秋指玄十卷

塗昭良　春秋科義雄覽十卷　春秋應判三十卷

丁裔昌　春秋解問一卷

邵川　春秋括義三卷

劉英　春秋列國圖一卷

春秋十二國年曆一卷

---

① 　清《武英殿聚珍版叢書》本《直齋書録解題》注曰："元和十三年國子監奉敕定，不著人名。"

謝璧　春秋綴英二卷

李塗　春秋事對五卷

春秋扶懸三卷

春秋比事三卷

春秋要義十卷

春秋策問三十卷

春秋夾氏三十卷^①

李融　春秋樞宗十卷

姜虔嗣　春秋三傳纂要二十卷

惠簡　春秋通略全義十五卷

元保宗　春秋事要十卷

鞏濬　春秋琢瑕一卷　"濬"一作"潛"。

張傳靖　左傳編紀十卷

崔升　春秋分門屬類賦三卷

裴先輔　春秋機要賦一卷

尹玉羽卿^②　春秋音義賦十卷　又　春秋字源賦二卷

李象　續春秋機要賦一卷

玉霄　春秋括囊賦集注一卷

王鄒彦　春秋蒙求五卷

張傑　春秋圖五卷　春秋指掌圖二卷

蹇遵品　左傳引帖斷義十卷　春秋纂類義統十卷

春秋通義十二卷

春秋新義十卷

春秋十二國年曆一卷　一名《春秋齊年》。

春秋文權五卷

---

① 以上五種書,清文淵閣《四庫全書》本《授經圖》並作"蔡元龜撰"。
② "卿"字,《宋史·藝文志》無。

魯有開　春秋指微十卷　國語音義一卷

宋庠　國語補音三卷

林概　辨國語三卷

崔表　世本圖一卷

楊蘊　春秋年表一卷

謝湜　春秋義二十四卷　又　總義三卷

崔子方　春秋經解十二卷　春秋本例例要二十卷

呂奎　春秋要旨十二卷

吳元緒　左氏鼓吹一卷

劉易　春秋經解二卷

吳孜　春秋折衷十二卷

范柔中　春秋見微五卷

鄒氏　春秋總例一卷

謝子房　春秋備對十三卷

朱振　春秋指要一卷　又　春秋正名賾隱要旨十二卷　春秋
　　正名賾隱旨要叙論一卷　春秋講義三卷

沈滋仁　春秋興亡圖鑑一卷

陳禾　春秋傳十二卷

陳禾　春秋統論一卷

任伯雨　春秋繹聖新傳十二卷

鄭昂　春秋臣傳三十卷

鄧驥　春秋指蹤二十一卷

石公孺　春秋類例十二卷

王當　春秋列國諸臣傳五十一卷

張根　春秋指南十卷

李棠　春秋時論一卷

葉夢得　春秋讞三十卷　又　春秋考三十卷　春秋傳二十卷

石林春秋八卷　春秋指要總例二卷

胡安國　春秋傳三十卷　又　通例一卷　通旨一卷

余安行　春秋新傳十二卷

韓璜　春秋人表一卷

范仲①　春秋左氏講義四卷

黄叔敖　春秋講義五卷

洪皓　春秋紀咏三十卷

胡銓　春秋集善十三卷

鄧名世　春秋四譜六卷　辨論譜説一卷

劉本　春秋中論三十卷

畢良史　春秋正辭二十卷

環中　左氏春秋二十國年表一卷　春秋列國臣子表十卷

鄭樵　春秋地名譜十卷　又　春秋傳十二卷　春秋考十二卷

周彦熠　春秋名義二卷

毛邦彦　春秋正義十二卷

王日休　春秋孫復解辨失一卷　又　春秋公羊辨失一卷　春
　秋左氏辨失一卷　春秋穀梁辨失一卷　春秋名義一卷

董自任　春秋總鑑十二卷

夏沐　春秋素志三百一十五卷　又　春秋麟臺獨講十一卷
　延陵先生講義二卷

吕本中　春秋解二卷

晁公武　春秋故訓傳三十卷

王炫　春秋門例通解十卷

林栗　經傳集解三十三卷

時瀾　左氏春秋講義十卷

---

① “范仲”,《宋史·藝文志》作“范沖”。

徐得之　左氏國紀二十卷

蕭楚　春秋經辨十卷

胡定　春秋解十二卷

林拱辰　春秋傳三十卷

陳傅良　春秋後傳十二卷　又　左氏章指三十卷

王汝猷　春秋外傳十五卷

程迥　春秋顯微例目一卷　又　春秋傳二十卷

朱臨　春秋私記一卷　春秋外傳十卷

王葆　東宮春秋講義三卷　春秋集傳十五卷

呂祖謙　春秋集解三十卷　又　左傳類編六卷　左氏博議
　　二十卷　左氏說一卷　左氏博議綱目一卷　左氏國語類編
　　二卷

沈棐　春秋比事二十卷

李明復　春秋集義五十卷　又　集義綱領二卷

任公輔　春秋明辨十一卷

楊簡　春秋解十卷

戴溪　春秋講義四卷

程公說　春秋分記九十卷

春秋釋疑二十卷

春秋考異四卷

春秋加減四卷

春秋直指三卷

左氏紀傳五十卷

春秋四傳二十卷

春秋類六卷

春秋例六卷

春秋表記一卷

王侯世系一卷

春秋釋例地名譜一卷

春秋本旨五卷

左氏摘奇十二卷　　並不知作者。

李浹　左氏廣誨蒙一卷

章沖　左氏類事始末五卷

王柏　左氏正傳十卷

高端叔　春秋義宗一百五十卷

黎良能　左氏釋疑　譜學　各一卷

吳曾　春秋考異四卷　又　左氏發揮六卷

方淑　春秋直音三卷

石朝英　左傳約説一卷　又　百論一卷

黃仲炎　春秋通説十三卷

辛次膺　屬辭比事五卷

李孟傳　左氏説十卷

程大昌　演繁露六卷

李燾　春秋學十卷

王應麟　春秋三傳會考三十六卷

楊士勛　春秋公穀考異五卷

陸宰　春秋後傳補遺一卷

趙震揆　春秋類論四十卷

宇文虛中　春秋紀咏三十卷

王夢應　春秋集義五十卷

李心傳　春秋考義十三卷

魏了翁　春秋要義六十卷

陳藻　林希逸　春秋三傳正附論十三卷

孝經類

古文孝經一卷

鄭氏注　孝經一卷

唐明皇注　孝經一卷

元行沖　孝經疏三卷

蘇彬　孝經疏一卷

邢昺　孝經正義三卷

司馬光　古文孝經指解一卷　又　古文孝經指解一卷

趙克孝　孝經傳一卷

任奉古　孝經講疏一卷

張元老　講義一卷

范祖禹　古文孝經説一卷

呂惠卿　孝經傳一卷

吉觀國　孝經新義一部

家滋　解義二卷

王文獻　詳解一卷

林椿齡　全解一卷

沈處厚　解一卷

趙湘　孝經義一卷

張師尹　通義三卷

張九成　解四卷

朱熹　刊誤一卷

黃榦　本旨一卷

項安世　孝經説一卷

馮椅　古孝經輯注一卷

古文孝經解一卷①

袁甫　孝經説三卷

王行　孝經同異三卷

論語類

何晏等　集解論語十卷

皇侃　論語疏十卷

韓愈　筆解二卷

陸德明　釋文一卷

馬總　論語樞要十卷

陳銳　論語品類七卷

論語井田圖一卷

邢昺　正義十卷

周武　集解辨誤十卷

宋咸　增注十卷

王令　注十卷

紀亶　論語摘科辨解十卷

王安石　通類一卷

王雱②　解十卷

孔武仲　論語説十卷

吕惠卿　論語義十卷

蔡申　論語纂十卷

蘇軾　解四卷

蘇轍　論語拾遺一卷

---

①　明徐象橒刻本《國史經籍志》（以下《國史經籍志》皆據此本，不再注明）著録作者“楊簡撰”。

②　“王雱”，原誤作“王雩”，據《宋史·藝文志》改。

程頤　論語説一卷

劉正容　重注論語十卷

陳禾　論語傳十卷

晁説之　講義五卷

楊時　解二卷

謝良佐　解十卷

范祖禹　論語説二十卷

游酢　雜解一卷

龔原　論語解一部

呂大臨　解十卷

尹焞　論語解十卷　又　論語説一卷

侯仲良　説一卷

鄒浩　解十卷

汪革　直解十卷

葉夢得　釋言十卷

黃祖舜　解義十卷

張九成　解十卷

吳棫　續解十卷　又　考異一卷　説例一卷

喻樗　玉泉論語學四卷

張栻　解十卷

湯烈　集程氏説二卷

倪思　論語義證二十卷

葉隆古　解義十卷

洪興祖　論語説十卷

史浩　口義二十卷

薛季宣　論語小學二卷

林栗　論語知新十卷

朱熹　論語精義十卷　又　集注十卷　集義十卷　或問二十
　卷　論語注義問答通釋十卷

鄭汝　解義十卷

張演　魯論明微十卷

意原十卷

錢文子　論語傳贊二十卷

王汝猷　論語歸趣二十卷

徐焕　論語贅言二卷

曾幾　論語義二卷

陳儀之　講義二卷

姜得平　本旨一卷

論語指南一卷　黄祖禹、①沈大廉、明宏辨論。②

戴溪　石鼓答問三卷

東谷論語一卷　不知作者。

陳耆卿　論語記蒙六卷

魏王肅注　孔子家語十卷

論語玄義十卷

論語要義十卷

論語口義十卷③

論語展掌疏十卷

論語閱義疏十卷

論語世譜三卷　並不知作者。

王居正　論語感發十卷

――――――

① “黄祖禹”，《宋史·藝文志》作“黄祖舜”。
② “明宏”，《宋史·藝文志》作“胡宏”。
③ 《國史經籍志》著録作者“王雱撰”。

章良史① 論語探古二十卷

黄榦 論語通釋十卷 又 論語意原一卷

卞圖② 論語大意二十卷

高端叔 論語傳一卷

真德秀 論語集編一十卷

魏了翁 論語要義一十卷

經解類

周公謚法一卷 即《汲冢周書·謚法篇》。

班固 白虎通十卷

沈約 謚法十卷

賀琛 謚法三卷

晋陽方 五經鈎沈五卷

王彦威 續古今謚法十四卷

劉迅 六經五卷

春秋謚法一卷 即杜預《春秋釋例·法篇》。③

陸德明 經典釋文三十卷

馬光極 九經釋難五卷

章崇業 五經釋題雜問一卷

僧十朋 五經指歸五卷

蘇鄂 演義十卷

劉餗 六說五卷

兼講書五卷

授經圖三卷

---

① “章良史”，《宋史·藝文志》作“畢良史”。
② “卞圖”，《宋史·藝文志》作“卞闒”。
③ “法”上，《宋史·藝文志》有“謚”字。

胡旦　演聖通論六十卷

劉敞　七經小傳五卷

黄敏求　九經餘義一百卷

丘光庭　兼明書三卷

李肇　經史釋題二卷

顔師古　刊謬正俗八卷

李涪　刊誤二卷

九經要略一卷

叙元要略一卷

謚法三卷

六家謚法二十卷　范正、①周沆編。

程頤　河南經説七卷　又　五言集解三卷

蘇洵　嘉祐謚法三卷　皇祐謚録二十卷

楊會　經解三十三卷

劉彝　七經中義一百七十卷

蔡攸　政和修定謚法八十卷

楊時　三經義辨十卷

王居正　辨學七卷

鄭樵　謚法三卷

李舜臣　諸經講義七卷

張九成　鄉黨　少儀　咸有一德　論孟子拾遺　共一卷

張載　經學理窟三卷

項安世　家説十卷　附録四卷

黄榦　六經講義一卷

六經疑難十四卷　不知作者。

---

①　“范正”,《宋史·藝文志》作“范鎮”。

許奕　九經直音九卷　又　正訛一卷　諸經正典十卷

論語尚書周禮講義十卷

楊甲　六經圖六卷

林觀過　經說一卷

戴勛　西齊清選二卷

葉仲堪　六經圖七卷

俞言　六經圖說十二卷

張貴謨　泮林講義三卷

周士貴　經括一卷

游桂　經學十二卷

九經經旨策義九卷　不知作者。

姜得平　詩書遺意一卷

沈貴瑤　四書要義七卷

張九成　中庸大學孝經說各一卷　又　四書解六十五卷

張綱　六經辨疑五卷　又　確論十卷

李燾　五經傳授一卷

王應麟　六經天文編六卷

陳應隆　四書輯語四十卷

劉元剛　三經演義一十一卷　《孝經》《論》《孟》。

小學類

郭璞注　爾雅三卷

孔鮒　小爾雅一卷

揚雄　方言十四卷

史游　急就章一卷

劉熙　釋名八卷

許慎　說文解字十五卷

孫炎　爾雅疏十卷

高璉　爾雅疏七卷

徐鍇　説文解字係傳四十卷　又　説文解字韻譜十卷　説文
　解字通釋四十卷

僧雲棫　補説文解字三十卷

錢承志　説文正隷三十卷

張揖　廣雅音三卷

呂忱　字林五卷

曹憲　博雅十卷

顧野王　玉篇三十卷

韋昭　辨釋名一卷

王僧虔　評書一卷

梁武帝　評書一卷

梁周興嗣　次韻千字文一卷

顏之推　證俗音字四卷　又　字始三卷

虞荔　鼎録一卷

蕭該　漢書音義三卷

陸法言　廣韻五卷

唐玄宗　開元文字音義二十五卷

庾肩吾　書品論一卷

陸德明　經典釋文三十卷　又　爾雅音義二卷

顏元孫　干禄字書一卷

李嗣真　書後品一卷　續古今書人優劣一卷

王之明　述書後品一卷

張懷瓘　書詁一卷　又　評書藥石論一卷　六體論一卷　古
　文大篆書祖一卷　書斷三卷

顏真卿　筆法一卷　又　韻海鑑源十六卷

朱禹善　書評一卷　又　有唐名書贊一卷

林罕　字源偏傍小説三卷

金華苑二十卷

張參　五經文字五卷

李商隱　蜀爾雅三卷

顏師古　急就篇注一卷

虞世南　筆髓法一卷

唐玄度　九經字樣一卷　又　十體書一卷

張彥遠　法書要録十卷

杜林岳　集備要字録二卷

王僧虔　圖書會粹六卷

呂總　續古今書人優劣一卷

蔡希宗　法書論一卷

劉伯莊　史記音義二十卷

裴瑜　爾雅注五卷

僧守温　清濁韻鈐一卷

黃伯思　東觀餘論二卷

竇儼　義訓十卷

崔逢　玉璽譜一卷　嚴士元重修，宋魏損潤色。

郭忠恕　佩觿三卷　又　污簡集七卷

辨字圖四卷

歸字圖一卷

正字賦一卷

孫季昭　決疑賦二卷

徐玄　三家老子音義一卷

鄭文寶　玉璽記一卷

戚倫等　詳定　景德韻略一卷

宋高宗　評書一卷　　亦名《翰墨志》。

邢昺　爾雅疏十卷

歐陽融　經典分毫正字一卷

沈立　稽正辨訛一卷

唐耜　字説集解三十册

錢惟演　飛白書叙録一卷

周越　古今法書苑十卷

祝充　韓文音義五十卷

李舟　切韻五卷

丘世隆　切韻搜隱五卷

劉希古①　切韻十玉五卷②

胡元質　西漢字類五卷

陳天麟　前漢通用古字韻編五卷

陳彭年等　重修廣韻五卷

韻詮十四卷

僧師悦　韻關一卷

丘雍　校定韻略五卷

韻選五卷

韻源一卷

孫愐　唐韻五卷

天寶元年集切韻五卷

釋智猷③　辨體補修加字切韻五卷

丁度　切韻十卷④　又　景祐禮部韻略五卷

---

① “劉希古”，《宋史·藝文志》作“劉熙古”。

② “十”，《宋史·藝文志》作“拾”。

③ “釋智猷”，《宋史·藝文志》作“釋猷智”。

④ “切韻”，《宋史·藝文志》作“集韻”。

墨藪一卷　不知作者。

賈昌朝　群經音辨三卷

夏竦　重校古文四聲韻五卷　又　聲韻圖一卷

司馬光　切韻指掌圖一卷　又　類編四十四卷

劉温潤　羌爾雅一卷

宋祁　摘粹一卷

歐陽修　集古錄跋尾六卷　又　二卷

句中正　雍熙廣韻一百卷　序例一卷　又　三體孝經一卷

楊南仲　石經七十五卷　又　三體孝經一卷

燕肅　字傍辨誤一卷

道士謝利貞　玉篇解疑三十卷

象文玉篇二十卷①

石懷德　隸書賦一卷

褚長文　書指論一卷

李訓　範金錄一卷

翰林隱術一卷

荆浩　筆法一卷

韋氏　筆寶兩字五卷

徐浩　書譜一卷　又　古迹記一卷

宋敏求　寶刻叢章三十卷

劉敞　先秦古器圖一卷

李行中　引經字源二卷

朱長文　續書斷二卷

王安石　字說二十四卷

米芾　書評一卷　又　寶章待訪集一卷

---

①　清乾隆四十五年刻《廿二史考異》注曰:"《崇文總目》又云釋慧力撰。"

呂大臨　考古圖十卷

李公麟　古器圖一卷

陸佃　爾雅新義二十卷　埤雅二十卷

蔡京　崇寧鼎書一卷

張有　復古編二卷　政和甲午祭禮器款識一卷

王楚　鍾鼎篆韻二卷

吳棫　韻補五卷

董衡　唐書釋音二十卷

竇苹　唐書音訓四卷

宣和重修博古圖錄三十卷

趙明誠　金石錄三十卷　又　別本三十卷

薛尚功　重廣鍾鼎篆韻七卷　歷代鍾鼎彝器款識法帖二十卷

張孟　押韻十卷

許冠　韻海五十卷

吳开　童訓統類一卷

鄭樵　石鼓文考一卷　又　字始連環二卷　象類書十一卷
　論梵書三卷　爾雅注三卷　書考六卷　通志六書略五卷

郑升卿　四聲類韻二卷　又　聲韻類例一卷

淳熙監本禮部韻略五卷

劉球　隸韻略七卷

潘緯　柳文音義三卷

僧應之　臨書關要一卷

呂本中　童蒙訓三卷

周燔　六經音義十三卷

李盛　六經釋文二卷

黃瓖　班書韻編五卷

張貞　石經注文考異四十卷

洪适　隸釋二十七卷　隸續二十一卷

史浩　童卯須知三卷

朱熹　小學之書四卷　又　四子四卷

程端蒙　小學字訓一卷

呂祖謙　少儀外傳二卷

陳淳　北溪字義二卷

婁機　班馬字韻二卷①　漢隸字源六卷　廣平禄字書五卷　古
　　鼎法帖五卷

楊師復　漢隸釋文二卷

馬居易　漢隸分韻七卷

翟伯壽　籀文二卷②

胡寅　注叙古千文一卷

呂氏　叙古千文一卷

慶元嘉定古器圖六卷

僧妙華　互注集韻二十五卷

羅點　清勤堂法帖六卷

李從周　字通一卷

遼僧行均　龍龕手鑑四卷

黃伯思　法帖刊誤一卷

釋元沖　五音韻鏡一卷

施宿　大觀法帖總釋二卷　又　石鼓音一卷

蔡氏　口訣一卷

書録一卷

書隱法一卷

筆陣圖一卷

---

①　"韻",《宋史·藝文志》作"類"。

②　"文",《宋史·藝文志》作"史"。

西漢字類一卷

纂注禮部韻略五卷

翰林禁經三卷

臨汝帖三卷

筆苑文詞一卷

法帖字證十卷

正俗字十卷

書斷例傳五卷

洪韻海源二卷

互注爾雅貫類一卷

諸家小學總錄二卷

集古系時十卷

蕃漢語一卷　並不知作者。

劉紹祐　字學摭要二卷

洪邁　次李翰蒙求三卷

集齋彭氏　小學進業廣記一部

王應麟　蒙訓四十四卷　又　小學紺珠十卷　小學諷咏四卷
　　補注急就篇六卷

　　右經類，凡一千三百四部，一萬三千六百八卷。

藝文二

史類十三：曰正史類，曰編年類，曰別史類，曰史鈔類，曰故
事類，曰職官類，曰傳記類，曰儀注類，曰刑法類，曰目錄類，曰
譜牒類，曰地理類，曰霸史類。

正史類

司馬遷　史記一百三十卷　裴駰等集注。　又　史記一百三十卷

　　陳伯宣注。

班固　漢書一百卷　顏師古注。

范曄　後漢書九十卷　章懷太子李賢注。

趙抃　新校前漢書一百卷

余靖　漢書刊誤三十卷

劉昭　補注後漢志三十卷

陳壽　三國志六十五卷　裴松之注。

房玄齡　晉書一百三十卷

楊齊宣　晉書音義三卷

沈約　宋書一百卷

蕭子顯　南齊書五十九卷

姚思廉　梁書五十六卷　又　陳書三十六卷

魏收　後魏書一百三十卷

魏澹　後魏書紀一卷

張太素　後魏書天文志二卷

李伯藥　北齊書五十卷

令狐德棻　後周書五十卷

顏師古　隋書八十五卷

柳芳　唐書一百三十卷　唐書叙例目一卷

劉煦　唐書二百卷

歐陽修　宋祁　新唐書二百五十五卷　目録一卷

李繪　補注唐書二百二十五卷

薛居正　五代史一百五十卷

歐陽修　新五代史七十四卷　徐無黨注。

張守節　史記正義三十卷

司馬貞　史記索隱三十卷

張泌　漢書刊誤一卷

三劉漢書標注六卷

劉攽　漢書刊誤四卷

吕夏卿　唐書直筆新例一卷

吳縝　新唐書糾謬二十卷　又　五代史纂誤三卷

朱梁列傳十五卷①

張昭遠　後唐列傳三十卷

任諒　史論三卷

韓子中　新唐史辨惑六十卷

吳仁傑　兩漢刊誤補遺十卷

富弼　前漢書綱目一卷

劉巨容　漢書纂誤二卷

汪應辰　唐書列傳辨證二十卷

西漢刊誤一卷　不知作者。

王旦　國史一百二十卷

吕夷簡　宋三朝國史一百五十五卷

---

① 《宋史·藝文志》著録作者爲"張昭遠"。

鄧洵武　神宗正史一百二十卷

王珪　宋兩朝國史一百二十卷

王孝迪　哲宗正史二百一十卷

李燾　洪邁　宋四朝國史三百五十卷

宋名臣録八卷

宋勛德傳一卷

宋兩朝名臣傳三十卷

咸平諸臣録一卷

熙寧諸臣傳四卷

兩朝諸臣傳三十卷　並不知作者。

張唐英　宋名臣傳五卷

葛炳奎　國朝名臣叙傳二十卷

編年類

荀悦　漢紀三十卷

袁宏　後漢紀三十卷

胡旦　漢春秋一百卷　又　問答一卷

皇甫謐　帝王世紀九卷

竹書三卷　荀勗、和嶠編。

蕭方　三十國春秋三十卷

孫盛　晉陽春秋三十卷①

杜延業　晉春秋略二十卷

裴子野　宋略二十卷

王通元經薛氏傳十五卷

馬總　通曆十卷

---

① “春”字，《宋史·藝文志》無。

柳芳　唐曆四十卷

崔龜從　續唐曆二十二卷

裴煜之　唐太宗建元實迹一卷

路惟衡　帝王曆數圖十卷

陳岳　唐統紀一百卷

丘悦　三國典略二十卷

封演　古今年號録一卷

薛黨①　大唐聖運圖略三卷

帝王照録一卷

王起　五位圖三卷

苗台符　古今通要四卷

馬永易　元和録三卷

大唐中興新書紀年三卷　不知作者。

韋昭度　續皇王寶運録十卷

程正柔　大唐補紀三卷

凌璿②　唐録政要十三卷

唐天祐二年日曆一卷

杜光庭　古今類聚年號圖一卷

温大雅撰　唐創業起居注三卷

許敬宗　房玄齡等撰　唐高祖實録二十卷

許敬宗撰　唐太宗實録四十卷

唐高宗復修實録三十卷

唐武后實録二十卷

唐中宗實録二十卷

唐睿宗實録十卷　又　五卷　並劉知幾、吴兢撰。

---

① “薛黨”,《宋史·藝文志》作“薛璿”。

② “凌璿”,《宋史·藝文志》作“凌璠”。

元載　令狐峘撰　唐玄宗實録一百卷

元載撰　唐肅宗實録三十卷

令狐峘撰　唐代宗實録四十卷

裴洎等撰　唐德宗實録五十卷

沈既濟撰　唐建中實録十五卷

韓愈撰　唐順宗實録五卷

唐憲宗實録四十卷

唐穆宗實録二十卷　　並路隋等撰。

李讓夷等撰　唐敬宗十卷

魏纂修撰　唐文宗實録四十卷

唐武宗實録二十卷

唐宣宗實録三十卷

唐懿宗實録二十五卷

唐僖宗實録三十卷

唐昭宗實録三十卷

唐哀宗實録八卷①　　並宋敏求撰。

張袞、邬象等撰　五代梁太祖實録三十卷

五代唐懿宗紀年録一卷②

五代唐獻祖紀年録一卷

五代唐莊宗實録三十卷　　並趙鳳、張昭遠等撰。

姚顗等撰　五代唐明宗實録三十卷

張昭遠等撰　五代唐愍帝實録三卷

張昭等同撰　五代唐廢帝實録十七卷

五代晉高祖實録三十卷

五代晉少帝實録二十卷　　並竇貞固等撰。

------

① “宗”，《宋史・藝文志》作“帝”。

② “宗”，《宋史・藝文志》作“祖”。

蘇逢吉等撰　五代漢高祖實録十卷

五代漢隱帝實録十五卷

五代周太祖實録三十卷　並張昭、尹拙、劉温叟等撰。

王溥等撰　五代周世宗實録四十卷

高遠撰　南唐烈祖實録二十卷

後蜀高祖實録三十卷

後蜀主實録四十卷　並李昊撰。

李沆　沈倫修　宋太祖實録五十卷

錢若水修　太宗實録八十卷

晏殊等修　真宗實録一百五十卷

韓琦等修　仁宗實録二百卷

曾公亮等修　英宗實録三十卷

神宗實録朱墨本三百卷　舊録本用墨書,添入者用朱書,删去者用黄抹。

宋高宗日曆一千卷

孝宗日曆二千卷

光宗日曆三百卷

寧宗日曆五百一十卷　重修五百卷

神宗日録二百卷　自高宗以下日曆並趙鼎、范沖重修。

范沖撰　神宗實録考異五卷

哲宗實録一百五十卷

徽宗實録二百卷　並湯思退進。

李燾重修　徽宗實録二百卷

洪邁修　欽宗實録四十卷

傅伯壽撰　高宗實録五百卷

孝宗實録五百卷

光宗實録一百卷　並傅伯壽、陸游等修。

寧宗實録四百九十九册

理宗實錄初稿一百九十册

理宗日曆二百九十二册　又　日曆一百八十册

度宗時政記七十八册

德祐事迹日記四十五册

孫先憲　續通曆十卷

范質　五代通録六十五卷

劉蒙叟　甲子編年二卷

顯德日曆一卷　周虓蒙、董淳、賈黃中撰。

龔穎　運曆圖三卷

陳彭年　唐紀四十卷

宋庠　紀年通譜十二卷

鄭向　五代開皇記三十卷　兩朝實録大事二卷

王玉　文武賢臣治蜀編年志一卷

武密　帝王興衰年代録二卷

五代春秋一卷

十代編年紀一卷　並不知作者。

章寔　歷代統紀一卷

司馬光①　資治通鑑三百五十四卷　又　資治通鑑舉要曆八十
　　卷　通鑑前例一卷　稽古録二十卷　歷年圖六卷　通鑑節
　　要六十卷　帝統編年紀事珠璣十二卷　歷代累年二卷

劉恕　資治通鑑外紀十卷　又　疑年譜一卷　通鑑問疑一卷

章衡　編年通載十卷

王巖叟　繫年録一卷　元祐時政記一卷

諸葛深　紹運圖一卷

楊備　歷代紀元賦一卷

---

①　“司馬光”，原誤作“司馬先”，據《宋史·藝文志》改。

胡存　孔子編年五卷

朱繪　歷代帝王年運銓要十卷

司馬康　通鑑釋文六卷

李燾　續資治通鑑長編一百六十八卷　又　四朝史稿五十卷　江左方鎮年表十六卷　混天帝王五運圖古今須知一卷　宋政録十二卷　宋異録一卷　宋年表一卷　又　年表一卷

史炤　資治通鑑釋文三十卷

晁公邁　歷代記年十卷

熊克　九朝通略一百六十八卷

中興小曆四十一卷

呂祖謙　大事記二十七卷　又　宋通鑑節五卷　呂氏家塾通鑑節要二十四卷

朱熹　通鑑綱目五十九卷　又　提要五十九卷

宋聖政編年十二卷　不知作者。

汪伯彥　建炎中興日曆一卷

袁樞　通鑑紀事本末四十二卷

喻汉卿　通鑑總政一百十二卷

吳曾　南北征伐編年二十三卷

徐度　國紀六十五卷

胡宏　皇王大紀八十卷

李丙　丁未録二百卷

李心傳　建炎以來繫年要録二百卷

國史英華一卷　不知作者。

何許　甲子紀年圖一卷

曾愷　通鑑補遺一百篇

李孟傳　讀史十卷

崔敦詩　通鑑要覽六十卷

王應麟　通鑑答問四卷

胡安國　通鑑舉要補遺一百二十卷

沈樞　通鑑總類二十卷

張根　歷代指掌編九十卷

李心傳　孝宗要略初草二十三卷

張公明　大宋綱目一百六十七卷

洪邁　節資治通鑑一百五十卷　又　太祖太宗本紀三十五卷

又　四朝史紀三十卷　又　列傳一百三十五卷

黃維之　太祖政要一十卷

呂中　國朝治迹要略十四卷

別史類

王瓘　廣軒轅本紀三卷

汲冢周書十卷

郭璞注　穆天子傳六卷

趙曄　吳越春秋十卷

皇甫遵注　吳越春秋十卷

司馬彪　九州春秋十卷

趙瞻　史記牴牾論五卷

漢書問答五卷①

劉珍等　東觀漢紀八卷

孔衍　春秋後語十卷

李延壽　南史八十卷　又　北史一百卷

元行沖　後魏國典三十卷

金陵六朝記一卷

---

① 　清文淵閣《四庫全書》本《通志・藝文略》著錄作者"沈遵撰"。

王豹　金陵樞要一卷

李匡文　漢後隋前瞬貫圖一卷

李康　唐明皇政録十卷

袁皓　興元聖功録①　功臣録三十卷

唐僖宗日曆一卷

劉肅　唐新語十三卷

唐總記三卷

渤海填　唐廣德神異録四十五卷

歐陽迥　唐録備闕十五卷　"迥"一作"炳"。

裴潾　大和新修辨謗略三卷

程光榮　唐補注記十三卷　"榮"一作"柔","記"一作"紀"。

曹玄圭　唐列聖統載圖十卷

郭修　唐年紀録一卷

南卓　唐朝綱領圖五卷

唐紀年記二卷

吳兢　開元名臣録三卷　又　唐太宗勛史一卷　唐書備闕記
　十卷

高峻　小史一百十卷

許嵩　建康實録二十卷

張詢古　五代新説二卷

劉軻　帝王曆數歌一卷　又　唐年歷代一卷②

裴庭裕　東觀奏記三卷

新野史十卷　題"顯德元年終南山不名子撰"。

張傳靖　唐編記十卷

胡旦　唐乘七十卷　"乘"一作"策"。

---

①　《宋史·藝文志》著録爲"三卷"。

②　"代"字,《宋史·藝文志》無。

王沿　唐志二十一卷

孫甫　唐史記七十五卷

王皞　唐餘録六十卷

李匡文　兩漢至唐年紀一卷

王禹偁　五代史闕文二卷

陶岳　五代史補五卷

詹玠　唐宋遺史四卷

劉直方　大唐機要三十卷

蘇轍　古史六十卷

孫沖　五代紀七十七卷

王軫　五朝春秋二十五卷

劉攽　五代春秋一部

劉恕　十國紀年四十二卷

常璩　華陽國志十卷

江南志二十卷

李清臣　平南事覽二十卷　吳書實録三卷　記楊行密事。

真宗聖政紀一百五十卷　又　政要十卷

仁宗觀文覽古圖記十卷

丁謂　大中祥符奉祀記五十卷　目二卷　又　大中祥符迎奉
　聖像記二十卷　目二卷

李維　大中祥符降聖記五十卷　目三卷

王欽若　天禧大禮記五十卷　目二卷

呂夷簡　三朝寶訓三十卷

李淑　三朝訓覽圖十卷

錢惟演　咸平聖政録三卷

李昭遘　永熙政範二卷

張商英　神宗正典六卷

林希　兩朝寶訓二十一卷

舒亶　元豐聖訓三卷　六朝寶訓一部

鄭居中　崇寧聖政二百五十五册　又　聖政録三百二十三册

賈緯　備史六卷　史系二十卷

楊九齡　正史雜論十卷

河洛春秋二卷

歷代善惡春秋二十卷

李荃　闕外春秋十卷

薛韜玉　帝照一卷

沈汾　元類一卷

楊岑　皇王寶運録三十卷

瞿驤　帝王受命編年録三十卷　“瞿”一作“翟”。

徐廣　三朝革命録三卷

錢信　皇猷録一卷

歷代鴻名録八卷

韋光美　嘉號録一卷

崔侗　帝王授受圖一卷

牛檢　帝王事迹相承圖三卷

歷代君臣圖二卷

龔穎　年曆圖八卷　“年”一作“運”。

賈欽文　古今代曆一卷①

張敦素　通記建元曆二卷　“記”一作“紀”。

柳粲②　補注正閏位曆三卷

杜光庭　帝王年代州郡長曆二卷

王起　五運圖一卷

---

① “古今代曆”，《宋史·藝文志》作“古今年代曆”。
② “柳粲”，《宋史·藝文志》作“柳璨”。

曹玄圭　五運圖十二卷　“圖”一作“録”。

張洽　五運元紀一卷

古今帝王記十卷

衛牧　帝王真僞記七卷

紀年志一卷

武密　帝王年代録三十卷

鄭伯邑　帝王年代圖一卷　又　帝王年代記三卷

焦璐　聖朝年代記十卷　“記”一作“紀”。

韋光美　帝王年號圖一卷

汪奇　古今帝王年號録一卷

李昉　歷代年號一卷

蓋君平　重編史雋三十卷

孫昱　十二國史十二卷

西京史略二卷

史記掇英五卷　並不知作者。

鄭樵　通志二百卷

蕭常　續後漢書四十二卷

李杞　改修三國志六十七卷

陳傅良　建隆編一卷　一名《開基事要》。

蔡幼學　宋編年政要四十卷　又　宋實録列傳舉要十二卷

洪偓　五朝史述論八卷

趙甡①　中興遺史二十卷

樓昉　中興小傳一百篇

史鈔類

馬史精略五十六卷

---

① “趙甡”,《宋史·藝文志》作“趙甡之”。

趙世逢　兩漢類要二十卷

周護　三史菁英二十卷　十七史贊三十卷

三代説辭十卷　不知作者。

孫玉汝　南北史練選十八卷

史略三卷[①]

楊侃　兩漢博聞十二卷

林鉞　漢雋十卷

宗諫　三國采要六卷

薛儆　晋書金穴鈔十卷

荀綽　晋略九卷

張陟　晋略二十卷

杜延業　晋春秋略二十卷　晋史獵精一百三十卷

胡寅　讀史管見三十卷　又　三國六朝攻守要論十卷

趙氏　六朝采要十卷

杭暕　金陵六朝帝王統紀一卷

薛韜玉　唐要録二卷

張栻　通鑑論篤四卷

孫甫　唐史論斷二卷

石介　唐鑑五卷

范祖禹　唐鑑十二卷　又　帝學八卷

陳季雅　兩漢博議十四卷

李舜臣　江東十鑑一卷

陳傅良　西漢史鈔十七卷

東萊先生西漢財論十卷　門人編。

劉希古　歷代紀要五十卷

---

① 清《汗筠齋叢書》本《崇文總目輯釋》(以下《崇文總目輯釋》皆據此本,不再注明)著録作者"杜僖撰"。

喬舜　古今語要十二卷

賈昌朝　通紀八十卷

趙善譽　讀史輿地考六十三卷　　一名《輿地通鑑》。

裴松之　國史要覽二十卷

鄭暐　史雋十卷

曹化　史書集類三卷

朱黼　紀年備遺正統論一卷

唯室先生兩漢論一卷①

張唐英　唐史發潛六卷

倪遇　漢論十三卷

陳惇修　唐史斷二十卷

王諫　唐史名賢論斷二十卷

程鵬　唐史屬辭四卷　唐帝王號宰臣録十卷

名賢十七史確論一百四卷　　不知作者。

胡旦　五代史略四十二卷

韓保升　文行録五十卷

李埴　續帝學一卷

姚虞賓　諸史臣謨八卷

鄭少微　唐史發揮十二卷

陳天麟　前漢六帖十二卷

陳應行　讀史明辨二十四卷　又　讀史明辨續集五卷

師古　三國志質疑十四卷　又　西漢質疑十九卷　東漢質疑
　　九卷

何博士備論四卷②

陳亮　通鑑綱目二十三卷

---

① 《宋史·藝文志》著録作者爲“陈长方”。
② 《宋史·藝文志》著録作者爲“何去非”。

葉學士唐史鈔十卷

唐仲友　唐史義十五卷　又　續唐史精義十卷

楊天惠　三國人物論三卷

李石　世系手記一卷

兩漢著明論二十卷

十二國史略三卷

章華集三卷

縱橫集二十卷

十三代史選五十卷

南史撫實韻句三卷

議古八卷

史譜七卷

五代纂要賦一卷

國朝撮要一卷

約論十卷　並不知作者。

李燾　歷代宰相年表三十三卷　又　唐宰相譜一卷　王謝世
　表一卷　五代三衙將帥年表一卷

竇濟　皇朝名臣言行事對十二卷

李心傳　舊聞證誤十五卷

龔敦頤　符祐本末一十卷

洪邁　記紹興以來所見二卷

故事類

班固　漢武故事五卷

蔡邕　獨斷二卷

裴烜之　承祚實迹一卷

王琳① 　魏鄭公諫録五卷

武平一 　景龍文館記十卷

吳兢 　貞觀政要十卷　又 　開元升平源一卷

蘇瓌 　中樞龜鑑一卷

韓琬 　御史臺記十二卷

韋述 　集賢注記二卷

崔庭光② 　德宗幸奉天録一卷

沈既濟 　選舉志三卷

馬宇 　鳳池録五卷

韋執誼 　翰林故事一卷

李吉甫 　元和國計略一卷

劉公鉉 　鄴城舊事六卷

韋處厚 　翰林學士記一卷

元稹 　承旨學士院記一卷

李德裕 　西南備邊録一卷　又 　兩朝獻替記二卷　柳氏舊聞
　　一卷③

令狐澄 　貞陵遺事一卷

令狐綯 　制表疏一卷

李司空論事七卷　　唐蔣皆編，李絳所論。

南卓 　綱領圖一卷

鄭處誨 　明皇雜録二卷　又 　天寶西幸略一卷

吳湘事迹一卷　　不知作者。

王仁豁 　開元天寶遺事一卷

盧駢 　御史臺三院因話録一卷

---

① “王琳”，《宋史·藝文志》作“王綝”。

② “崔庭光”，《宋史·藝文志》作“崔光庭”。

③ “柳氏”上，《宋史·藝文志》有“次”字。

柳玭　續貞陵遺事一卷

鄭向　起居注故事三卷

蘇頌　邇英要覽一部

樂史　貢舉故事二十卷　目一卷

鄭略①　敕語堂判五卷

李巨川　勤王録二卷

楊鉅　翰林舊規一卷

張著　翰林盛事一卷

李構　御史臺故事三卷

李肇　翰林内志一卷　又　翰林志一卷

蘇易簡　續翰林志二卷

杜宗事迹一卷②

梁宣底三卷

汾陰后土故事三卷

武成王配饗事迹二十卷　並不知作者。

林勤　國朝典要雜編一卷

李大性　典故辨疑二十卷

吕夷簡　林希　進　五朝寶訓六十卷　三朝太平寶訓二十卷
三朝訓鑑圖十卷

沈該　進　神宗寶訓一百卷

神宗寶訓五十卷

洪邁集　哲宗寶訓六十卷

欽宗寶訓四十卷

高宗聖政六十卷

高宗寶訓七十卷

---

① "鄭略",《宋史·藝文志》作"鄭畋"。
② "杜宗",《宋史·藝文志》作"杜悰"。

孝宗寶訓六十卷　　並國史實録院進。

史彌遠　孝宗寶訓六十卷

紹興求賢手詔一卷

高宗聖政編要二十卷①

高宗聖政典章十卷　　不知作者。

宋朝大詔令二百四十卷　　紹興中，出於宋綬家。

永熙寶訓二卷②

仁宗觀文鑑古圖十卷

王洙　祖宗故事二十卷

李淑　耕籍類事五卷

林特　東封西祀朝謁太清宮慶賜總例二十六卷

韓絳　治平會計録六卷

李常　元祐會計録三卷

崔立　故事稽疑十卷

孝宗聖政五十卷

彭龜年内治聖鑑二十卷

光宗聖政三十卷

富弼　契丹議盟別録五卷

朱勝非　秀水閒居録二卷

吕本中　紫微雜記一卷

蔡絛　北征紀實二卷

万俟卨　太后回鑾事實十卷

湯思退等　永祐陵迎奉録十卷

大惟簡　塞北紀實三卷

宋敏求　朝貢録二十卷

---

① “高宗”下，《宋史·藝文志》有“孝宗”二字。
② 《宋史·藝文志》著録作者“李昉子宗諤纂”。

張養正　六朝事迹十四卷

吳彥夔　六朝事迹別集十四卷

韓元吉　金國生辰語録一卷

劉珙　江東救荒録五卷

宋介　執禮集二卷

陳曄　通州鬻海録一卷

龔頤正　續稽古録一卷

洪邁①　漢苑群書三卷②　又　會稽和買事宜録七卷

程大昌　北邊備對六卷

慶曆邊議三卷

開禧通和録一卷

開禧持書録二卷

開禧通問本末一卷

金陵叛盟記十卷　　並不知作者。

宋庠　尊號録一卷　又　掖垣叢志三卷

董煟　活民書三卷　又　活民書拾遺一卷

史館故事録三卷

五國故事二卷　　並不知作者。

尉遲握　中朝故事二卷

孔武仲　金華講義十三卷

王禹偁　建隆遺事一卷

田錫　三朝奏議五卷

曾致堯　清邊前要五十卷

李至　皇親故事一卷

杜鎬　鑄錢故事一卷

---

① “洪邁”,《宋史·藝文志》作“洪遵”。

② “漢”,《宋史·藝文志》作“翰”。

丁謂　景德會計録六卷

王曙　群牧故事三卷

兩朝誓書一卷　　景德中，與契丹往復書。

辛怡顯　雲南録三卷

沈該　翰林學士年表一卷

蘇耆　次續翰林志一卷

錢惟演　金陵遺事三卷

晁迥　別書金坡遺事一卷

李宗諤　翰林雜記一卷

王皞　言行録一卷

王旦　名賢遺範録十四卷

余靖　國信語録一卷

李淑　三朝訓鑑圖十卷

陳湜　三朝逸史一卷

沈立　河防通議一卷

富弼　救濟流民經畫事件一卷

田況　皇祐會計録六卷

陳次公　安南議十篇

宋咸平①　朝制要覽十五卷

李上交　近事會元五卷

范鎮　國朝事始一卷　又　東齊記事十二卷

太平盛典三十六卷

國朝寶訓二十卷

慶曆會計録二卷

經費節要八卷　　並不知作者。

---

① "平"字，《宋史·藝文志》無。

張唐英　君臣政要四十卷

陳襄　國信語録一卷

趙概　日記一卷

司馬光　日録三卷

郟亶　吳門水利四卷

王安石　熙寧奏對七十八卷

程師孟　奏録一卷

羅從彥　宋遵堯録八卷

何澹　歷代備覽二卷

王禹　王家三世書誥一卷

司馬光　涑水記聞三十二卷

周必大　鑾坡録一卷　又　淳熙玉堂雜記一卷

陳模　東宮備覽一卷

三朝政録十二卷

廣東西城録一卷

交廣圖一卷　並不知作者。

曾鞏　宋朝政要策一卷

畢仲衍　中書備對十卷

李清臣　張誠一　元豐土貢録二卷

龐元英　文昌雜録七卷

韓絳　吳充　樞密院時政記十五卷

蘇安　靜邊説一卷

薛向　邊陲利害三卷

仁宗君臣政要二十卷　不知何人編。

范祖禹　仁皇訓典六卷

曾鞏　德音寶訓三卷

汪洙　榮觀集五卷

張舜民　使邊録一卷①

朱匪躬　館閣録十一卷

劉永壽　章獻事迹一卷

曾布　三朝正論二卷

林慮　元豐聖訓二十卷

家安國　平蠻録三卷

羅畸　蓬山記五卷

明堂詔書一卷　　不知集者。

高聿　鹽池録一卷

吳若虛　崇聖恢儒集三卷

洪楡　創業故事十二卷

耿延禧　建炎中興記一卷

程俱　麟臺故事五卷

洪興祖　續史館故事録一卷

張戒　政要一卷

李源　三朝政要增釋二十卷

歐陽安永　祖宗英睿龜鑑十卷

陳騤　中興館閣録十卷

趙飀　廣南市舶録三卷

嚴守則　通商集三卷

契丹禮物録一卷

金華故事一卷

兩朝交聘往來國書一卷　　並不知作者。

臧梓　呂丞相勤王記一卷

李攸　通今集二十卷　又　宋朝事實三十五卷

① "邊"，《宋史·藝文志》作"遼"。

袁夢麟　漢制叢録二十卷

倪思　合宮嚴父書一卷

詹儀之　淳熙經筵日進故事一卷　又　淳熙東宮日納故事
　　一卷

李心傳　建炎以來朝野雜記十一卷　又　朝野雜記甲集二十
　　卷　乙集二十卷

陸游　聖政草一卷

彭百川　治迹統類四十卷　又　中興治迹統類三十卷

江少虞　皇朝事實類苑二十六卷

張綱　列聖孝治類編一百卷

黃度　藝祖憲監三卷　又　仁皇從諫録三卷

趙善譽　宋朝開基要覽十四卷

職官類

東漢百官表一卷　不知作者。

陶彥藻　職官要録七卷　又　職官要録補遺十八卷

李吉甫　百司舉要一卷

唐玄宗　六典三十卷

杜英師　唐職該一卷

梁載言　具員故事十七卷

大唐宰相歷任記二卷

任戩　官品纂要十卷

宰輔年表一卷

官品式律一卷

歷代官號十卷　並不知作者。

楊侃　職林三十卷

孔至道　百官要望一卷

閤承琬　君臣政要三十卷

蒲宗孟　省曹寺監事目格子四十七卷

郤殷象　梁循資格一卷

王涯　唐循資格一卷

杜儒童　中書則例一卷

譚世績　本朝宰執表八卷

張文褣①　唐文昌損益三卷

萬當世　文武百官圖二卷

陳繹　宰相拜罷圖一卷②　又　樞府拜罷録一卷　三省樞密院

　除目四卷

司馬光　百官公卿表十五卷

孫逢吉　職官分紀五十卷

梁勔　職官品服三十三卷

趙氏　唐典備對六卷　不知作者。

三省儀式一卷

職事官遷除體格一卷

循資格一卷

循資曆一卷

唐宰相後記一卷

國朝撮要一卷

宋朝宰輔拜罷圖四卷

宋朝官制十一卷

三省總括五卷　並不知作者。

王益之　漢官總録十卷　又　職源五十卷

宋朝相輔年表一卷

①　“張文褣”，《宋史·藝文志》作“張之緒”。

②　“圖”，《宋史·藝文志》作“録”。

蔡元道　祖宗官制舊典三卷

趙鄰幾　史氏懋官志五卷

趙曄　宋官制正誤沿革職官記三卷

何異　中興百官題名五十卷

龔頤正　宋特命録一卷

司馬光　官制遺稿一卷

徐自明　宰輔編年録二十卷

蔡幼學　續百官公卿表二十卷　又　續百官表質疑十卷

曾三異　宋新舊官制通考十卷　又　宋新舊官制通釋二卷

范仲　宰輔拜罷録二十四卷

徐均①　漢官考四卷

董正工　職官源流五卷

金國明昌官制新格一卷

楊三休　諸史闕疑三卷

趙粹中　史評五卷

王應麟　通鑑地理考一百卷　又　通鑑地理通釋十四卷　又
　漢藝文志考證十卷　又　漢制考四卷

傳記類

劉向　古列文傳九卷

漢武内傳二卷　　不知作者。

郭憲　洞冥記四卷

班昭　女戒一卷

伶玄　趙飛燕外傳一卷

皇甫謐　高士傳十卷

---

① “徐均”,《宋史·藝文志》作“徐筠”。

袁宏　正始名士傳二卷

葛洪　西京雜記六卷

習鑿齒　襄陽耆舊記五卷

蕭韶　大清紀十卷

杜寶　大業雜記十卷

劉餗　國史異纂三卷

梁載言　梁四公記一卷

趙毅　大業略記三卷

顏師古　大業拾遺一卷

賈潤甫①　李密傳三卷

李筌　中台志十卷

杜儒童　隋季革命記五卷

隋平陳記一卷②

魏徵　隋靖列傳一卷

徐浩　廬陵王傳一卷

劉仁軌　河洛行年記十卷

李恕己③　誡子拾遺四卷

趙國公行狀一卷

陳翃　郭令公家傳十卷　又　忠武公將佐略一卷

殷亮　顏杲卿家傳一卷　又　顏真卿行狀一卷

李邕　狄梁公家傳一卷

包諝　河洛春秋二卷

陳鴻　東城父老傳一卷

張鷟　朝野僉載二十卷　又　僉載補遺三卷

———————

① “賈潤甫”，《宋史·藝文志》作“賈閏甫”。

② 《崇文總目輯釋》著錄作者“臣悅撰姓闕”。

③ “己”字，《宋史·藝文志》無。

李匡文　明皇幸蜀廣記圖二卷

郭湜　高力士外傳一卷

姚汝能　安祿山事迹三卷

三朝遺事一卷　載張説、姚崇、宋璟事，不知作者。

甘伯宗　名醫傳七卷

臨川名士賢迹傳三卷

李淑　六賢傳一卷

孫仲　遺士傳一卷　賢牧傳十五卷

張茂樞　張氏家傳三卷

吳操　蔣子文傳一卷

王方慶　魏玄成傳一卷

郭元振傳一卷

范質　桑維翰傳三卷

李翰　張中丞外傳一卷

溫畬　天寶亂離記一卷

劉諫　國朝傳記三卷

賀楚　奉天記一卷

大和摧凶記一卷

楊棲白　南行記一卷

王坤　僖宗幸蜀記一卷

牛朴　登庸記一卷

江文秉　都洛私記十卷

胡嶠　陷遼記三卷

元澄　秦京內外雜記一卷

蜀記一卷

西戎記二卷

顏師古　獮豸記一卷

靜亂安邦記一卷

睢陽得死集一卷　載張巡、許遠事，不知作者。

沈既濟　江淮記亂一卷

李公佐　建中河朔記六卷

陳岵　朝廷卓絶事記一卷

谷況　燕南記三卷

鄭澥　涼國公平蔡録一卷

李涪　刊誤一卷

陸贄　玄宗編遺録二卷

韓昱　壺關録三卷

林恩　補國史五卷

馬總　唐年小録六卷

杜祐　實佐記一卷

陳諫等　彭成公事迹三卷

王昌齡　瑞應圖一卷

路隋　平淮西記一卷　又　邠志三卷

李肇　國史補三卷

李潛用　乙卯記一卷

房千里　投荒雜録一卷

李繁　鄴侯家傳十卷

李石　開成承詔録二卷

李德裕　異域歸忠傳二卷　又　大和辨謗略三卷　會昌伐叛
　記一卷

高少逸　四夷朝貢録十卷

李商隱　李長吉小傳五卷

蔡京　王貴妃傳一卷

李璋　太原事迹雜記十三卷

張雲　咸通庚寅解圍録一卷

鄭樵　彭門紀亂三卷

韓偓　金鑾密記一卷

朱朴　日曆一卷

李氏　大聖列聖園陵記一卷　　不知名。

丘旭　賓朋宴語一卷

盧言　雜説一卷

于政立　類林十卷

李奕　唐登科記一卷

唐顯慶登科記五卷①

徐鍇　登科記十五卷

樂史　登科記三十卷

登科記一卷

登科記二卷　　起建隆至宣和四年。

張觀　二十二國祥異記三卷

徐岱　奉天記一卷

徽宗　宣和殿記一卷　又　嵩山崇福記一卷　太清樓特宴記
　一卷　筠莊縱鶴宣和閣記一卷　宴延福宮承平殿記一卷
　明堂記一卷　艮岳記一卷

陳繹　東西府記一卷

沈立　都水記二百卷　又　名山記一百卷

章惇　導洛通汴記一卷

李清臣　重修都城記一卷

王革　天泉河記一卷

上黨記叛一卷

———

① 《崇文總目輯釋》著録作者"崔氏失名撰"。

宋巨　明皇幸蜀録一卷

趙源一　奉天録四卷

陸贄　遣使録一卷

李繁　北荒君長録三卷

陸希聲　北戶雜録三卷

蘇特　唐代衣冠盛事録一卷　　"特"一作"時"。

鄭言　平剡録一卷

復交阯録二卷

哥舒翰幕府故吏録一卷

李巨川　許國公勤王録三卷

乾明會稽録一卷[①]　　"明"一作"寧"。

三楚新録一卷

英雄佐命録一卷

世宗征淮録一卷

濠州干戈録一卷

樂史　孝悌録二十卷　讚五卷

曹希遠　孝感義聞録三卷

張續　建中西狩録一卷

元宏　錢塘平越州録一卷

潘氏家録一卷　　潘美行狀、告辭。

胡訥　孝行録二卷　又　賢惠録二卷　民表録三卷

李升　登封誥成録一百卷

凌淮　邠志二卷

---

　　① 清乾隆四十五年刻本《廿二史考異》注曰："此五書(指從《乾明會稽録》至《濠州干戈録》)非李巨川所作，當注云'並不知作者'。《三楚新録》疑即周羽沖所撰，已見霸史類。"

郭廷晦①　妖亂志三卷

韋琯　國相事狀七卷

雲南事狀一卷

劉中州事迹一卷

魏玄成故事三卷

趙寅　趙君錫遺事一卷

楊時　開成紀事二卷

楊九齡　桂堂編事二十卷

范鎮　東齋記事十二卷

李隱　唐記奇事十卷　"隱"一作"隋"。

史演　咸寧王定難實序一卷

登科記解題二十卷

樂史　廣孝悌書五十卷　"悌"一作"新"。

危高　孝子拾遺十卷

紹興名臣正論一卷

呂頤浩遺事一卷

呂頤浩逢辰記一卷

朱勝非年表一卷

朱勝非行狀一卷

真宗制奉神述一卷

史浩　會稽先賢祠傳贊二卷

張栻　諸葛武侯傳一卷

趙彥博　昭明事實二卷

呂文靖公事狀一卷

王巖叟　韓忠獻公別錄一卷

①　"郭廷晦",《宋史·藝文志》作"郭廷誨"。

韓忠獻公家傳一卷

呂祖謙　歐公本末四卷

韓莊敏公遺事一卷①

邵伯温　邵氏辨誣三卷

薛齊誼　六一居士年譜一卷

胡剛中家傳一卷

黄璞　閩中名士傳一卷

岳珂　籲天辨誣五卷

李綱等　張忠文節誼録一卷

陳曄　种師道事迹一卷

張琰　种師道祠堂碑一卷

談氏家傳一卷

王淹　槐庭濟美録十卷

英顯張侯平寇録一卷

洪适　五代登科記一卷

周鑄　史越王言行録十二卷

劉氏傳忠録三卷

陳瓘墓志一卷　　自撰。

了齋陳先生言行録一卷

趙文定公遺事一卷

常諫議長洲政事録一卷

朱文公行狀一卷

李埴　趙鼎行狀三卷

岳珂　鄂國金佗粹編二十八卷

吴柔勝　宗澤行實十卷

---

① 《宋史·藝文志》注曰：“韓宗武記。”

李朴　豐清敏遺事一卷

劉岳李魏傳二卷

劉球　劉鄜王事實一十卷

尹機　宿州事實一卷

石茂良　避羌夜話一卷① 又　靖康録一卷

中興御侮録一卷

皇華録一卷

南北歡盟録一卷

裔夷謀夏録二卷　並不知作者。

張師顔　金虜南遷録一卷

張棣　金亮講和事迹一卷

洪遵　泉志十五卷

張甲　浸銅要録一卷

姚康　唐登科記十五卷

馬宇　段公別集二卷②

張陟　唐年經略志十卷

柳玭　柳氏序訓一卷

柳珵　柳氏家學一卷

李躍　嵐齋集一卷

段公路　北户雜録一卷

鄭暐　蜀記三卷

野史甘露新記二卷

諱行録一卷

大和野史三卷

逸史一卷

_____

① “羌”,《宋史·藝文志》作“戎”。

② “集”,《宋史·藝文志》作“傳”。

拓跋記一卷

文場盛事一卷

楊妃外傳一卷　並不知作者。

蕭時和①　天祚永歸記一卷

薛國存②　河南記二卷

李綽　張尚書故實一卷

劉昶　嶺外錄異三卷

王振　汴水滔天錄一卷

王權　汴州記一卷

高若拙　後史補三卷

黃彬　莊宗召禍記一卷

晉朝陷蕃記一卷　不知作者。

余知古　渚宮舊事十卷

張昭　太康平吳錄二卷

王仁裕　入洛記一卷　又　南行記一卷

崔氏登科記一卷

范質　魏公家傳三卷

趙普　飛龍記一卷

勾延慶　成都理亂記八卷

錢儼　戊申英政錄一卷

閻自若　唐宋汛聞錄一卷

曹彬別傳一卷③

陳承韞　南越記一卷

蔣之奇　廣州十賢贊一卷

---

①　"蕭時和"，《宋史・藝文志》作"蕭叔和"。

②　"薛國存"，《宋史・藝文志》作"蕭圖存"。

③　《宋史・藝文志》注曰："曹彬之孫偓撰。"

安德裕　滕王廣傳一卷

王延德　西州使程記一卷

張緒　續錦里耆舊傳十卷

沈立　奉使二浙雜記一卷

路政　乘軺録一卷

李畋　孔子弟子贊傳六十卷　又　乖崖語録一卷

張齊賢　洛陽縉紳舊聞記五卷

張逵　蜀寇亂小録一卷

曾致堯　廣中台記八十卷　又　緑珠傳一卷

許載　吳唐拾遺録十卷

樂史　唐滕王外傳一卷　又　李白外傳一卷　洞僊集一卷
　許邁傳一卷　楊貴妃遺事二卷

李昉談録一卷

潘美事迹一卷

平蜀録一卷

國朝名將行狀四卷

議盟記一卷

寇準遺事一卷

丁謂談録一卷

郭贊傳略一卷

任升　梁益記十卷

錢惟演　錢俶貢奉録一卷

王旦遺事一卷①

寇瑊　奉使録一卷

王皞　唐餘録六十卷

<hr>

① 《宋史·藝文志》注曰:"王素撰。"

蔡元翰　唐制舉科目圖一卷

劉渙　西行記一卷

王曾　筆録一卷

富弼　奉使語録二卷　又　奉使別録一卷

王曙　戴斗奉使録一卷

燕北會要録一卷

虜廷雜記十四卷

契丹須知一卷

陰山雜録十五卷

契丹實録一卷

學士年表一卷

韓琦遺事一卷

孫沔遺事一卷

歐陽修　歸田録八卷

王起　甘陵誅叛録一卷

趙抃　廣州牧守記十卷　又　交阯事迹八卷

曹叔卿　儂智高一卷

滕甫　征南録一卷

馮炳　皇祐平蠻記二卷

劉敞　使北語録一卷

宋景文公筆記五卷

宋敏求　三川官下記二卷　又　諱行後録五卷　入番録二卷
　　春明退朝録三卷

韓正彥　韓琦家傳十卷

韓漳　愛棠集二卷

趙寅　韓琦事實一卷

杜滋談録一卷①

李復圭　李氏家傳三卷

朱定國　歸田後録十卷

陳昉　北庭須知二卷

王通　元經薛氏傳十五卷

宋如愚　劍南須知十卷

黄靖國再生傳一卷②

曾鞏行述一卷③

曾肇行述一卷④

韓琦別録三卷⑤

章邦傑　章氏家傳德慶編一卷

胡氏家傳録一卷

河南劉氏家傳二卷⑥

李遠　青唐録一卷

李格非　永洛城記一卷　又　洛陽名園記一卷

趙君錫遺事一卷⑦

蘇轍　儋耳手澤一卷　潁濱遺老傳二卷

蔡京　黨人記一卷

吳栻　雞林記二十卷

王雲　雞林志三十卷

韓文公歷官記一卷

---

① 《宋史·藝文志》注曰:“杜師秦等撰。”
② 《宋史·藝文志》注曰:“廖子孟撰。”
③ 《宋史·藝文志》注曰:“曾肇撰。”
④ 《宋史·藝文志》注曰:“楊時撰。”
⑤ 《宋史·藝文志》注曰:“王崑曳撰。”
⑥ 《宋史·藝文志》著録作者“劉唐老上”。
⑦ 《宋史·藝文志》著録作者“趙演撰”。

羅誘　宜春傳信録三卷

吕希哲　吕氏家塾廣記一卷

安燾行狀一卷

馬永易　壽春雜志一卷

李季興　東北諸蕃樞要二卷

何述　温陵張賢母傳一卷

洪興祖　韓子年譜一卷

孔傳　闕里祖庭記三卷　又　東家雜記二卷

趙令時　侯鯖録一卷

王襄　南陽先生傳二十卷①

鄭熊　番禺雜記三卷

范太史遺事一卷

范祖禹家傳八卷

韓琦定策事一卷

喻子材　豐公逸事一卷

劉安世譚録一卷

种諤傳一卷②

劉耒　孝行録二卷

汪若海　中山麟書一卷

胡瑗言行録一卷

胡珵　道護録一卷

劉安世言行録二卷

范純仁言行録三卷

使高麗事纂二卷

平燕録一卷

---

① "先生"，《宋史·藝文志》作"先民"。
② 《宋史·藝文志》著録作者"趙起撰"。

三蘇言行五卷　並不知作者。

趙世卿　安南邊説五卷

洪适　宋登科記二十一卷

董正工　續家訓八卷

洪邁　皇族登科題名一卷

俞觀能　孝悌類鑑七卷

馮忠嘉　海道記一卷

淮西記一卷

朱熹　五朝名臣言行録十卷　又　三朝名臣言行録十四卷

四朝名臣言行録十六卷

四朝名臣言行續録十卷　並不知何人編。

呂祖謙　閫範三卷

費樞　廉吏傳十卷

徐虔　卻掃編三卷

張景儉　嵩岳記三卷

史愿　北遼遺事二卷

張隱　文士傳五卷

郴州記一卷

洪厓先生傳一卷

開運陷虜事迹一卷

殊俗異聞集一卷

契丹機宜通要四卷

契丹迹一卷

古今家誡二卷

南岳要録一卷

豪異秘録一卷

燕北雜録一卷

遼登科記一卷

三國史記五十卷　　並不知作者。

高得相　海東三國通歷十二卷

金富軾　奉使語録一卷

董弅　誕聖録三卷

王安石　舒王日録十二卷

倪思　北征録七卷

張舜民　郴行録一卷

關耆孫　建隆垂統略一卷

張浚　建炎復辟平江實録一卷

龔頤正　清江三孔先生列傳譜述一卷

邵伯温　邵氏聞見録一卷

陸游　老學菴肇記一卷①

陳師道　後山居士叢談一卷②

僧祖秀③　游洛陽宮記一卷

李元綱　近世厚德録一卷④

安丙　靖蜀編四卷⑤

張九成　無垢心傳録十二卷⑥

黎良能　讀書日録五卷

賀成大　濂湘師友録三十三卷⑦

---

① "肇"，《宋史·藝文志》作"筆"。

② "道後"二字原漫漶，據《宋史·藝文志》補。

③ "秀"字原漫漶，據《宋史·藝文志》補。

④ "李元綱近"四字原漫漶，據《宋史·藝文志》補。

⑤ "靖"字原漫漶，據《宋史·藝文志》補。

⑥ "九成傳録十二卷"七字原漫漶，據《宋史·藝文志》補。

⑦ "師友録三十"五字原漫漶，據《宋史·藝文志》補。

汪藻　裔夷謀夏録三卷^①　又　青唐録三卷^②

晁公武　稽古後録三十五卷^③　又　昭德堂稿六十卷　讀書志
　二十卷　嵩高樵唱二卷^④

范成大　吳門志五十卷　又　攬轡録一卷　驂鸞録一卷　虞
　衡志一卷　吳船志一卷

洪邁　贅稿三十八卷　又　詞科進卷六卷　蘇黄押韻三十
　二卷

張綱　見聞録五卷

吳芾　湖山遺老傳一卷

李燾　陶潛新傳三卷　又　趙普別傳一卷

---

①　"夏録三卷"原漫漶，據《宋史·藝文志》補。
②　"三卷"二字原漫漶，據《宋史·藝文志》補。
③　"五卷"二字原漫漶，據《宋史·藝文志》補。
④　"樵唱"二字原漫漶，據《宋史·藝文志》補。

藝文三

儀注類

衛宏　漢舊儀三卷

應劭　漢官儀一卷

蔡質　漢官典儀一卷

漢制拾遺一卷　不知何人編。

蕭嵩　唐開元禮一百五十卷　一云王立等作。　又　開元禮儀鏡
　五卷

韋彤　開元禮義釋二十卷

開元禮義鏡略十卷

開元禮百問二卷

開元禮教林一卷

開元禮類釋十二卷　並不知作者。

顏真卿　歷古創置儀五卷

柳珵　唐禮纂要六卷

韋公肅　禮閣新儀三十卷

王彥威　續曲臺禮三十卷　一本作崔靈恩。

王經①　大唐郊祀錄十卷

李隨　吉凶五服儀一卷

紅亭紀吉儀一卷　獨孤儀及陸贄撰。

孟詵　家祭禮一卷

---

① "王經"，《宋史·藝文志》作"王涇"。

徐閏　家祭儀一卷

鄭正則　祠享儀一卷　又　家祭儀一卷

賈瑱①　家薦儀一卷

范傳式　寢堂時饗儀一卷

孫日用　仲享儀一卷

袁郊　服飾變右元録三卷

裴萛　書儀三卷

劉岳　吉凶書儀二卷

陳致雍　曲臺奏議集　又　州縣祭祀儀　五禮儀鏡六卷　寢
　　祀儀一卷

杜衍　四時祭享儀一卷

劉温叟　開寶通禮二百卷

盧多遜　開寶通禮義纂一百卷

賈昌朝　太常新禮四十卷

沿情子　新禮一卷　　不知名。

大中祥符封禪記五十卷

大中祥符祀汾陰記五十卷　　並丁謂等撰。

張知白　御史臺儀制六卷

宋綬　天聖鹵簿記十卷

文彥博　高若訥　大饗明堂記二十卷

文彥博　大饗明堂記要二卷

歐陽修　太常因革禮一百卷

韓琦　參用古今家祭式　　無卷。

許洞　訓俗書一卷

王安石　南郊式一百十卷

---

① "賈瑱",《宋史·藝文志》作"賈頊"。

李德芻　聖朝徽名録十卷

國朝祀典一卷　　不知作者。

陳襄　郊廟奉祀禮文三十卷

諸州釋奠文宣王儀注一卷　　元豐間重修。

司馬光　書儀八卷　又　涑水祭儀一卷　居家雜儀一卷

范祖禹　祭儀一卷

幸太學儀一卷　　元祐六年儀。

納后儀一卷　　元祐七年儀。

呂大防　大臨　家祭儀一卷

橫渠張氏祭儀一卷①

釋奠祭器圖及諸州軍釋奠儀注一卷　　崇寧中頒行。

藍田呂氏祭説一卷②

伊川程氏祭儀一卷③

宣和重修鹵簿圖記三十五卷④

鄭居中等撰　政和五禮新儀二百四十卷

朱熹　二十家祭禮二卷

李沇　皇宋大典三卷

夏休　辨太常禮官儀定章九冕服一卷

紹興太常初定儀注三卷

范寅賓　五祀新儀服要十五卷

鄭樵　鄉飲禮三卷　又　鄉飲禮圖三卷

史定之　鄉飲酒儀一卷

中興禮書二卷　　淳熙中編。

---

① "一"字原脱，據《宋史·藝文志》補。
② 《宋史·藝文志》著録作者"吕大均撰"。
③ 《宋史·藝文志》著録作者"程頤撰"。
④ 《宋史·藝文志》著録作者"蔡攸等撰"。

歷代明堂事迹一卷

儀物志三卷

祀祭儀式一卷

太常圖一卷　並不知作者。

葉克刊　南劍鄉飲酒儀一卷

汪楫　鄉飲規約一卷

淳熙編類祭祀儀式一卷

張維　釋奠通祀圖一卷

李埴　公侯守宰士庶通禮三十卷

趙師罩　熙朝盛典詩二卷

趙希蒼　趙氏祭錄二卷

朱熹　釋奠儀式一卷　又　四家禮範五卷　家禮一卷

李宗師　禮範一卷

韓挺　服制一卷

張叔椿　五禮新儀十五卷

高閌　送終禮一卷

陳孔碩　釋奠儀禮考正一卷

周端朝　冠婚喪祭禮二卷　集司馬氏、程氏、呂氏禮。

管銳嘗聞錄一卷

吳仁傑　廟制罪言二卷　又　郊祀贅說二卷

潘徽　江都集禮一百四卷

和峴秘閣集二十卷

王皡　禮閣新編六十三卷

黃廉　大禮式二十卷

何洵直　蔡確　禮文三十卷

唐吉凶禮儀禮圖三卷

龐元英　五禮新編五十卷

大觀禮書賓軍等四禮五百五卷　看詳十二卷

大觀新編禮書吉禮二百三十二卷　看詳十七卷

歐陽修　太常禮院祀儀二十四卷

和峴　禮神志十卷

孫奭　大宋崇祀録二十卷

賈昌朝　慶曆祀儀六十三卷

朱梁南郊儀注一卷

吳南郊圖記一卷

王涇　祠儀一卷

陳繹　南郊附式條貫一卷

向宗儒　南郊式十卷

陳暘　北郊祀典三十卷

蔣猷　夏祭敕令格式一部

宋郊　明堂通儀二卷

明堂袷饗大禮令式三百九十三卷　元豐間編。

明堂大饗視朔頒朔布政儀範敕令格式一部　宣和初。

王欽若　天書儀制五卷　又　鹵簿記三卷

馮宗道　景靈宮供奉敕令格式六十卷

景靈宮四孟朝獻二卷

諸陵薦獻禮文儀令格式並例一百五十一冊　紹聖間。

張諤　熙寧新定祈賽式二卷

張傑　春秋車服圖五卷

劉孝孫　一儀實録衣服名義二卷

祭服制度十六卷

祭服圖三冊

五服志三卷

裴茞　五服儀二卷

劉筠　五服年月敕一卷

喪服加減一卷

李至正辭録三卷①

朝會儀注一卷

大禮前天興殿儀二卷　　並元豐間。

葉均　徽號册寶儀注一卷

宋綬　内東門儀制五卷

李淑　閤門儀制十二卷　又　王后儀範三卷

梁顥　閤門儀制十二卷　又並　目録十四卷

閤門集例並目録大臣特恩三十卷

閤門儀制四卷

閤門令四卷

蜀坤儀令一卷

皇后册禮儀範八册　　大觀間。

帝系后妃吉禮並目録一百一十卷　　重和元年。

王巖叟　中宫儀範一部

王與之　祭鼎儀範六卷

高中　六尚供奉式二百册

王睿　雜録五卷

營造法式二百五十册　　元祐間。

張直方　打毬儀一卷

李咏　打毬儀注一卷

高麗入貢儀式條令三十卷　　元豐間。

高麗女真排辦式一卷　　元豐間。

諸蕃進貢令式十六卷

---

① "正"，原誤作"王"，據《宋史·藝文志》改。

王晉　使範一卷

李商隱　使範一卷　家範十卷

盧僎　家範一卷

司馬光　家範四卷

孟説　家祭儀一卷

周元陽　祭録一卷

賈氏　葬王播儀一卷

鄭洵瑜　書儀一卷

桂有晉　書儀二卷

鄭餘慶　書儀三卷

刑法類

律十二卷

律疏三十卷　唐長孫無忌等撰。

唐式二十卷

李林甫　開元新格十卷　又　令三十卷　唐律令事類四十卷
　度支長行旨五卷

大和格後敕四十卷

元泳　式苑四卷

宋璟　傍通開元格一卷

蕭旻　開元禮律格令要訣一卷

裴光庭　開元格令科要一卷

狄兼謩　開成刑法格十卷　開成詳定格十卷

張戣　大小統類十二卷

大中刑法總要六十卷

大中已後雜敕三卷

大中後雜敕十二卷

梁令三十卷

梁式二十卷

梁格十卷

天成長定格一卷

天成雜敕三卷

天福編敕三十一卷

張昭　顯德刑統二十卷

姜虔嗣　江南刑律統類十卷

江南格令條八十卷

蜀雜制敕三卷

盧紓　刑法要録十卷

黃克升　五刑纂要録三卷

刑法纂要十二卷

斷獄立成三卷

黃懋　刑法要例八卷

張員　法鑑八卷

田晉　章程體要二卷

王行先　令律手鑑二卷

張履冰　法例六贓圖二卷

張侒　判格三卷

盛度　沿革制置敕三卷

王皞　續疑獄集四卷

趙綽　律鑑一卷　法要一卷

外臺秘要一卷

百司考選格敕五卷

憲問十卷

建隆編敕四卷

開寶長定格三卷

竇儀　重詳定刑統三十卷

盧多遜　長定格三卷

太平興國編敕十五卷

蘇易簡　淳化編敕三十卷

柴成務　咸平編敕十二卷

丁謂　田農敕五卷^①

陳彭年　大中祥符編敕四十卷　又　轉運司編敕三十卷

韓琦　端拱以來宣敕札子七十卷　又　嘉祐編敕十八卷　總
　例一卷　又　嘉祐詳定編敕三十卷

劉筠　宋綬等撰　五服敕一卷

張方平　嘉祐驛令三卷　又　嘉祐禄令十卷

晁迥　禮部考試進士敕一卷

吕夷簡　一司一務敕三十卷　又　天聖編敕十二卷　天聖令
　文三十卷

賈昌朝　慶曆編敕律學武學敕式共二卷

孫奭　律令釋文一卷　附令敕十八卷　續附令敕一卷　並慶曆
中編,不知作者。

三司條約一卷　慶曆中纂。

陸佃　國子監敕令格式十九卷

沈括　熙寧詳定諸色人厨料式一卷　熙寧新修凡女道士給賜
　式一卷　諸敕式二十四卷　諸敕令格式十二卷　又　諸敕
　格式三十卷

張叙　熙寧葬式五十五卷

范鏜　熙寧詳定尚書刑部敕一卷

張成一　熙寧五路義勇保甲敕五卷　總例一卷　又　學士院

---

① "田農",《宋史·藝文志》作"農田"。

　　等處敕式交並看詳二十卷

御書院敕式令二卷

許將　熙寧開封府界保甲敕二卷　　申明一卷

沈希顔　元豐新定在京人從敕式三等　卷亡。

李定　元豐新修國子監大學小學元新格十卷　又　令十三卷

王安石　熙寧詳定編敕等二十五卷

新編續降並叙法條貫一卷

曾布　熙寧新編常平敕二卷

審官東院編敕二卷

呂惠卿　新史吏部式二卷　又　縣法十卷

張大中　編修入國條貫二卷　又　奉朝要録二卷

范鏜　熙寧貢舉敕二卷

八路差官敕一卷

熙寧法寺斷例十二卷

熙寧歷任儀式一卷　不知作者。

蔡確　元豐司農敕令式十七卷

李承之　江湖淮浙鹽敕令賞格六卷

武學敕令格式一卷　元豐間。

明堂赦條一卷　元豐間。

曾伉　新修尚書吏部式三卷　又　元豐新修吏部敕令式
　　十五卷

蔡碩　元豐將官敕十二卷

貢舉醫局龍圖天章寶文閣等敕令儀式及看詳四百一十卷　元
　豐間。

宗室及外臣葬敕令式九十二卷　元豐間。

皇親禄令並釐修敕式三百四十卷

吳雍　都提舉市易司敕令並釐正看詳二十一卷　　公式二卷　元
　豐間。

水部條十九卷　<small>元豐間。</small>

朱服　國子監支費令式一卷

元絳　讞獄集十三卷

崔台符　元豐敕令式七十二卷　又　元豐編敕令格式並赦蕭
　　德音申明八十一卷

吏部四選敕令格式一部　<small>元祐初。</small>

元豐户部敕令格式一部　<small>元祐初。</small>

六曹條貫及看詳三千六百九十四册　<small>元祐間。</small>

元祐諸司市務敕令格式二百六册

六曹敕令格式一千卷　<small>元祐初。</small>

紹聖續修武學敕令格式看詳並淨條十八册　<small>建中靖國初。</small>

樞密院條二十册　看詳三十册　<small>元祐間。</small>

紹聖續修律學敕令格式看詳並淨條十二册　<small>建中靖國初。</small>

諸路州縣敕令格式並一時指揮十三册

六曹格子十册

中書省官制事目格一百二十卷

尚書省官制事目格參照卷六十七册

門下省官制事目格並參照卷舊文淨條釐析總目目錄七十二册

徽宗崇寧國子監算學敕令格式並對修看詳一部

崇寧國子監畫學敕令格式一部

沈錫　崇寧改修法度十卷

諸路州縣學法一部　<small>大觀初。</small>

大觀新修內東門司應奉禁中請給敕令格式一部

國子大學辟廱並小學敕令格式申明一時指揮目錄看詳一百
　　六十八册

鄭居中　政和新修學法一百三十卷

李圖南　宗子大小學敕令格式十五册

何執中　政和重修敕令格式五百四十八册

政和禄令格等三百二十一册

宗祀大禮敕令格式一部　政和間。

張動　直達綱運法並看詳一百三十一册

王韶　政和敕令式九百三卷

白時中　政和新修御試貢士敕令格式一百五十九卷

孟昌齡　政和重修國子監律學敕令格式一百卷

接送高麗敕令格式一部　宣和初。

奉使高麗敕令格式一部　宣和初。

明堂敕令格式一千二百六册　宣和初。

兩浙福建路敕令格式一部　宣和初。

薛昂　神霄宮使司法令一部

劉次莊　青囊本旨論一卷

王晋　使範一卷

和凝　疑獄集三卷

八行八刑條一卷　大觀元年御制。

崇寧學制一卷

程頵年　五服相犯法纂三卷

曾旼　刑名斷例三卷

章惇　元符敕令格式一百三十四卷

鄭居中　學制書一百三十卷

蔡京　政和續編諸路州縣學敕令格式十八卷

白時中　政和新修貢士敕令格式五十一卷

李元弼　作邑自箴一卷

張守　紹興重修敕令格式一百二十五卷

秦檜等撰　紹興重修六曹寺監庫務通用敕令格式五十四卷

朱勝非等撰　紹興重修吏部敕令格式並通用格式一百二卷

秦檜等撰　紹興重修常平免役敕令格式五十四卷

紹興重修貢舉敕令格式申明二十四卷

陳康伯等撰　紹興參附尚書吏部敕令格式七十卷

紹興重修在京通用敕令格式申明五十六卷

大觀告格一卷

鄭克　折獄龜鑑三卷

虞允文等撰　乾道重修敕令格式一百二十卷

龔茂良等撰　淳熙重修吏部左選敕令格式申明三百卷

諸軍班直禄令一卷

鄭至道　諭俗編一卷

趙緒　金科易覽一卷

劉高夫　金科玉律總括詩三卷

金科玉律一卷

金科類要一卷

刑統賦四卷　並不知作者。

王日休　養賢録三十二卷

淳熙重修敕令格式及隨敕申明二百四十八卷

淳熙吏部條法總類四十卷

慶元重修敕令格式及隨敕申明二百五十六卷

慶元條法事類八十卷

開禧重修吏部七司敕令格式申明三百三十三卷

嘉定編修百司吏職補授法一百三十三卷

嘉定編修吏部條法總類五十卷

趙仝　疑獄集三卷

九族五服圖制一卷　不知何人編。

大宗正司敕令格式申明及目録八十一卷　紹興重修。

編類諸路茶鹽敕令格式目録一卷

目録類

吳兢　西齋書目録一卷

母煚　古今書録四十卷

李肇　經史釋文題三卷

朱遵度　群書麗藻目録五十卷

隆安西庫書目二卷　　不知作者。

唐秘閣四部書目四卷

唐四庫搜訪圖書目一卷

梁天下郡縣目一卷

後唐統類目一卷

杜鎬　龍圖閣書目七卷　　又　十九代史目二卷

太清樓書目四卷

玉宸殿書目四卷

韋述　集賢書目一卷

學士院雜撰目一卷

歐陽伸　經書目録十一卷

九齡經史書目七卷

楊松珍　歷代史楊目十五卷①

宗諫注　十三代史目十卷

商仲茂　十三代史目一卷

河南東齋史書目三卷　　齋或作齊。

曾氏　史鑑三卷

孫玉汝　唐列聖實録目二十五卷

唐書叙例目録一卷

---

① "楊"字,《宋史·藝文志》無。

沈建　樂府詩目録一卷

蔣彧　書目一卷

劉德崇　家藏龜鑑目十卷

田鎬　尹植　文樞密要目七卷

劉沆　書目二卷

禁書目録一卷　　學士院、司天監同定。

王堯臣　歐陽修　崇文總目六十六卷

沈氏萬卷堂目録二卷

歐陽修　集古録五卷

李淑　邯鄲書目十卷

吳秘　家藏書目二卷

秘閣書目一卷

史館書新定書目録四卷　　不知作者。

李德芻　邯鄲再集書目三十卷

崔君授　京兆尹金石録十卷

國子監書目一卷

荆州田氏書總目三卷　　田鎬編。

劉涇　成都府古石刻總目一卷

趙明誠　金石録三十卷　又　諸道石刻目録十卷

徐士龍　求書補闕一卷

董逌　廣川藏書志二十六卷

鄭樵　求書闕記七卷　又　求書外記十卷　集古今系時録一
　卷①　圖譜有無記二卷　群玉會記三十六卷

陳貽範　潁川慶善樓家藏書目二卷

尤袤集　遂初堂書目二卷②

---

①　"今"字，《宋史・藝文志》無。

②　"初"，原誤作"安"，據《宋史・藝文志》改。

徐州江氏書目二卷

呂氏書目二卷

三川古刻總目一卷

鄱陽吳氏籛金堂書目三卷

孫氏群書目録二卷

紫雲樓書目一卷

川中書籍目録二卷

秘書省書目二卷

陳騤　中興館閣書目七十卷　序例一卷

石延慶　馮至游　校勘群書備檢三卷

晁公武　讀書志四卷

張攀　中興館閣續書目三十卷

諸州書目一卷

滕強恕　東湖書目志一卷

譜牒類

何承天　姓苑十卷

林寶　姓苑三卷　又　姓史四卷　元和姓纂十卷

五姓證事二十卷

竇從則①　系纂七卷

陳湘　姓林五卷

李利涉　姓氏秘略三卷　又　編古命氏三卷　五聲類氏族
　五卷

孔平　姓系氏族一卷

姓略六卷

---

① “竇從則”，《宋史·藝文志》作“竇從一”。

崔日用　姓苑略一卷

魏子野　名字族十卷

同姓名譜六卷

尚書血脉一卷

春秋氏族譜一卷

春秋宗族謚譜一卷

帝王歷記譜二卷

帝系圖一卷

李匡文　天潢源派譜說一卷　又　唐皇室維城錄一卷　又
　李氏房從譜一卷

李茂嵩　唐宗系譜一卷

唐書總記帝系三卷

宋玉牒三十三卷

仁宗玉牒四卷

英宗玉牒四卷

李衢　皇室維城錄一卷

宋敏求　韻類次宗室譜五十卷

司馬光　宗室世表三卷

臣寮家譜一卷

黃恭之　孔子系葉傳三卷

文宣王四十二代家狀一卷

闕里譜系一卷

趙異世　趙氏大宗血脉譜一卷　趙氏龜鑑血脉圖錄記一卷

令狐峘　陸氏宗系碣一卷

陸師儒　陸氏英賢記三卷

蔣王惲家譜一卷

王方慶　王氏譜一卷

唐汭家譜一卷

劉復禮　劉氏大宗血脉譜一卷

劉與家卷①

王僧孺　徐義倫家譜一卷

李用休家譜二卷

徐商徐詵家譜四卷

周長球家譜一卷

費氏家譜一卷

錢氏集録三卷

陸景獻　吳郡陸氏宗系譜一卷

毛漸　毛氏世譜一部

曾肇　曾氏譜圖一卷

洪興祖　韓愈年譜一部

周文　汝南周氏家譜一卷

崔班　歐陽家譜一卷

梁元帝　古今同姓名録二卷

竇澄之　扶風竇氏血脉家譜一卷

李林甫　唐室新譜一卷　又　天下郡望姓氏族譜一卷

唐相譜一卷　不知作者。

孔至　姓名古今雜録一卷②

陶芨麟　陶氏家譜一卷

李匡文　元和縣主昭穆譜一卷　又　皇孫郡王譜一卷　玉牒
　行樓一卷　偕日譜一卷

邢曉　帝王血脉小史記五卷　又　帝王血脉圖小史後記五卷

韋述　百家類例三卷

---

① "劉與家卷",《宋史・藝文志》作"劉興家譜一卷"。

② "名",《宋史・藝文志》作"氏"。

韋述　蕭穎士　宰相甲族一卷

裴楊休　百氏譜五卷

曹大宗　姓源韻譜一卷

杜信　京兆杜氏家譜一卷

劉沆　劉氏家譜一卷

唐顔氏家譜一卷

韓吏部譜録二卷

李氏邠王家譜一卷　並不知作者。

唐邮　唐氏譜略一卷

楊侃　家譜一卷

宋仙源積慶圖一卷

宗室齒序圖一卷

天源類譜一卷

祖宗屬籍譜一卷

向敏中家譜一卷

邵思　姓解三卷

錢惟演　錢氏慶系譜二卷

王回　清河崔氏譜一卷

孫秘　尊祖論世録一卷

蘇洵　蘇氏族譜一卷

錢明逸　熙寧姓纂六卷

魏子野　古今通系圖一卷

李復　南陽李英公家譜一卷

成鐸　文宣王家譜一卷

吳遼　帝王系家譜一卷①

---

① "家"字,《宋史·藝文志》無。

黃邦俊　群史姓纂韻六卷

顏嶼　兗國公正枝譜一卷

采真子　千姓編一卷

符彥卿家譜一卷

建陽陳氏家譜一卷

萬氏譜一卷

趙群東祖李氏家譜二卷①

鮮于氏血脈圖一卷

長樂林氏家譜一卷

丁維皋　百族譜三卷

鄧名世　古今姓氏書辨證四十卷

李燾　晉司馬氏本支一卷　又　齊梁本支一卷

徐筠　姓氏源流考七十八卷

李氏　歷代諸史總括姓氏錄一卷

地理類

桑欽　水經四十卷　　酈道元注。

城塚記一卷　　按序，魏文帝三年，劉裕得此記。

葛洪　關中記一卷

雷次宗　豫章古今記三卷

沈懷遠　南越志五卷

梁元帝　貢職圖一卷

楊衒之　洛陽伽藍記三卷

煬帝開河記一卷　　不知作者。

魏王泰　坤元錄十卷

---

① “群”，《宋史·藝文志》作“郡”。

沙門辨機　大唐西域記十二卷

梁載言　十道四蕃志十五卷

韋述　兩京新記五卷

達奚弘通　西南海蕃行記一卷

馬溫之　鄴都故事二卷

李吉甫　元和郡國圖志四十卷

元結　九疑山圖記一卷

賈耽　皇華四達十卷　又　貞元十道録四卷　國要圖一卷

　方志圖二卷　三代地理志六卷　地理論六卷

劉之推　文括九土要略三卷　　“土”一作“州”。

樂史　坐知天下記四十卷

王曾　九域圖三卷

王洙　皇祐方域圖記三十卷　要覽一卷

韓郁　十道四蕃引一卷

趙珣　開元分野圖一卷　又　十道記一卷

十八路圖一卷

圖副二十卷　　熙寧間天下州府軍監縣鎮圖。

李德芻　元豐郡縣志三十卷　圖三卷

沈括　天下郡縣圖一部

陳坤臣　郡國人物志一百五十卷

歐陽忞　巨鰲記五卷

孫結　唐國鑑圖一卷

曹璠　國照十卷　又　元和國計圖十卷

韋澳　諸道山河地名要略九卷　　名《處分語》，　名《新集地理書》。

陳延禧　隋朝洛都記一卷　又　蜀北路秦程記一卷

北征雜記一卷

姜嶼　明越風物志七卷

元廣之　金陵地記六卷

劉公衡鉉　鄴城新記三卷

李璋　太原事迹十四卷

盧求　襄陽故事十卷

湘中記一卷

余知古　渚宮故事十卷

張周封　華陽風俗録一卷

韓昱　江州事迹三卷　張密注。

韋宙　零陵録一卷　"宙"一作"寅"。

楊備恩　蜀都故事二卷

許嵩　六朝宮苑記二卷

邢昺　景德朝陵地理記三十卷

韋齊沐①　雲南行記二卷

馬敬寔　諸道行程血脈圖一卷

陳隱之　續南荒録一卷

韋皋　西南夷事狀二十卷　"皋"一作"阜"。　西戎記二卷

張建章　渤海國記三卷

顧愔　新羅國記一卷

達奚洪　海外三十六國記一卷　"洪"一作"通"。

雲南風俗録十卷

辛怡顯　至道雲南録三卷

李德裕　點憂斯朝貢圖一卷

崔峽　列國入貢圖二十卷

郭璞　山海經讚二卷

元結　諸山記一卷

---

① "沐",《宋史·藝文志》作"休"。

岳瀆福地圖一卷

盧鴻　嵩岳記一卷

華山記一卷

衡山記一卷

峨眉山記一卷

僧法琳　盧山記一卷

陸鴻漸　顧渚山記一卷

令狐見堯　玉笥山記一卷

沈立　蜀江志十卷

宣和編類河防書一百九十二卷

東方朔　十洲記一卷

張華　異物評二卷

劉恂　嶺表錄異二卷

嶺表異物志一卷

孟琯　嶺南異物志一卷

南海異事五卷

鄭虔　天寶軍防錄一卷

林特　會稽錄三十卷

盛度　庸調租賦三卷

陳傳　歐冶拾遺一卷

毛漸　地理五龍秘法一部

林謂　閩中記十卷

盧肇　海潮賦一卷

僧應物　九華山記二卷　又　九華山舊錄一卷

盧求　成都記五卷

樊綽　雲南志十卷　又　南蠻記十卷

李居一　王屋山記一卷

徐雲虔　南詔録三卷

韋莊　蜀程記一卷　又　峽程記一卷

莫休符　桂林風土記一卷

章僚　海使程廣記三卷

張建章　戴斗諸蕃記一卷

曹璠　須知國鏡二卷

王權　大梁夷門記一卷

吳從政　襄沔雜記三卷

竇滂　雲南別録一卷

陸廣微　吳地記一卷

曹大宗　郡國志二卷

韋瑾　域中郡國山川圖經一卷

唐夷秋貢一卷

兩京道里記三卷　　不知作者。

張修　九江新舊録三卷

張氏　燕吳行役記二卷　　不知作者。

羅含　湘中山水記三卷

平居誨　于闐國行程録一卷

胡嶠　陷虜記一卷

王德璉　鄱陽縣記一卷

徐鍇　方輿記一百三十卷

范子長　皇州郡縣志一百卷

司馬�　峽山履平集一卷

潘子韶　峽江利涉集一卷

杜光庭　續成都記一卷

范旻　邕管雜記三卷

李昉　歷代宮殿名一卷

樂史　太平寰宇記二百卷

魏羽　吳會雜録一卷

張參　江左記三卷

陶岳　零陵總記十五卷

李宗諤　圖經九十八卷　又　圖經七十七卷　越州圖經九卷　陽明洞天圖經十五卷

李垂　導河形勝書一卷

王曾　契丹志一卷

楊備　恩平郡譜一卷

劉夔　武夷山記一卷

程世程　重修閩中記十卷

郭之美　羅浮山記一卷

周衡　湘中新記七卷

陳倩　茅山記一卷

僧文政　南岳尋勝録一卷

李上交　豫章西山記二卷

廣西郡邑圖志一卷

王靖　廣東會要四卷

張田　廣西會要二卷

劉昌詩　六峰志十卷

薛常州　地理叢考一卷

李和箎　輿地要覽二十三卷

重修徐州圖經三卷　嘉定中撰。

離堆志十卷

雁山行記一卷　不知何人編。

王日休　九丘總要三百四十卷

余嚞　聖域記二十五卷

程大昌　雍録十卷

錢景術　南岳勝概一卷

曾洵　句曲山記七卷

周淙　臨安志十五卷

談鑰　吳興志二十卷

潘廷立　富川圖志六卷

韓挺　儀真志七卷

劉浩然　合肥志十卷

李説　黃州圖經五卷

童宗説　旴江志十卷

姜得平　又續志十卷

袁震　臨江軍圖經七卷

李仲　重修臨江志七卷

雷孝友　瑞州郡縣志十九卷

田渭　辰州風土記六卷

袁觀　潼川府圖經十一卷

張津　四明圖經十二卷

史正志　建康志十卷

江文叔　桂林志一卷

蔡戡　靜江府圖志十二卷

熊克　鎮江志十卷

葛元隲　武陽志十卷

宋宜之　無爲志三卷

胡兆　秋浦志八卷

羅願　新安志十卷

汪師孟　黃山圖經一卷

范成大　桂海虞衡志三卷

韋楫　昭潭志二卷

晁百揆　尋陽志十二卷

吳芸　沅州圖經四卷

安南土貢風俗一卷　乾道中，安南入貢客省承詔撰。

程九萬　歷陽志一十卷

蘇思恭　曲江志十二卷

毛憲　信安志十六卷

臨賀郡志一卷　不知作者。

蕭玠　晉康志七卷

周端朝　桂陽志五卷

劉子登　武陵圖經十四卷

鄭昉　都梁志二卷

赤城志四十卷　陳耆卿序。

陸游　會稽志二十卷

王中行　潮州記一卷

莆陽人物志三卷　鄭僑序。

王震　閬苑記三十卷

冉木　潛藩武泰志十四卷

趙抃　成都古今集記三十卷

張朏　齊記一卷

南北對鏡圖一卷

混一圖一卷

西南蠻夷朝貢圖一卷

巨鰲記六卷

交廣圖一卷

平江府五縣正圖經二卷　並不知作者。

李華　湟川開峽志五卷

宋敏求　長安志一十卷　又　東京記二卷　河南志二十卷

陳舜俞　廬山記二卷

謝頤素　海潮圖論一卷

王瓘　北道刊誤志十五卷

林須　霍山記一卷

檀林　甌冶拾遺一卷　大理國行程一卷

陳冠　熙河六州圖記一卷

王向弼　龍門記三卷

王存　九域志十卷

孟猷　上饒志十卷

滕宗諒　九華山新録一卷

朱長文　吳郡圖經續記三卷

王正論　古今洛城事類二卷

王得臣　江夏辨疑一卷

譚掞　邕管溪洞雜記一卷

李洪　鎮洮補遺一卷

李獻父　隆慮洞天録一卷

林㠀　永陽志三十五卷

曾旼　永陽郡縣圖志四卷

劉拯　濠上摭遺一卷

蘇氏　夏國樞要二卷

左文質　吳興統記十卷

孫穆　雞林類事三卷

馬子嚴　岳陽志二卷

程績　職方機要四十卷

范致明　岳陽風土記一卷　又　池陽記一卷

歐陽忞　輿地廣記三十八卷

虞剛簡　永康軍圖志二十卷

錢紳　同安志十卷

徐兢　宣和奉使高麗圖四十卷①

吳致堯　九疑考古二卷

洪芻　豫章職方乘三卷

董棻　嚴州圖經八卷

厲居正　齊安志二十卷

洪遵　東陽志十卷

許靖夫　齊安拾遺一卷

環中　汴都名實志三卷

陳哲夫　李渠志一卷　續修宜春志十卷

唐稷　清源人物志十三卷

李盛　章貢志十二卷

曾貴　括蒼志十卷

陳柏朋　括蒼續志一卷

趙彥勵　莆陽志十五卷

陸琰　莆陽志七卷

李獻父　相臺志十二卷

江行圖志一卷　　沈該訂正，不知作者。

同安後志十卷

大禹治水玄奧録一卷

三輔黃圖一卷

高麗日本傳一卷

南劍州圖經一卷

地理圖一卷

---

① "圖"下，《宋史・藝文志》有"經"字。

指掌圖二卷

南海録一卷

福建地理圖一卷

泉南録二卷

吳興雜録七卷

南朝宮苑記一卷

廬山事迹三卷　　並不知作者。

李常　續廬山記一卷

東京至益州地里圖　　卷亡。

四明山記一卷

地里圖一卷

南岳衡山記一卷

考城圖經一卷

常州風土記一卷

清溪山記一卷

水山記一卷

茅山新記一卷

青城山記一卷

契丹國王記契丹疆宇圖二卷

契丹地里圖一卷　　並不知作者。

李幼傑　莆陽比事七卷

何友諒　武陽志二十七卷

陳謙　永寧編十五卷

黃以寧　惠陽志十卷

劉牧　建安志二十四卷　　又　建安續志類編二卷

鄒孟卿　寧武志十五卷

李皋　汀州志八卷

林英發　景陵志十四卷

楊彥爲　保昌志八卷

傳巖　郹城志十二卷

楊泰之　普州志三十卷

孫祖義　高郵志三卷

宇文紹奕　臨邛志二十卷　又　補遺十卷

林晡　姑孰志五卷

王招　蕪湖圖志九卷

楊櫄　臨漳志十卷

方杰　清漳新志十卷

章穎　文州古今記十二卷

杜孝嚴　文州續記四卷

孫槑　春陵圖志十卷

張貴謨　臨汝圖志十五卷

徐自明　零陵志十卷　又　浮光圖志三卷

梁克家　長樂志四十卷

張埏　零陵志十卷

陸峻　丁光遠　蘄春志十卷

段子游　均州圖經五卷

李韋之　邵陽圖志三卷

黃汰　邵陽紀舊一卷

鞏嶸　邵陵類考二卷

孫顯祖　靖州圖經四卷

黃曄　龜山志三卷

李震　彭門古今集志二十卷

蔡時　續同安志一卷

程叔達　隆興續職方乘十卷

項預　吳陵志十四卷

朱端章　南康記八卷　又　廬山拾遺二十卷

練文　廬州志十卷

吳機　吉州記三十四卷

錢之望　吳莘　楚州圖經二卷

劉宗　襄陽志四十卷

劉清之　衡州圖經三卷

趙甲　隆山志三十六卷

鄒補之　毗陵志十二卷

王銖　荆門志十卷

張孝曾　富水志十卷

王榮　重修荆門志十卷

徐得之　郴江記八卷

史本　古沔志一卷

周夢祥　贛州圖經　卷亡。

閻蒼舒　興元志二十卷

許開　南安志二十卷

孫昭先　淮南通川志十卷

余元一　清湘志六卷

鄭少魏　廣陵志十二卷

褚孝錫　長沙志十一卷

鄭紳　桂陽圖志六卷

黃疇若　龍城圖志十卷

胡至　重修龍城圖志十卷

陳宇　房州圖經三卷

虞太中　臨封志三卷

曹叔達　永嘉志二十四卷

周澂　永嘉志七卷

鄭應申　江陰志十卷

梁希夷　新昌志一卷

馬景修　通川志十五卷

黃環　夷陵志六卷

馬導　夔州志十三卷

四明風俗賦一卷　不知何人撰。

丁介　武陵郡離合記六卷

史定之　番陽志三十卷

楊潛　雲間志三卷

徐筠　修水志十卷

張元成　嘉禾志四卷

鄧樞　鶴山叢志十卷

王寬夫　古涪志十七卷

李棣　浮光圖志二十卷

林仁伯　古歸志十卷

趙興清　歷陽志補遺十卷

王知新　合淝志十卷

霍篪　澧陽圖志八卷

劉伋　陵水圖志三卷

胡槻　普寧志三卷

王寅孫　沈黎志二十三卷

趙汝厦　程江志五卷　又　瓊管圖經十六卷

劉灝　清源志七卷

沈作賓　趙不迹　會稽志二十

邵筍　括蒼慶元志一卷

趙善贛　通義志三十五卷

張士佺　西和州志十九卷

李修己　同谷志十七卷

李錡　續同谷志十卷

義太初　高涼圖志七卷

趙師岌　潮州圖經二卷

鄭郳　洋州古今志十六卷

張撻　甘泉志十五卷

陳峴　南海志十三卷

趙伯謙　韶州新圖經十二卷

俞聞中　叙州圖經三十卷

黎伯巽　靜南志十二卷

任逢　墊江志三十卷

劉得禮　夔州圖經四卷

馬紆　續廬山記四卷

江州圖經一卷

宕渠志二卷

吉陽軍圖經一卷

忠州圖經一卷

珍州圖經三卷

衢州圖經一卷

沅州圖經四卷

復州圖經三卷

果州圖經五卷

思州圖經一卷

南平軍圖經一卷

大寧監圖經六卷　並不知作者。

霸史類

越絶書十五卷　或云子貢所作。

趙曄　吳越春秋十卷

司馬彪　九州春秋九卷

常璩　華陽國志十二卷

和苞　漢趙記一卷

范亨　燕書二十卷

蕭方　三十國春秋三十卷

三十國春秋鈔一卷　不知作者。

吳　信都鎬　淝上英雄小録三卷

吳録二十卷　徐鉉、高遠、喬舜、潘祐等撰。①

南唐書十五卷　不知作者。

王顏　南唐烈祖開基志十卷

李昊　蜀書二十卷

蔣文懌　閩中實録十卷

林仁志　王氏紹運圖三卷

毛文錫　前蜀王氏記事二卷

吳越備史十五卷　錢儼托名范坰、林禹撰。

錢儼　備史遺事五卷

王保衡　晉陽見聞要録一卷

董淳　後蜀孟氏記事三卷

徐鉉　湯悦　江南録十卷

路振　九國志五十一卷　又　楚青五卷

鄭文寶　南唐近事集一卷　又　江表志二卷

---

① "潘祐",《宋史·藝文志》作"潘佑"。

陳彭年　江南別録四卷

龍衮　江南野史二十卷

曾顔　渤海行年記十卷

胡賓王　劉氏興亡録一卷

陶岳　荆湘近事十卷

周羽沖　三楚新録三卷

曹衍　湖湘馬氏故事二十卷

王舉　天下大定録十卷

盧臧　楚録五卷

張唐英　蜀檮杌十卷

劉恕　十國紀年四十卷

閩王事迹一卷

高氏世家十卷

湖南故事十三卷

十國載記三卷

江南餘載二卷

高宗皇帝過江事實一卷[①]

廣王事迹一卷　　並不知作者。

錢惟演　家王故事一卷

　　右史類，凡一千一百四十七部，四萬三千一百九卷。

---

① “宗”字，《宋史·藝文志》無。

藝文四

子類十七：曰儒家類，曰道家類，釋氏及神仙附。曰法家類，曰名家類，曰墨家類，曰縱橫家類，曰農家類，曰雜家類，曰小説家類，曰天文類，曰五行類，曰蓍龜類，曰曆算類，曰兵書類，曰雜藝術類，曰類事類，曰醫書類。

儒家類

晏子春秋十二卷

曾子二卷

子思子七卷

孟子十四卷

陸善經　孟子注七卷

王雱注①　孟子十四卷

蔣之奇　孟子解六卷

荀卿子二十卷

楊倞注②　荀子二十卷

黎錞　校勘荀子二十卷

魯仲連子五卷

董無心撰　董子一卷

尸佼撰　尸子一卷

子華子十卷　自言程氏名本，字子華，晋國人。《中興書目》曰："近世依托。"朱熹曰："僞書也。"

---

① "王雱"，原誤作"王雩"，據《宋史·藝文志》改。
② "楊倞"，原誤作"楊保"，據《宋史·藝文志》改。

孔叢子七卷　漢孔鮒撰。朱熹曰：“僞書也。”

桓寬　鹽鐵論十卷

揚雄　太玄經十卷　又　揚子法言十三卷

張齊　太玄正義統論一卷　又　太玄釋文玄説二卷

宋惟幹①　太玄經注十卷

王涯注　太玄經六卷

柳宗元注　揚子法言十三卷　宋咸補注。

馬融　忠經一卷

玄測一卷

王符　潜夫論十卷

關朗　洞極元經傳五卷

四注孟子十四卷　揚雄、韓愈、李翱、熙時子四家注。

王通　文中子十卷　宋阮逸注。

太宗　帝範二卷

顔師古　糾繆正俗八卷

王涯　説玄一卷

林慎思　續孟子二卷

韓熙載　格言五卷

真宗　正統十卷②

徐鉉　質論一卷

許洞　演玄十卷

刁衎　本説十卷

王敏　太平書十卷

賈岡③　山東野録七卷

---

① “宋惟幹”，原誤作“宋惟瀚”，據《宋史·藝文志》改。
② “統”，《宋史·藝文志》作“説”。
③ “賈岡”，《宋史·藝文志》作“賈罔”。

宋咸　過文中子十卷　又　太玄音一卷

章詧　太玄圖一卷　又　太玄經發隱一卷

黃睎撰　聲隅子歔欷鎖微論一卷

邵亢　體論十卷

周惇頤　太極通書一卷

司馬光　潛虛一卷　又　文中子傳一卷　集注四家揚子十三卷　集注太玄經六卷　家範十卷

師望　元鑑十卷

范鎮　正書一卷

張載　正蒙書十卷　又　雜述一卷

程頤遺書二十五卷　語録二卷

程頤門人記　孟子解四卷

徐積　節孝語一卷　<small>江端禮録。</small>

呂大臨　孟子講義十四卷

蘇轍　孟子解一卷

王令　孟子講義五卷

龔原　孟子解十卷

陳暘　孟子解義十四卷

張諡①　孟子音義三卷

丁公著　孟子手音一卷

孫奭　孟子音義二卷

劉安世　語録二卷

王開祖　儒志一卷

游酢　孟子解義十四卷　又　雜解一卷

謝良佐　語録一卷

---

①　“張諡”，《宋史·藝文志》作“張鎰”。

陳禾　孟子傳十四卷

晁説之　易玄星紀譜二卷

陳漸　演玄七卷

許允成　孟子新義十四卷

范沖　要語一卷

張九成　孟子拾遺一卷　語録十四卷

張憲武　勸學録六卷

劉子翬　十論一卷

張行成　潛虛衍義十六卷　又　皇極經世索隱一卷　觀物外
　篇衍義九卷　翼玄十二卷

鄭樵　刊繆正俗跋正八卷

文軫　信書三卷

宋衷解太玄義經訣十卷①

馬休②　删孟子一卷

陳之方　致君堯舜論一卷　又　削荀子疵一卷

徐庸　注　太玄經十二卷　又　玄頤一卷

僧全瑩　太玄略例一卷

王紹珪　古今孝悌録二十四卷

尹惇③　孟子解十四卷　語録四卷

鄒浩　孟子解十四卷

朱熹　孟子集注十四卷　又　孟子集義十四卷　或問十四卷
　延平師弟子問答一卷

朱熹門人所記　語録四十三卷

張栻　孟子詳説十七卷　又　孟子解七卷

---

①　“義經”，《宋史·藝文志》作“經義”。

②　“馬休”，《宋史·藝文志》作“馮休”。

③　“尹惇”，《宋史·藝文志》作“尹焞”。

蔡沉　至書一卷

張氏　孟子傳三十六卷

錢文子　孟子傳贊十四卷

王汝猷　孟子辨疑十四卷

諸儒鳴道集七十二卷

程迥　諸論辨一卷

朱熹　呂祖謙編　近思録十四卷

程顥　程頤　講學外書十二卷

邵雍　漁樵問對一卷

祝禹圭　東西銘解一卷

蘇籀　遺言一卷

曾發　泮林討古二卷

張九成　語録十四卷

胡宏　知言一卷

呂祖謙門人記　麗澤論説集十卷

周葵　聖傳録一卷

吳仁傑　鹽石論丙丁二卷

陳舜申　審是集一卷

塗近正　明倫二卷

彭龜年　止堂訓蒙二卷

呂大鈞撰　呂氏鄉約儀一卷

李公省心雜言一卷　不知名。

董與幾　學政發縱一卷

高登　修學門庭一卷

劉敞　弟子記一卷

石月至言一卷　余應求刊其父之言。

戴溪　石鼓孟子答問三卷

陳師道　後山理究一卷

北山家訓一卷

伊洛淵源十三卷

聞見善善録一卷

質疑請益一卷　並不知作者。

楊浚　韋子内篇三卷　又　聖典三卷

王向　忠經三卷

劉鍊①　續説苑十卷

法聖要言十卷

李琪　皇王大政論十卷

高舉　帝道書十卷

魯太公　公侯正術十卷

蕭佚　牧宰正術二卷

趙瑩　君臣政論二十五卷　興政論三卷

丘光庭　康教論一卷

張弧　素履子一卷

張陟　里訓十卷

趙澡　中庸論一卷

趙鄰幾　鯫子一卷

朱昂　資理論三卷

何涉　治道中説三十篇

龔鼎臣　中説解十卷

范祖禹　帝學八卷

章懷太子　修身要覽十卷

太宗　文明政化十卷

_____

① "劉鍊",《宋史·藝文志》作"劉睍"。

真宗　承華要略二十卷

名墨縱橫家無所增益答邇英聖問一卷　仁宗書三十五事，丁度等答。

顏之推　家訓七卷

狄仁傑　家範一卷

先賢誡子書二卷

開元御集誡子書一卷

古今家戒四卷

黃訥　家戒一卷

柳玼　誡子拾遺十卷

孫奕　示兒編一部

道家類

河上公　老子道德經注一卷

嚴遵　老子指歸十三卷

王弼　老子注二卷　又　道德略歸一卷

陸修靜　老子道德經雜說一卷

傅奕　道德經音義二卷

唐玄宗注　老子道德經二卷

唐玄宗　道德經音疏六卷

成玄英　道德經開題序訣義疏七卷

杜光庭　道德經廣聖義疏三十卷

僧文儻　道德經疏義十卷

趙至堅　道德經疏三卷

張惠超　道德經志玄疏三卷

陸氏　道德經傳四卷

扶少明　道德經譜二卷

谷神子注經諸家道德經疏二卷　河上公、葛仙公、鄭思遠、睿宗、玄宗疏。

李若愚　道德經注一卷

喬諷　道德經疏義節解二卷

道德經小解一卷

陳景元　道德注二卷

蔣之奇　老子解二卷　又　老子繫辭解二卷

張湛　列子音義一卷

張昭　補注莊子十卷

張烜　莊子通真論三卷

南華真經篇目義三卷

子遲　訓文子注十二卷

朱弃　文子注十二卷

墨布子　文子注十二卷　"布"一作"希"。

王源　亢倉子注三卷

亢倉子音義一卷

范乾元　四子樞要二卷

衛偕　白术子三卷

太公等　陰符經注一卷

張果　陰符經注一卷　又　陰符經辨命論一卷

袁淑真　陰符經注一卷　又　陰符經疏三卷

陰符集解五卷

韋洪　陰符經疏訣一卷

蔡望　陰符經注一卷　又　陰符經要義一卷

陰符經小解一卷

張魯　陰符經元義一卷

李靖　陰符機一卷

房山長注　大册黃帝陰符經一卷①

---

① "册"，《宋史·藝文志》作"丹"。

梁丘子注　黄庭内景玉經一卷

黄庭外景經一卷^①

黄庭外景玉經注訣一卷

黄庭五藏論圖一卷

老子黄庭内視圖一卷

胡愔　黄庭内景圖一卷　黄庭外景圖一卷

魏伯陽　周易參同契三卷　參同大易志三卷

徐從事　注周易參同契三卷

參同契合金丹行狀十六變通真訣一卷

鄭遠之　參同契心鑑一卷

張處　參同契大易圖一卷

晁公武　老子通述二卷

老子道德經三十家注六卷　唐道士張君相集解。

葛玄　老子道德經節解二卷

道德經内解二卷　不知作者。

尹先生注　老子道德經内節解二卷

王顧　老子道德經疏四卷

李榮　老子道德經注二卷

李約　老子道德經注四卷

碧雲子　老子道德經藏室纂微二卷　不知名。

老子道德經義二卷

老子指例略一卷　並不知作者。

張湛　列子注八卷

郭象　莊子注十卷

成玄英　莊子疏十卷

---

① 《四部叢刊三編》影印宋淳祐本《郡齋讀書志》注曰："右叙謂老子所作,元陽子注。"

文如海　莊子正義十卷　又　莊子邈一卷

黃帝陰符經一卷　舊目云驪山老母注,李筌撰。

集注老子二卷　明皇、河上公、王弼、王雱等注。①

呂知常　老子講義十三卷

李筌　陰符經疏一卷

陰符玄譚一卷　不知作者。

文子十二卷　舊書目云周文子撰。

鶡冠子三卷

亢倉子三卷

抱朴子別旨二卷　不知作者。

司馬子微　坐忘論一卷

天機經一卷

道體論一卷

無能子一卷　並不知作者。

吳筠　玄綱一卷

劉向　關尹子九卷

劉驥　老子通論語二卷

徽宗　老子解二卷　列子解八卷

呂惠卿　莊子解十卷

司馬光　老子道德經注二卷

蘇轍　老子道德經義二卷

趙令穆　老子道德經解二卷

李士表　莊子十論一卷

沈該　陰符經注一卷

朱熹　周易參同契一卷

---

① “王雱”,原誤作“王雺”,據《宋史·藝文志》改。

朱安國　陰符元機一卷

程大昌　易老通言十卷　　以上道家。

鳩摩羅什譯　金剛般若波羅密經一卷

沙門曇景譯　佛説未曾有因緣經二卷

玄奘譯　波般若波羅密多心經一卷

般剌密帝彌伽釋迦譯　首楞嚴經十卷

佛説一乘究竟佛心戒經一卷

佛説三亭厨法經二卷

佛説法句經一卷

佛垂涅槃略説教戒經一卷　　四經失譯。

馬鳴大師　摩訶衍論五卷

起信論二卷

僧肇　寶藏論三卷

彥宗　福田論一卷

道信　大乘入道坐禪次第要論一卷

陳子良　注法林辨正論八卷

慧海大師　入道要門論一卷

淨本和尚　論一卷①

惠能　仰山辨宗論一卷

勸修破迷論一卷

金沙論一卷

明道宗一卷②

偈宗秘論一卷　　並失作者。

法藏　心經一卷

惟愨　首楞嚴經疏六卷

————————————

①　"論"上，《宋史·藝文志》有"語"字。

②　"宗"下，《宋史·藝文志》有"論"字。

宗密　圓覺經疏六卷　圓覺道場修證儀十八卷　起信論鈔
　　三卷

傅大士　寶志　金剛經贊一卷

惠能　金剛經口訣義一卷　金剛大義訣二卷[①]

大白和尚　金剛經訣一卷

法深　起信論疏二卷

忠師　百法明門論疏二卷

蕭子良　統略淨住行法門一卷

元康　中觀論三十六門勢疏一卷

華嚴法界觀門一卷　宋密注。

傅大士　心王傳語一卷　行道難歌一卷

竺道生　十四科元贊義記一卷

灌頂　國清道場百録一卷

楞伽山主　小參録一卷

道宣　通感決疑録一卷

大唐國師小録法要集一卷

紹修　漳洲羅漢和尚法要三卷[②]

白居易　八漸真議一卷[③]

張雲　元中語寶三卷

大閶和尚　顯宗集一卷

大雲和尚要法一卷

惠海　元覺　一宿覺傳一卷

魏靜　永嘉一宿覺禪宗集一卷

達摩血脉一卷

---

① "金剛"下,《宋史·藝文志》有"經"字。
② "洲",《宋史·藝文志》作"州"。
③ "漸"下,《宋史·藝文志》有"通"字。

本先　竹林集一卷

寶覺禪師　見道頌一卷

道瑾　禪宗理性偈一卷

石頭和尚參同契一卷

惠忠國師語一卷

東平大師默論一卷

義榮　天台國師百會語要一卷

齊寶　神要三卷

懷和　百丈廣語一卷

統休　無性和尚說法記一卷

惠明　棲賢法雋一卷

龍濟和尚語要一卷

荷澤禪師微訣一卷

楊士達　禪關八問一卷

宗美　句令　禪門法印傳五卷

淨惠禪師偈訟一卷

義淨　求法高僧傳二卷

飛錫　往生淨土傳五卷

法海　六祖法寶記一卷　壇經一卷

卒崇　僧伽行狀一卷

靈湍　攝山棲霞寺記一卷

師質　前代王修行記一卷①

盧求　金剛經報應記三卷

賢首　華嚴經纂靈記

元偉　真門聖胄集五卷

① 《宋史·藝文志》作“師哲前代國王修行記”。

雲居和尚示化實録一卷

覺旻　高僧纂要五卷

智月　僧美三卷

裴休　拾遺問一卷

神澈　七科義狀一卷

夢微　内典編要十卷

紫陵語一卷

大藏經音四卷

真覺傳一卷

渾混子三卷　　解《寶藏論》。

遺聖集一卷

菩提心記一卷

積元集一卷

相傳雜語要一卷

德山集一卷

會昌破胡集一卷

妙香丸子法一卷

潤文官録一卷

迦葉祖裔記一卷

釋門要録五卷　　並失作者。

十朋　請禱集一卷　瑞象歷年記一卷

惟勁禪師贊訟一卷

釋華嚴漩澓偈一卷

馬裔孫　看經贊一卷

法喜集二卷

文益　法眼禪師集一卷

法眼禪師集真贊一卷

高越　舍利塔記一卷

可洪　藏經音義隨函三十卷

建隆　雍熙禪頌三卷

魏德謨　無上秘密小録五卷

程譓　釋氏蒙求五卷

廷壽　感通賦一卷

李遵　天聖廣燈録三十卷

吕夷簡　景祐寶録二十一卷

僧肇　寶藏論一卷　又　般若無知論一卷　涅槃無名論一卷

僧慧皓　高僧傳十四卷

僧佑　弘明集十四卷

僧寶唱　比丘尼傳五卷

僧佑　釋迦譜五卷

甄鸞　笑道論三卷

僧慧可　達摩血脈論一卷

費長房　開皇歷代三寶記十四卷　又　開皇三寶録總目一卷

國清道場百録五卷　僧灌頂纂，僧智顗修。

僧法琳　破邪論三卷　又　辨正論八卷

僧彦琮　釋法琳別傳三卷

僧慧能注　金壇經一卷　又撰　金剛經口訣一卷

僧慧昕注　壇經二卷

僧辨機　唐西域志十二卷

僧道宣　續高僧傳三卷　又　佛道論衡三卷　三寶感應録三
　卷　釋迦氏譜一卷

弘明集三十卷①

---

①　"弘"上，《宋史·藝文志》有"廣"字。

僧政覺　金沙論一卷

僧會神①　荷澤顯宗記一卷

華嚴法界觀門一卷　　僧法順集,僧宗密注。

僧宗密　禪源諸詮二卷　又　原人論一卷　大乘起信論一卷

魏靜　永嘉一宿覺禪師集一卷

僧道世　法苑珠林一卷

僧慧忠　十答問語録一卷

僧鈍林集　無住和尚説法二卷

僧普願　語要一卷

唐于頔編　龐蘊語録一卷

僧神清　北山參元語録十卷

僧慧海　頓悟入道要門論一卷

僧義淨　求法高僧傳三卷

僧元應　唐一切經音義一十五卷

僧澄觀　華嚴經疏十卷

僧紹修　語要一卷

裴休　傳心法要一卷

鄭覃等撰　唐六譯金剛經贊一卷

僧慧祥　古清涼傳二卷

唐終南大一山僧撰　釋迦方志一卷

僧應之　四注金剛經一卷

僧延壽　宗鏡録一百卷

僧贊寧　僧史略三卷

僧道原　景德傳燈録三十卷

晁迴　法藏碎金十卷

---

① “會神”,《宋史·藝文志》作“神會”。

道院集要三卷　　不知作者。

僧延昭　衆叺集一卷

僧重顯　瀑布集一卷　又　語録八卷

僧世沖　釋氏咏史詩三卷

僧居本　廣法門名義一卷

僧慧皎　僧史二卷

僧契嵩　輔教編三卷

僧省常　錢塘西湖淨社録三卷

僧道誠　釋氏須知三卷

僧道誠　釋氏要覽三卷

王安石注　維摩詰經三卷

朱士挺　伏虎行狀一卷

陳嘉謨撰　僧自嚴行狀一卷

李之純　成都大悲寺集二卷　又　成都大慈寺記二卷

僧惟白　續燈録三十卷

僧宗頤　勸孝文二卷　又　禪苑清規十卷

騫序辰　諸經譯梵三卷

王敏中　勸善録六卷

楊諤　水陸儀二卷

僧智達　祖門悟宗集二卷

樓穎　傳翕小録要集一卷

僧宗永　宗門統要十卷

僧智圓　閒居編五十一卷

僧懷深注　般若波羅密多心經一卷

僧原白注　證道歌一卷

黃文昌撰　僧宗杲語録五卷

僧慧達　夾科肇論二卷

僧應乾　楞嚴經標指要義二卷

僧靈操　釋氏蒙求一卷

僧馬鳴　釋摩訶衍論十卷

僧闍那多迦譯　羅漢頌一卷

僧菩提達磨　存想法一卷　又　菩提達磨胎息訣一卷

頌證道歌一卷　正覺禪師撰。

淨慧禪師語録一卷

蓮社十八卷

賢行狀一卷

法顯傳一卷

諸經提要二卷

五公符一卷

寶林傳録一卷　並不知作者。

李通玄　華嚴合論一卷

張戒注　楞伽集注八卷

佛陁多羅譯　圓覺經二卷

般刺密諦譯　楞嚴經十卷

法寶標目十卷　王右編。

僧肇譯　維摩經十卷

晁迥　耄智餘書三卷

八方珠玉集四卷　大圓、塗毒二僧集諸家禪語。

王日休　金剛經解四十二卷

王日休撰　淨土文十一卷

松源和尚　語録二卷

僧正受集　普燈録三十卷

僧行霆述　諸天傳二卷

佛照禪師　奏對録一卷　淳熙間奏對之語。

胡演^①　崇正辨三卷　<small>以上釋氏。</small>

劉向　列仙傳三卷

王褒　桐柏真人王君外傳一卷

周李通　玄洲上卿蘇君記一卷

葛洪　神仙傳十卷　馬陰二君内傳一卷　上真衆仙記一卷
　隱論雜訣一卷　金木萬靈訣一卷　抱朴子養生論一卷　太
　清玉碑子一卷　<small>葛洪與鄭惠遠問答。</small>

二女真詩一卷　<small>紫微夫人及東華中候王夫人作。</small>

施真人　銘真論一卷

旌陽令許遜　靈劍子一卷

黃帝内傳一卷　<small>鏠鏗得於石室。</small>

東方朔　十洲三島記一卷

淮南王劉安　太陽真粹論一卷

黃玄鍾　蓬萊山西鰲還丹歌一卷

婁敬　草衣子還丹訣一卷

魏伯陽　還丹訣一卷　周易門户參同契一卷　大丹九轉歌
　一卷

華佗　老子五禽六氣訣一卷

五牙導引元精經一卷

黃庭經一卷

李千乘　黃庭中景經注一卷

尹喜　黃庭外景經注一卷

襄楷　太平經一百七十卷

李堅　東極謝真人傳一卷

王禹錫　海陵三仙傳一卷

---

① “胡演”，《宋史·藝文志》作“胡寅”。

施肩吾　真仙傳道集二卷　三住銘一卷　西都群仙會真記
　　一卷①

長孫滋　崔氏守一詩傳一卷

吳筠　神仙可學論一卷　又　形神可固論一卷　著生論一
　　卷　明真辨僞論一卷　心目論一卷　玄門論一卷　元綱論
　　一卷　諸家論優劣事一卷　辨方士惑論一卷②

杜光庭　二十四化詩一卷　又　二十四化圖一卷　神仙感遇
　　傳十卷　墉城集仙録十卷　應現圖三卷　仙傳拾遺四十
　　卷　歷代帝王崇道記一卷　道教靈驗記二十卷　道經降傳
　　世授年載圖一卷

謝良弼③　中岳吳天師內傳一卷

李渤　李天師傳一卷　真系傳一卷

張隱居　演龍虎上經二卷

盧潘　侯真人傳一卷

沈汾　續仙傳三卷

尹文操　樓觀先師本行內傳一卷　玄元聖記經十卷

刁琰　廣仙録一卷

見素子　洞仙傳十卷

傅元鎮　應緣道傳十一卷

晞暘子　賓仙傳三卷　南岳夫人清虛玉君內傳一卷

范邈　南岳魏夫人內傳一卷

李遵　三茅君內傳一卷

梁日廣　釋仙論一卷

赤松子　中誠篇一卷　金石論一卷

---

①　"都"，《宋史·藝文志》作"山"。
②　"士"，《宋史·藝文志》作"正"。
③　"謝良弼"，《宋史·藝文志》作"謝良嗣"。

問天老曆一卷

冷然子　學神仙法一卷

賈嵩　陶先生傳序三卷

吳先主孫氏　太極左仙公神仙本起內傳一卷

華僑　真人周君內傳一卷

劉海蟾詩一卷

太一真君固命歌 一卷　　晋葛洪譯。

張融　三破論一卷

陶弘景　養性延命錄二卷　導引養生圖一卷　神仙玉芝瑞草
　圖二卷　上清握中訣三卷　登真隱訣三十五卷　真誥十卷

華陽道士韋處玄注　老子西升經二卷

魏曇巒法師　服氣要訣一卷

陳處士　同洪讓書老子道經一卷

李淳風　正一五真圖一卷

孫思邈　退居志一卷　真氣銘一卷　九幽福壽論一卷　龍虎
　亂日篇一卷

李用德　晋州羊角山慶曆觀記一卷

王元正　清虛子龍虎丹一卷

房山長集　驪山母黃帝陰符大丹經解一卷

吳兢　保聖長生纂要坐隅障二卷

僧一行　天真皇人九仙經一卷

尹愔　老子五廚經注一卷

周溢　潁陽書一卷

咎商　導養方三卷

李廣　中指真訣一卷

僧遵化　養生胎息秘訣一卷

高駢　性箋金液頌一卷

黃仲山　玄珠龜鏡三卷

裴鉉　延壽赤書一卷

張果　紫靈丹砂表一卷　内真妙用訣一卷　休糧服氣法一卷

大易志圖參同經一卷　玄宗與葉靜能、一行答問語。

王紳　太清宮簡要記一卷

康真人　氣訣一卷

盧遵元　太上肘後玉經方一卷

楊知玄　淮南王練聖法一卷

老子元道經一卷　南統孟謫仙傳授。

李延章　中元論一卷

胡微　玉景内篇二卷

黃庭内景五藏六腑圖一卷　大白山見素女子胡愔撰。

王懸河　三洞珠囊三十卷

王貞範　洞天集二卷

捷神子　唐元指玄篇一卷

中央黃老君洞房内經一卷

黃老中道君洞房内經一卷

黃老神臨藥經一卷

太清真人絡命訣一卷

太上老君血脉論一卷

靈寶服食五芝精一卷

黃帝内經靈樞略一卷

黃帝九鼎神丹經訣十卷

黃帝内丹訣一卷

太極真人風鳴爐火經一卷

紫微帝君玉經寶訣一卷

太上老君服氣胎息訣一卷

老子中經二卷

老子神仙歷藏經一卷

王母太上還童采華法一卷

紫微帝君紫庭秘訣一卷

茅真君靜中吟一卷

王茅君雜記一卷

陰真君還丹歌一卷

金液還丹歌一卷

元君付道傳心法門一卷

徐真君丹訣一卷

張真君靈芝集一卷

彭君訣黃白五元神丹經一卷

太一真君元丹訣一卷

陳大素　九天飛步內訣真經一卷

河間真人劉演　金碧潛通秘訣一卷

太白山李真人　調元妙經一卷

陳少微　大洞煉真寶經一卷

申天師　服氣要訣一卷

張天師　石金記一卷

玄元先生　日月混元經一卷

鄭先生　不傳氣經一卷

建平然先生　少來苦樂傳一卷

赤城隱士　服藥經三卷

臥龍隱者　少玄胎息歌一卷

蜀郡處士　胎息訣一卷

成都李道士　太上洞玄靈寶修真論一卷

務元子　混成經一卷

務成子注　太上黃庭內景經一卷

含光子　契真刊謬玉鑰匙一卷

鄧雲子　清虛真人裴君內傳一卷

廣成子　靈仙秘錄陰丹經一卷　紫陽金碧經一卷　升玄養
生論

青霞子　旨道篇一卷　又　龍虎金液還丹通玄論一卷　寶藏
論一卷

易元子　勸道詩一卷

逍遙子　內指通玄訣三卷　攝生秘旨一卷

升玄子　造化伏汞圖一卷

潁陽子　神仙修真秘訣十二卷

元陽子　金石還丹訣一卷

真一子　金鑰匙一卷

九真中經一卷　赤松子傳。

暢元子　雜錄經訣尊用要事一卷

狐剛子　粉圖五卷

左掌子　證道歌一卷

中皇子　服氣要訣一卷

桑榆子　新舊氣經一卷

玄明子　柳沖用　巨勝歌一卷

葉真卿　玄中經一卷

丁少微　真一服元氣法一卷

洞元子　通元子　通玄指真訣一卷

真常子　服食還丹證驗法一卷

煙蘿子　內真通玄歌一卷

獨孤滔　丹方鏡源文三卷

天台白雲　服氣精義論一卷

徐懷遇　學道登真論一卷

曹聖圖　鉛汞五行圖一卷

張素居　金石靈臺記一卷

高先　大道金丹歌一卷

陳君舉　朝元子玉芝書三卷

呂洞賓　九真玉書一卷

陶植　蓬壺集三卷

修仙要訣一卷　華子期授於角里先生。

上相青童太上八術知慧滅魔神虎隱文一卷

碧巖張道者　中山玉櫃服神氣經一卷

司世抱陽劍術一卷

金明七真人　三洞奉道科誡三卷

楊歸年　修真延秘集三卷

陰長生　三皇經一卷

馬明生　赤龍金虎中鉛鍊七返還丹訣　卷亡。

上司翼　養生經一卷

王弇　新舊服氣法一卷

傅士安　還丹訣一卷

徐道邈注　老子西升經二卷

劉仁會注　西升經一卷

張隨　解參同契一卷

李審　頤神論二卷

處士劉詞　混俗頤生錄一卷

閭丘方遠　太上經秘旨一卷

道士張乾森　自然券立成儀一卷

張承先　度靈寶經表具事一卷

玉晨奔日月圖一卷

真秘訣一卷　寶冠授達磨。

僧玄玄　疑甄正論三卷

王長生　紫微内庭秘訣三卷

傳授五法立成儀一卷

寒山子　大還心鑑一卷

守文居鎡　長生纂要一卷

莊周氣訣一卷

朗然子詩一卷

山居道士　佩服經符儀一卷　不知名。

蘇登　天老神光經一卷

内外丹訣二卷　集王元正、李黄中等撰。

崔公入藥鏡三卷

混元内外觀十卷

張君房　雲笈七籤百二十卷

樂史　總仙秘録一百三十卷

余卞　十二真君傳二卷

李信之　雲臺異境集一卷

賈善翔　高道傳十卷　猶龍傳三卷

張隱龍　三茅山記一卷

王松年　仙苑編珠一卷

李昌齡　感應篇一卷

朱宋卿　徐神翁語録一卷

太宗真宗三朝傳授讚咏儀二卷

真宗　汴水發願文一卷

徽宗　天真示現記三卷

陳摶　九室指玄篇一卷

王欽若　七元圖一卷　先天紀三十六卷　翊聖保德傳三卷

丁謂　降聖記三十卷

耿胘　養生真訣一卷

青霞子　丹臺新録九卷

李思聰　道門三界咏三卷

張端　金液還丹悟真篇一卷

彭曉　周易參同契分章通真儀三卷　參同契明鑑訣一卷

姚稱　攝生月令圖一卷

錢景衍　南岳勝概編一卷

謝修通　玉笥山祖記實録一卷

張無夢　還元篇一卷

純陽集一卷

上清五牙真秘訣一卷

二仙傳一卷

成仙君傳一卷

劉真人傳一卷

平都山仙都觀記二卷

師譜一卷

十真記一卷

仙班朝會圖五卷

賴卿記一卷

大還丹照鑑登仙集一卷

斷穀要法一卷

裴君傳行事訣一卷

太上墨子枕中記二卷

太上大素玉録一卷

太上倉元上録一卷

學仙辨真訣一卷

洞真金元八景玉録一卷

五岳真形圖一卷

祭六丁神法一卷

神仙雜歌詩一卷

玄門大論一卷

九轉丹歌一卷

太和樓觀內紀本草記一卷

老君出塞記一卷

五岳真形論一卷

黃帝三陽經五明乾羸坤巴訣一卷

正一肘後修用訣一卷

正一法文目一卷

正一論一卷

正一上元九星圖一卷

正一修行指要三卷

正一法十籙召儀一卷

正一奏章儀一卷

正一醮江海龍王神儀都功版儀一卷

太上符鏡一卷

谷神賦一卷

黃書過度儀一卷

太上八道命籍二卷

靈寶聖真品位一卷

靈寶飛雲天篆一卷

上清佩文訣五卷

上清佩文墨券訣一卷

福地記一卷

曲素憂樂慧辭一卷

皇人三一圖一卷

西升記一卷

胎精記解結行事訣一卷

高上金真元籙一卷

長睡法一卷

大洞玄保真養生論一卷

曲素訣辭一卷

太上丹字紫書一卷

絶玄金章一卷

紫鳳赤書一卷

靈寶步虛詞一卷

金紐太清陰陽戒文一卷

太上紫書録傳一卷

度太一五傳儀一卷

奔日月二景隱文一卷

司命楊君傳記一卷

四耀太真隱書一卷

思道誡一卷

潘尊師傳一卷

三尸經一卷

金簡集三卷

無名道者歌一卷

大丹會明論一卷

太清真人九丹神秘經一卷

金鏡九真玉書一卷

八公紫府河車歌一卷

大還秘經一卷

神仙肘後三宮訣二卷

太極紫微元君補命秘錄一卷

老君八純玄鼎經一卷

海蟾子　還金篇一卷　太清篇火式一卷

太一真人五行重玄論一卷

龍虎大還丹秘訣一卷

煉五神丹法一卷

太清丹經經一卷

神仙庚辛經一卷

紫白金丹訣一卷

仙公藥要訣一卷

三十六水法一卷

金虎赤龍經一卷

玉清內書一卷

太上老子服氣口訣一卷

燒煉雜訣法一卷

太清金液神丹經三卷

休糧諸方一卷

胎息根旨要訣一卷

修真內煉秘訣一卷

上清修行訣一卷

大道感應論一卷

太上習仙經契錄一卷

回耀飛光日月精氣上經一卷

攝生增益錄一卷

神氣養形論一卷

服餌仙方一卷

鉛汞指真訣一卷

服食日月皇華訣一卷

神仙藥名隱訣一卷

鍊花露仙醢訣一卷

繕生集一卷

道術旨歸一卷

按摩要法一卷

醮人神法一卷

上清大洞真經玉訣一卷

草金丹法一卷

十二月五藏導引一卷

大易二十四篇一卷

服氣鍊神秘訣一卷

老君金書內序一卷

尹真人本行記一卷

陶陸問答一卷

諸家修行纂要一卷

谷神秘訣三卷

太清導引調氣經一卷

太玄部道典論二十七卷

富貴日用篇一卷

入室思赤子經一卷

餌芝草黃精經一卷

治身服氣訣一卷

玉皇聖台神用訣一卷

燒金石藥法一卷

神仙服食經一卷

三天君烈紀一卷

養生要録三卷

神仙九化經一卷

調元氣法一卷

太上保真養生論一卷

神仙秘訣三論三卷

元君肘後術三卷

山水穴竇圖一卷

養生諸神仙方一卷

五經題迷一卷　　以上神仙。

法家類

管子二十四卷

商子五卷

慎子一卷

韓子二十卷

尹知章注　管子十九卷

杜佑　管氏指略二卷

丁度　管子要略五篇

董仲舒　春秋決事十卷　"事"一作"獄"。

李文博　治道集十卷

張去華　大政要録三卷

名家類

公孫龍子一卷

尹文子一卷

鄧析子二卷

即郡人物志二卷

杜周士　廣人物志二卷

墨家類

墨子十五卷

縱橫家類

鬼谷子三卷

高誘注　戰國策三十三卷

鮑彪注　國策十卷

農家類

傅崧卿注　夏小正戴氏傳四卷

蔡邕　月令章句一卷

杜臺卿　玉燭寶典十二卷

唐玄宗　删定禮記月令一卷

李林甫　注解月令一卷

韓鄂　歲華紀麗四卷

韋行規　月録一卷

李綽　秦中歲時記一卷　　一名《成鎬記》。①

李邕　金谷園記一卷

徐鍇　歲時廣記一百二十卷

賈昌朝　國朝時令集解十二卷

宋綬　歲時雜咏二十卷

---

① “成”,《宋史·藝文志》作“咸”。

劉安靖　時鏡新書五卷

孫思　備閱注時令一卷

歲中記一卷

十二月纂要一卷

保生月録二卷

四時録四卷　並不知作者。

張方　夏時志別録一卷　又　夏時考異一卷

許尚編　許狀元節序故事十二卷

真宗　授時要録十二卷

孫思邈　齊人月令三卷

宗懍　荊楚歲時記一卷

李綽　輦下歲時記一卷

劉靖　時鑑雜書四卷　"雜"一作"新"。

岑賁　月壁一卷

孫翰　月鑑二卷

嵇含　南方草木狀三卷

賈思勰　齊民要術十卷

則天皇后　兆人本業三卷

陸羽　茶經三卷　又　茶記一卷

溫庭筠　采茶録一卷

茶苑雜録一卷　不知作者。

張又新　煎茶水記一卷

韓鄂　四時纂要十卷

賈眈　醫牛經　卷亡。

淮南王　養蠶經一卷

孫光憲　蠶書三卷

秦處度　蠶書一卷

毛文錫　茶譜一卷

史正志　菊譜一卷

任璹　彭門花譜一卷

周序　洛陽花木記一卷

陶朱公　養魚經一卷

熊寅亮　農子一卷

賈朴　牛書一卷

王旻　山居要術三卷　又　山居雜要三卷　山居種蒔要術
　一卷

戴凱之　竹譜三卷

無求子　酒經一卷　不知姓名。

大隱翁　酒經一卷

是齋售用一卷

李淳風　四民福禄論二卷

牛皇經一卷

辨五音牛欄法一卷

農家切要一卷

荔枝故事一卷　並不知作者。

封演　錢譜一卷

張台　錢録一卷

于公甫　古今泉貨圖一卷

侯氏　萱堂香譜一卷

范如圭　田夫書一卷

賈元道　大農孝經一卷

陳靖　勸農奏議三十篇

林勛　本政書十卷　又　本政書比校二卷　治地旁通一卷

王章　水利編三卷

僧贊寧　筍譜一卷

丁謂　北苑茶録三卷　又　天香傳一卷

歐陽修　牡丹譜一卷

蔡襄　茶録一卷

沈立　香譜一卷　又　錦譜一卷

茶法易覽十卷

丁度　土牛經一卷

孔武仲　芍藥譜一卷

張峋　花譜一卷

沈括　志懷録三卷

竇苹　酒譜一卷

馮安世　林泉備五卷

吕惠卿　建安茶用記二卷

劉攽　芍藥譜一卷

王觀　芍藥譜一卷

洪芻　香譜五卷

章炳文　壑源茶録一卷

吴良輔　竹譜二卷

葛澧　酒譜一卷

高伸　食禁經三卷

劉異　北苑拾遺一卷

宋子安　東溪茶録一卷

陳翥　桐譜一卷

周絳　補山經一卷①

葉庭珪　南蕃香録一卷

---

① “山”，《宋史·藝文志》作“茶”。

樓璹　耕織圖一卷

曾安正① 　禾譜五卷

曾之謹　農器譜三卷

陳旉　農書三卷

熊蕃　宣和北苑貢茶録一卷

韓彥直　永嘉橘録三卷

王居安　經界弓量法一卷

---

① “曾安正”，《宋史·藝文志》作“曾安止”。

藝文五

雜家類

鬻熊子一卷

呂不韋　呂氏春秋二十六卷　　高誘注。

陸賈　新語二卷

賈誼　新書十卷

淮南子鴻烈解二十一卷

許慎注　淮南子二十一卷

高誘注　淮南子十三卷

劉向　新序十卷　又　説苑二十卷

仲長統　昌言二卷

王充　論衡三十卷

邊誼　續論衡二十卷

應劭　風俗通義十卷

徐幹　中論十卷

蔣子萬機論十卷　　魏蔣濟撰。

諸葛亮　武侯十六條一卷

沈顔　聲書十卷

傅子五卷　　晉傅玄撰。

陸機　正訓十卷

崔豹　古今注三卷

周蒙　續古今注三卷

張華　博物志十卷

葛洪　抱朴子内篇二十卷　又　抱朴子外篇五十卷

劉子三卷　　題劉書撰。

奚克讓　劉子音釋三卷　又　音義三卷

湘東王繹　金樓子十卷

庾仲容　子鈔三十卷

顧野王　符瑞圖二卷

孫綽子十卷

范泰　古今善言三十卷

沈約　袖中記三卷

尹子五機論三卷

商孝逸①　商子新書三卷

鄭瑋　道言録三卷

杜正論　百行章一卷

李文博　治道集十卷

虞世南　帝王略論五卷

劉巘　芻蕘論三卷

李賢　修書要覽十卷

羅隱　兩同書二卷

李直方　正性論一卷

韓熙載　格言五卷　又　格言後述三卷

黃希②　聲隅書十卷③

李淳風　感應經三卷

魏徵　時物策一卷④　又　祥瑞録十卷

---

① “商孝逸”，《宋史·藝文志》作“商子逸”。
② “黃希”，《宋史·藝文志》作“黃晞”。
③ “聲”，《宋史·藝文志》作“聱”。
④ “物”，《宋史·藝文志》作“務”。

朱敬則　十代興亡論十卷

張說　才命論一卷

楊相如　君臣政要論三卷

趙自勔　造化權輿六卷

元子十卷　元結撰。

杜佑　理道要訣十卷

皇甫選注　何亮本書三卷

邵元　體論十卷

馬總　意林三卷　又　意樞二十卷

林慎思　伸蒙子三卷

丘光庭　規書一卷　又　兼明書十二卷

牛希濟　理源二卷　又　治書十卷

朱朴　致理書十卷

盧藏用　子書要略三卷

臧嘉猷　史玄機論十卷

歐陽浚　周紀聖賢故實十卷

徐融　帝王指要三卷

張輔　宰輔明鑑十卷

趙湘　補政忠言十卷

徐氏　忠烈圖一卷

孝義圖一卷

趙彥衛　雲麓漫鈔二十卷　又　雲麓續鈔二卷

南唐後主李煜　雜說二卷

劉子法語二十卷　劉鶚撰。　又　通論五卷

宋齊丘　化書六卷　又　理訓十卷

葛澧　經史摭微四卷

劉廣　稽瑞一卷

趙蕤　長短要術九卷

吳筠　兩同書二卷

馬縞　中華古今注三卷

蘇鶚　演義十卷

樂朋龜　五書一卷

徵微子　服飾變古一卷

狐剛子　感應類從譜一卷

通幽子　靈臺隱秘寶符一卷

李恂　前言往行録三卷

尹子五卷

鄭至道　諭俗編一卷

彭仲剛　諭俗續編一卷

黃巖　虙犧範圍圖傳二卷

張時舉　弟子職女誡鄉約家儀鄉儀一卷

李宗思　尊幼儀訓一卷

吕本中　官箴一卷

何薳　春渚記聞十三卷

王普　答問難疑一卷

徐度　崇道却掃編十三卷

吳曾　漫録十三卷

魏泰　書可記一卷　又　續東軒雜録一卷

馮忠恕　涪陵記一卷

洪興祖　聖賢眼目一卷　又　語林五卷

姚寬　叢語上下二卷

唐稷　硯岡筆志一卷

吳箕　常譚一卷

袁采　世範三卷　又　袪歟子一卷

葉適　習學記言四十五卷

項安世　項氏家記十卷

徐彭年　涉世録二十五卷　又　涉世後録二十五卷

坐忘論二卷

呂祖謙　紫微語録一卷

葉模　石杯過庭録三十七卷

李石　樂善録十卷

劉鵬　縣務綱目二十卷

周朴　三教辨道論一卷

僧贊寧　物類相感志十卷　又　要言二卷

柳棠　蔽記十卷

王錡　勔書一卷

宋祁　筆録一卷

龍昌期　天保正名論八卷

胥餘慶　瑞應雜録十卷

刁衎　治道中術三卷

朱景先　默書三卷

鄧綰　馭臣鑑古論二十卷

王韶　敷陽子七卷

天鸒子一卷　不知姓名。

吳宏　群公典刑二十卷

高承　事物紀原十卷

陳瓘　中説一卷

孔平仲　良史事證一卷

李新　塾訓十三卷　又　欲書五卷

李格非　史傳辨志五卷

晁説之　客語一卷

方行可　治本書一卷

王楊英　黼宸誡一卷

何伯熊　機密利害一卷

李皥　審理書一卷

張大楫　翠微洞隱百八十卷

李易　要論一卷

何亮　本書三卷

劉長源　治本論一卷

鄭樵　十説二卷

潘祖①　志筌書二卷

洪氏　雜家五卷　　不知名。

瑞録十卷

冗録一卷

治獄須知一卷

之官申戒一卷

瑞應圖十卷

玉泉子一卷

中興書一卷

汲世論一卷　　並不知作者。

東筦子十卷

李子正辨十卷

劉潛　群書集三卷

成嵩　韻史一卷

陳鄂　十經韻對二十卷　又　四庫韻對九十九卷

魏玄成　祥應圖十卷

---

① "潘祖"，《宋史·藝文志》作"潘植"。

劉振　通籍録異二十卷

趙志忠　大遼事迹十卷

小説家類

燕丹子三卷

東方朔　神異經二卷　　晋張華傳。

師曠　禽經一卷　　張華注。

王子年　拾遺記十卷　　晋王嘉撰。

干寶　搜神總記十卷

寶櫝記十卷　　不知作者。

殷芸　小説十卷

劉義慶　世説新語三卷

任昉　述異記二卷

吳均　續齊諧記一卷

沈約　俗説一卷

陶弘景　古今刀劍録一卷

江淹　銅劍讚一卷

顧協①　錢譜一卷

顔之推　還冤志三卷

陽松玠　八代談藪二卷

張説　五代新説二卷　又　鑑龍圖記一卷

陸藏用　神告録一卷

劉餗　傳記三卷　又　隋唐佳話一卷　小説三卷

段成式　酉陽雜俎二十卷　又　續酉陽雜俎十卷　廬陵官下
　記二卷

---

　　① “顧協”，《宋史·藝文志》作“顧烜”。

封演　聞見記五卷

張讀　宣室志十卷

唐臨　冥報記二卷

陸長源　疑辨志三卷①

柳宗元②　龍城録一卷

柳公權　柳氏小説舊聞六卷

柳珵　常侍言旨一卷

盧弘正　昭義軍別録一卷

温造　瞿童述一卷

韋絢　戎幕閒談一卷　又　劉公嘉話一卷　賓客佳話一卷

房千里　南方異物志一卷

鍾輅　前定録一卷

劉軻　牛羊日曆一卷

李翱　卓異記一卷

李德裕　志支機賓一卷　又　幽怪録十四卷

李商隱　雜纂一卷

范攄　雲溪友議十一卷

陸勛　集異志二卷

李復言　續玄怪録五卷

李亢　獨異志一十卷

袁郊　甘澤謠一卷

裴紫芝　續卓異記一卷

鄭遂　洽聞記二卷

康駢　劇談録二卷

---

① “疑辨”,《宋史·藝文志》作“辨疑”。

② “柳宗元”,原誤作“柳宗源”,據《宋史·藝文志》改。

馬贊①　雲異散録一卷②

尉遲樞　南楚新聞三卷

皇甫枚　三水小牘二卷

王睿　炙轂子雜録五卷

胡嶧③　談賓録五卷

劉崇遠　金華子雜編三卷

趙璘　因話録六卷

郭良輔　武孝經一卷

女孝經一卷　侯莫陳邈妻鄭氏撰。

皇甫松　酒孝經一卷

羅邵　會稽新録一卷

李隱　大唐奇事十卷　又　瀟湘録十卷

陳輪　異聞集十卷

焦潞　稽神異苑十卷

李匡文　資暇録三卷

顏師古　隋遺録一卷

鄭棨　開天傳信記一卷

俞子　螢雪叢説一卷

李義山　雜稿一卷

劉存　事始三卷

劉睿　續事始三卷

馮鑑　續事始五卷

李濬　松窗小録一卷

劉愿　知命録一卷

---

①　"馬贊",《宋史・藝文志》作"馮贊"。

②　"異",《宋史・藝文志》作"仙"。

③　"胡嶧",《宋史・藝文志》作"胡璩"。

張固　幽閒鼓吹一卷

會昌解頤録五卷

樹萱録三卷

桂苑叢談一卷

聞奇録三卷

溟洪録二卷

靈怪集一卷

燈下閒談二卷

續野人閒話三卷

吳越會粹一卷　　並不知作者。

參寥子述　闕史一卷

佛孝經一卷　　舊題名鴞,不知姓。

陳善　捫虱新話八卷

吳會^①　能改齋漫録十三卷

盧氏　逸史一卷

劉氏　耳目記二卷

調露子　角力記一卷

沈氏　驚聽録一卷　　並不知名。

東漢郭憲編　漢武帝洞溟記四卷

史虛白　釣磯立談記一卷

陳致雍　晉安海物異名記三卷

綦師系　元道孝經一卷

文谷　備忘小鈔二卷

杜光庭　虬髯客傳一卷

僧庭藻　續北齊還冤志一卷

---

① “吳會”,《宋史·藝文志》作“吳曾”。

高擇　群居解頤三卷

王仁裕　玉堂閒話三卷

石文德　唐新纂三卷

劉曦度　鑑誡録三卷

潘遺　紀聞談一卷

皮光業　妖怪録五卷

逢行珪　鬻子注一卷

李諷　譔林五卷

鄭餘慶　談綺一卷

續同歸説三卷

王定保　摭言十五卷

李綽　尚書故實一卷

柳祥　瀟湘録十卷

陸希聲　頤山録一卷

柳珵　家學要録二卷

賂子解一卷

何光遠　鑑誡録三卷　又　廣政雜録三卷

蒲仁裕　蜀廣政雜記十五卷

楊士逵　儆戒録五卷

王仁裕　見聞録三卷　又　唐末見聞録八卷

韋絢　佐談十卷

周文玘　開顏集二卷

皮光業　皮氏見聞録十三卷　啓顏録六卷　三餘外志三卷

楊九齡　三感志二卷

段成式　錦里新聞三卷

牛肅　紀聞十卷　崔造注。

周隨　南溪子三卷

盧光啓　初擧子三卷

玉泉筆論五卷

李遇之　淺疑論三卷

金利用　玉溪編事三卷

玉川子　嘯旨一卷

章程四卷

孫棨　北里志一卷

同歸小説三卷①

胡節還　醉鄉小略一卷

楊魯颰　令圃芝蘭集一卷

唐説纂四卷②

司馬光游口行記十二卷③

趙曮　西山別録一卷

唐恪　古今廣説一百二十卷

張舜民　南遷録一卷

高彦休　闕史三卷

林思　史遺一卷　　一作"黄仁望"。

黄仁望　續遺五卷

興國拾遺二十卷

姚崇　六誡一卷

李大夫　誡女書一卷

海鵬　忠經一卷

正順孝經一卷

曹希達　孝感義聞録三卷

---

① 《國史經籍志》著録作者"張齊賢撰"。

② 《崇文總目輯釋》注曰："侗按，《通志略》無'唐'字，李繁撰，《宋志》不著撰人。"

③ "口"，《宋史・藝文志》作"山"。

東方朔　感應經三卷

王轂　報應録三卷

夏大珏　奇應録五卷

狐剛子　靈圖感應歌一卷

周子良　冥通記四卷

牛僧孺　玄怪録十卷

李復言　搜古異録十卷

焦璐　搜神録三卷

麻安石　祥異集驗三卷

陳邵　通幽記三卷

吳淑　異僧記一卷

杜光庭　録異記十卷

李攻①　纂異記一卷　　“攻”一作“政”。

元真子　神異書三卷

裴鉶　傳奇三卷

傳載一卷

曹大雅　靈異圖一卷

裴約言　靈異志五卷

曾寓　鬼神傳二卷

曹衍　湖湘神仙顯異三卷

靈怪實録三卷

秦再思　洛中紀異十卷

秉異三卷

貫怪圖二卷

鍾輅　感定録一卷

---

① “李攻”，《宋史·藝文志》作“李玫”。

馮鑑　廣前定録七卷

趙自勤　定命録二卷

温奢　續定命録一卷

陳翰　卓異記一卷　“翰”一作“翱”。

樂史　續廣卓異記三卷

小名録三卷

陸龜蒙　古今小名録五卷

名賢姓字相同録一卷

三教論一卷

周明辨　五經評判六卷

虞荔　古今鼎録一卷

欹器圖一卷

史道碩畫　八駿圖一卷

異魚圖五卷

沈如筠　異物志二卷

通微子　十物志一卷

釋贊寧　物類相感志五卷

丘光庭　海潮論一卷　海潮記一卷

張宗誨　花木録七卷

僧仲休　花品一卷

蔡襄　荔枝譜一卷

同塵先生　庭萱譜一卷

竇常　正元飲略三卷

皇甫松　醉鄉日月三卷

尹建峰　令海珠璣三卷

何自然　笑林三卷

路氏　笑林三卷

南陽德長　戲語集説一卷

集補江總白猿傳一卷

蘇鶚　杜陽雜編二卷

薛用弱　集異記一卷

國老閒談二卷　題君玉撰，不知姓。

大隱居士詩話一卷　不知姓名。

釋常談三卷

王洙談録一卷　並不知作者。

曾季貍　艇齋詩話一卷

譚世卿　廣説二卷

嘯旨　集異記　博異志一卷　谷神子纂，不知姓。

費袞　梁溪漫志一卷

何溪汶　竹莊書話二十七卷

晁氏　談助一卷　不知名。

幽明雜警三卷　題退夫興仲之所纂，不著姓。

張氏　儆誡會最一卷

唯室先生　步里客談一卷

沈括　筆談二十五卷　又　清夜録一卷

王銍　續清夜録一卷

郭彖　暌車志一卷

洪邁　隨筆五集七十四卷　又　夷堅志六十卷　甲、乙、丙志。

　夷堅志八十卷　丁、戊、己、庚志。

胡仔　漁隱叢話前後集四十卷

姚迴　隨因紀述一卷

王煥　北山紀事十二卷

何晦　撫言十五卷　又　廣撫言十五卷

僧贊寧　傳載八卷

徐鉉　稽神録十卷

蘇轍　龍川志六卷

蘇軾　東坡詩話一卷

楊囷道　四六餘話二卷

謝伋　四六談麈二卷

葉凱　南宮詩話一卷

葉夢得　石林避暑録二卷

馬永卿　懶真子五卷

趙概　見聞録二卷

王同　叙事一卷

劉斧　翰府名談二十五卷　又　摭遺二十卷　青瑣高議十八卷

僧文瑩　湘山野録三卷　又　玉壺清話十卷

李端彦　賢巳集三十二卷

王陶　談淵一卷

錢明逸　衣冠盛事一卷

句穎　坐右書一卷

曾鞏　雜識一卷①

張師正　怪集五卷　又　倦游雜録十二卷　括異志十卷

畢仲詢　幕府燕閒録十卷

劉攽　三異記一卷

岑象求　吉凶影響録八卷

龐元英　南齋雜録一卷

孔平仲　釋裨一卷　又　續世説十二卷　孔氏雜説一卷

魏泰　訂誤集二卷　又　東軒筆録十五卷

陳正敏　劍溪野話三卷　又遁齋閒覽十四卷

① “識”，《宋史·藝文志》作“職”。

李廌　師友談記十卷

王山　筆奩録七卷

董逌　錢譜十卷

王闢之　澠水燕談十卷

宋肇　筆録三卷

李孝友　歷代錢譜十卷

劉延世　談圃三卷

成材　朝野雜編一卷

張舜民　畫墁録一卷

陳師道　談叢究理一卷　後山詩話一卷

李獻民　雲齋新説十卷

和平談選士一卷

章炳文　搜神秘覽三卷

王得臣　麈史三卷

令狐皥如　歷代神異感應録二卷

王讜　唐語林十一卷

黄朝英　青箱雜記十卷

李注　李冰治水記一卷

王鞏　甲申雜記一卷　又　聞見近録一卷

朱無惑　萍州可談三卷

僧惠洪　冷齋夜話十三卷

汪藻　世説叙録三卷

洪皓　松漠紀聞二卷

方勺　泊宅編十卷

婁伯高　好還集十卷

何侑　歎息一卷

周煇　清波別志二卷

孫宗鑑　東皋雜記十卷

洪炎　侍兒小名録一卷

陸游　山陰詩話一卷

姚寬　西溪叢話二卷

耿煥　牧豎閒談三卷　又　野人閒話五卷

陳纂　葆光録三卷

孫光憲　北夢瑣言十二卷

潘若沖　郡閣雅言二卷

王舉　雅言系述十卷

吳淑　秘閣閒觀五卷①　又　江淮異人録三卷

李昉　太平廣記五百卷

陶岳　貨泉録一卷

張齊賢　太平雜編二卷

賈黃中　談録一卷　　張泊撰。

錢易　洞微志三卷　又　滑稽集一卷　南部新書十卷

陳彭年　志異十卷

祖士衡　西齋話記一卷

樂史　廣卓異記二十卷

張君房　潮説三卷　又　乘異記三卷　科名分定録七卷　搢
　紳脞説二十卷

王績　補姑記八卷②

李畋　該聞録十卷

蘇耆　聞談録二卷

黃林復③　茅亭客話十卷

---

①　“觀”，《宋史·藝文志》作“談”。

②　“姑”，《宋史·藝文志》作“妒”。

③　“黃林復”，《宋史·藝文志》作“黃休復”。

歐靖　宴閒談柄一卷

上官融　友會談叢三卷

王子融　百一紀一卷

梁嗣真　荆山雜編四卷

邵思　野説三卷

勾台符　岷山異事三卷

聶田　俱異志十卷

盧臧　范陽家志一卷

丘濬　洛陽貴尚録十卷

宋庠　楊億談苑十五卷

湯巖起　詩海遺珠一卷

趙辟公　雜説一卷

江休復　嘉祐雜志三卷

窮神記十卷

延賓佳話四卷

林下笑談一卷

世説新語一卷

翰苑名談三十卷

説異集二卷

墨客揮犀二十卷

北窗記異一卷

道山新聞一卷

紺珠集十三卷

儆告一卷

垂虹詩話一卷　並不知作者。

天文類

甘、石、巫咸氏　星經一卷

石氏　星簿讚曆一卷

張衡　大象賦一卷

苗爲注　張華小象賦一卷

乾象録一卷

抱真子　上象握鑑歌三卷

吕晚成　上象鑑三卷

大象玄文二卷

垂象志二卷

閭丘業　大象玄機歌一卷

天象圖一卷

大象曆一卷

大象度一卷

乾象秘訣一卷

祖暅　天文録三十卷

天文總論十二卷

天文廣要三十五卷

立成天文三卷

符天經一卷

曹士爲　符天經疏一卷

符天通真立成法二卷

天文秘訣二卷

天文經三卷

天文録經要訣一卷　鈔祖暅書。

後魏天文志四卷

王安禮　天文書十六卷　二儀賦一卷

李淳風　乾坤秘奧七卷

太陽太陰賦二卷

日月氣象圖五卷

上象二十八宿纂要訣一卷

太白會運逆兆通代記圖一卷

日行黃道圖一卷

月行九道圖一卷

雲氣圖一卷

渾天方志圖一卷

九州格子圖一卷

張商英　三才定位圖一卷

大象列星圖三卷

大象星經一卷

乾文星經二卷

劉表　星經一卷　又　星經三卷

上象占要略一卷

天文占三卷

天象占一卷

乾象秘占一卷

占北斗一卷

張華　三家星歌一卷　又　玉函寶鑑星辰圖一卷

渾天列宿應見經十二卷

衆星配位天隔圖一卷

文殊星曆二卷

上象星文幽棲賦一卷

唐昧　秤星經三卷

星説繫記一卷

混天星圖一卷

陶隱居　天文星經五卷

徐承嗣　星書要略六卷

星經手集二卷

天文星經五卷

皇祐星經一卷

五星交會圖一卷

徐升　長慶算五星所在宿度圖一卷

七曜雌雄圖一卷

文殊七曜經一卷

七曜會曆一卷

符天九星算法一卷

李世續　二十八宿纂要訣一卷　又　日月運行要訣一卷

僧一行　二十八宿秘經要訣一卷

宋均　妖瑞星圖一卷

妖瑞星雜氣象一卷

桑道茂　大方廣經神圖曆一卷

仰覆玄黃圖十二分野躔次一卷

仰觀十二次圖一卷

宿曜度分城名録一卷①

華夏諸國城名曆一卷

渾儀一卷

渾儀法要十一卷

渾天中影表圖一卷

---

①　"城",《宋史·藝文志》作"域"。

歐陽發　渾儀十二卷　又　刻漏五卷　晷影法要一卷

豐稷　渾儀浮漏景表銘詞四卷

蘇頌　渾天儀象銘一卷

韓顯符　天文明鑑占十卷

瞿曇悉達　開元占經四卷

二十八宿分野五星巡應占一卷

推占龍母探珠詩一卷

古今通占三十卷

握掌占十卷

荆州占三卷

蕃占星書要略五卷

占風九天玄女經一卷

雲氣測候賦一卷

占候雲雨賦一卷

驗天大明曆一卷

符天五德定分曆三卷

王洪暉　日月五星彗孛凌犯應驗圖三十卷　上象應驗録
　一十卷

郭穎夫　符天大術休咎訣一卷　五星休咎賦一卷

張渭　符天災福新術五卷　天文日月星辰變現災祥圖一卷

仁宗　寶元天人祥異書十卷

徐彥卿　徵應集三卷

玄象應驗録二十卷

祥瑞圖一卷

都利聿斯經一卷

聿斯四門經一卷

聿斯歌一卷

樞要經一卷

青霄玉鑑二卷

碧霄金鑑三卷

碧落經十卷

蔣權卿　應輪心鑑五卷

崔寓　神象氣運圖十卷

紫庭秘訣一卷

玄緯經二卷

辨負經二卷　“負”一作“真”。

大霄論璧第五一卷

氣象圖一卷

乙巳略例十五卷

唐書距子經一卷

陶弘景　象曆一卷

括星詩一卷

玄象隔子圖一卷

鏡圖三卷

天文圖一卷

三元經傳一卷

大衍明疑論十五卷

交食論一卷　並不知作者。

王希明　丹元子步天歌一卷

楊惟德　乾象新書三十卷　新儀象法要一卷

張宋臣　列宿圖一卷

張宏圖　天文志訛辨一卷

阮泰發　水運渾天機要一卷

鄒淮　考異天文書一卷

五行類

郭璞　三命通照神白經三卷

陶弘景　五行運氣一卷

青子録班氏經一卷　不知名。

李淳風　五行元統一卷

王希明　太乙金鏡式經十卷

僧一行　遁甲通明無惑十八鈐局一卷

元兢　禄命厄會經一卷

楊龍光　禄命厄運歌一卷

李吉甫　三命行年韜鈐秘密二卷

李虚中　命書格局二卷

珞琭子賦一卷

許季山　易訣一卷

周易八帖四卷

周易髓要雜訣一卷

周易天門子訣二卷

周易三略經三卷

易林三卷

諸家易林一卷

易新林一卷

易傍通手鑑八卷

易玄圖一卷

周易菥蓂訣一卷

易頌卦一卷

大清易經訣一卷

周易通貞三卷

周易子夏占一卷

周易口訣開題一卷

周易飛燕轉關林一卷

周易括世應頌一卷

周易鬼靈經一卷

周易三空訣一卷

周易三十六占六卷

周易爻咏八卷

周易鬼鎮林一卷

周易金鑑歌一卷

周易聯珠論一卷

周卦轆轤關一卷

易轆轤圖頌一卷

易大象歌一卷

周易卜卦一卷　　又玄理歌一卷

地理觀風水歌二卷

陰陽相山要略二卷

郭璞　周易玄義經一卷

周易察微經一卷

周易鬼衙算一卷①

周易逆刺一卷

易鑑三卷

黃子玄　易頌一卷　"子"一作"景"。

王守一　周易探玄九卷

易訣雜頌一卷

---

① "衙",《宋史·藝文志》作"御"。

易杜秘林一卷

易大象林一卷

李鼎祚　易髓三卷　目一卷

瓶子記三卷

成玄英　易流演五卷

虞翻注　京房周易律曆一卷

陶隱居　易髓三卷

王鄯　周易通神歌一卷

張胥　周易繚繞詞一卷

靈隱子　周易河圖術一卷

焦氏　周易玉鑑領一卷

周易三備雜機要一卷

周易經類一卷

法易一卷

周易竅書一卷

周易靈真述一卷

周易靈真訣一卷

易卦林一卷

周易飛伏例一卷

周易火竅一卷

周易備要一卷

周易六神頌一卷

天門子　易髓一卷

管公明　隔山照二卷

文王版詞一卷

王巖　金箱要録一卷

朱異　稽疑二卷

罔象玄珠五卷

六證括天地經一卷

黃帝天輔經一卷

孫臏　卜法一卷

劉表　荊州占二卷

海中占十卷

武密　古今通占鑑三十卷

李淳風　乙巳占十卷　又　雜占一卷

帝王氣象占一卷

氣象占一卷

西天占書一卷

白澤圖一卷

周遁三元纂例一卷

陰陽遁八局立成法一卷

陰陽二遁萬一訣四卷

遁甲要用歌式二卷

陽遁天元局法一卷

陰陽遁甲經三卷

陰陽遁甲立成一卷

天一遁甲兵機要訣二卷

三元遁甲經一卷

遁甲符應經三卷

太一玄鑑十卷

太一新鑑三卷

樞會賦一卷

九宮訣三卷

玉帳經一卷

乾坤秘七卷

蓬瀛經三卷

濟家備急廣要録一卷

三元經一卷

二宅賦一卷

行年起造九星圖一卷

宅心鑑式一卷

相宅經一卷

宅體經一卷

九星修造吉凶歌一卷

陰陽二宅歌一卷

二宅相占一卷

太白會運織記一卷

九天秘記一卷

詳思記一卷

玄女金石玄悟術三卷

西王母玉訣一卷

通玄玉鑑頌二卷

封演　元正占書一卷

周輔　占經要訣二卷

蕃占要略五卷

天機立馬占一卷

統占二卷

六甲五行雜占機要二卷

乙巳指占圖經三卷

人倫寶鑑卜法一卷

杜靈賁卜法一卷①

占候應驗二卷

晷祚算經法三卷

易晷限算一卷

晷限立成一卷

費直　焦貢晷限曆一卷

韋偉　人元晷限經三卷

銘五卷

軌革秘寶一卷

軌革指迷照膽訣一卷

軌革照膽訣一卷

史蘇　五兆龜經一卷　又　龜眼玉鈐論三卷

五兆金車口訣一卷

五兆秘訣三卷

五行日見五兆法三卷

五兆穴門術三卷

靈棋經一卷

龜繚繞訣一卷

聶承休　龜經雜例要訣一卷

玄女玉函龜經三卷

古龜經二卷

神龜卜經二卷

劉玄　龜髓經論一卷

毛寶定　龜竅一卷

龜甲曆一卷

---

① “卜”，原誤作“十”，據《宋史·藝文志》改。

龜兆口訣五卷

龜經要略二卷

龜髓訣二卷

春秋龜策經一卷

黄石公　備氣三元經二卷

玄女五兆筮經五卷

李進注　靈棋經一卷

金石經三卷

靈骨經一卷

螺卜法一卷

大道通靈肉臑論一卷

鼓角證應傳一卷

郄子　占鳥經二卷

占鳥法圖一卷

袁天綱　九天玄女墜金法一卷　一作“孫思邈”。

怪書一卷

響應經一卷

玄女三廉射覆經一卷

通明玉帳法一卷

遁甲步小游太一諸將立成圖二卷

相書七卷

相氣色詩一卷

要訣三卷

玄明經一卷

閭丘純　射覆經一卷

東方朔　射覆經三卷　又　占神光耳目法一卷

相枕經一卷

馬經三卷

相馬經三卷

盧重玄　夢書四卷

柳璨　夢雋一卷

周公解夢書三卷

玉升　縮占夢書十卷　或無"縮"字。

陳襄　校定夢書四卷　又　校定相笏經一卷　校定京房婚書三卷

李靖　候氣秘法三卷　又　六十甲子占風雨一卷

五音法一卷

陰陽律體一卷

靈關訣益智二卷

袖中金五卷

玄女常手經二卷

神訣一卷

游都璧玉經一卷

麻安石　災祥圖一卷

風角鳥情三卷

日月風雲氣候一卷

日月暈貫氣一卷

日月暈蝕一卷

氣色經一卷

諸葛亮　十二時風雲氣候一卷

五行雲霧歌一卷

占風雨雷電一卷

年代風雲占一卷

竇維鋈　廣古今五行記三十卷

周麟　竹倫經三卷

馮思古　遁甲六經　卷亡。

丘延翰　金鏡圖一卷

通真子　玉霄寶鑑經一卷

三命指掌訣一卷

文靖　通玄五命新括三卷

董子平　太陰三命秘訣一卷

楊繪　元運元氣本論一卷

何朝　命術一卷

李燕　三命九中歌一卷

徐鑑　三命機要説一卷

林開　五命秘訣五卷

僧善嵩　訣金書一十四字要訣一卷

凝神子一卷　不知姓名。

凝神子　八殺經一卷

凝神子　解悟經一卷

西城野人　參五志二卷

八九變通一卷

白雲愚叟　五行圖一卷

知玄子秦浼　太一占玄歌一卷

劉烜　元中袪惑經一卷

占雨晴法一卷

金鑑占風訣一卷

三元飛化九宮法一卷

行年五鬼運轉九宮法一卷

山岡機要賦一卷

山岡氣象雜占賦一卷

五音地理詩三卷

五音地理經訣十卷

陰陽葬經三卷

掘機口訣一卷

掘鑑經五卷

洞幽識秘要圖三卷

靈寶六丁通神訣三卷

通天靈應寶勝法二卷

黃石記五卷

劉啟明　雲氣測候賦一卷　定風占詩三卷

風角五音占一卷

日月暈圖經二卷

占候雲雨賦一卷

風雲關鎖秘訣一卷

雲氣形象玄占三卷

天地照曜占一卷

李經表　虹霓災祥一卷

宿曜録鬼鑑一卷

日月城寨氣象災祥圖一卷

中樞秘頌太一明鑑五卷

太一五元新曆一卷

太一七術一卷

太一陰陽定計主客決勝法一卷

太一循環曆一卷

太一會運逆順通代記陣圖一卷

六壬軍帳賦一卷

六壬詩一卷

六壬六十四卦名一卷

六壬戰勝歌一卷

六壬出軍立就曆三卷

六壬玉帳經一卷

王承昭 占風雲歌一卷

占風雲氣候日月星辰圖七卷

望江南風角集二卷

張良 陰陽二遁一卷

胡萬頃 太一遁甲萬勝時定主客立成訣一卷

一行 遁甲十八局一卷

司馬驤 遁甲符寶萬歲經圖曆一卷

馮繼明 遁甲元樞二卷

玄女遁甲秘訣一卷

天一遁甲圖一卷

天一遁甲鈐曆一卷

天一遁甲陰局鈐圖一卷

遁甲搜元經一卷

遁甲陽局鈐一卷

遁甲陰局鈐一卷

杜惟翰 太一集八卷

太一年表一卷

十三神太一一卷

御序景祐三式太一福應集要十卷

王處訥 太一青虎甲寅經一卷

康洙序 時游太一立成一卷

廣夷 太一秘歌一卷

太一細行草一卷

大一雜集筆草一卷

太一時計鈐一卷

太一陽九百六經一卷

太一神樞長曆一卷

太一陽局鈐一卷

太一陰局鈐一卷

九宮太一一卷

樂産　王佐秘珠五卷　神樞靈轄經十卷

馬先　天寶靈應式經五卷

日游太一五子元出軍勝負七十二局一卷

黃帝龍首經一卷

九宮經三卷

九宮圖一卷

九宮占事經一卷

桑道茂　九宮一卷　又　三命吉凶二卷

撮要日鑑一卷

六十四卦歌一卷

郗良玉　三元九宮一卷

九宮應瑞太一圖一卷

楊龍光　九宮要訣一卷　又　九宮詩一卷

九宮推事式經一卷

禄命歌一卷

禄命經一卷

風后三命三卷

朱琬　六壬寸珠集一卷

六壬録六卷

五真降符六壬神武經一卷

六壬關例集三卷

六壬維干照幽曆六卷

張氏 六壬用三十六禽秘訣三卷

大六壬式局雜占一卷

六壬玄機歌三卷

六壬七曜氣神星禽經一卷

馬雄 絳囊經一卷

金匱經三卷

髓經心經鑑三卷

徐琬 啓蒙纂要一卷

李筌 玉帳歌十卷

秘寶翠羽歌三卷

明鑑連珠歌一卷

清華經三卷

推人鈎元法一卷

由吾裕 式心經略三卷

式合書成一卷

用式法一卷

式經纂要三卷

玄女式鑑一卷

三式訣三卷

天關五符式一卷

三式參合立就曆三卷

金照式經十卷

雷公式局一卷

靈應式五卷

小游宿曆一卷

三元六紀曆一卷

玉鈐曆一卷

明鑑起例曆三卷

枝元長曆一卷

日輪曆一卷

五音百忌曆二卷

葬疏三卷

孫洪禮　萬歲循環曆一卷

僧德濟　勝金曆一卷

畢天水曆一卷

畢天六甲曆六卷

選日樞要曆四卷

妍神曆一卷

擇十二月鉗曆二卷

七門行曆一卷

大要曆三卷

三皇秘要曆一卷

選課歲曆一卷

大明曆二卷

杜崇龜　明時總要曆一卷

陳恭釗　天寶曆注例二卷

唐七聖曆一卷

橫推曆一卷

兵鈐月鏡纂要立成曆一卷

李淳風　十二宮入式歌一卷

僧居白　五行指掌訣二卷

逍遙子　鮮鵰經三卷　不知姓名。

三命總要三卷

太一中天密旨三卷

西天都例經一卷

三元經三卷

淘命歌一卷①

三元龜鑑一卷

五命一卷

五音鳳髓經一卷

大衍五行數法一卷

三局天關論一卷

六十甲子釋名一卷

金掌圖竅一卷

三局九格六陽三命大數法

奇門萬一訣

遁甲萬一訣

太一遁甲萬一訣　已上四部無卷。

陰陽萬一訣一卷

金樞八象統元經三卷

太一陰陽二遁一卷

陰陽二遁局圖一卷

陰陽二遁立成曆一卷

遁甲玉女返閉局一卷

太一金鏡備式録十卷

太一立成圖一卷

太一飛烏十精曆一卷

---

① "命"，《宋史·藝文志》作"金"。

僧重輝　正德通神曆三卷

大會殺曆一卷

史序　乾坤寶典四百五十五卷　乾坤總録五卷

黃淳　通乾論五卷

黃帝朔書一卷　托太公、師曠、東方朔撰。

年鑑一卷

劉玄之　月令圖一卷　"玄"一作"先"。

陰陽寶録一卷

西天陰符紫微七政經論一卷

五符圖一卷

選日陰陽月鑑一卷

李遂　通玄三命論三卷

李燕　三命一卷　又　三命詩一卷　三命九中歌一卷

珞琭子　三命消息賦一卷

凝神子　五行三命手鑑一卷

三命大行年入局韜鈐三卷

大行年推禄命法一卷

三命殺曆一卷

孟遇　三命訣三卷

禄命人元經三卷

禄訣經三卷

五行貴盛生月法一卷

五行消息訣一卷

蕭古　五行大義五卷

金書四字五行一卷

四季觀五行論一卷

珞琭子　五行家國通用圖録一卷

訓字五行歌二卷

珞琭子　五行疏十卷

樵子五行志五卷

羅賔老　五行定分經三卷

濮陽復①　蕉子五行志五卷②

竇塗　廣古今陽復五行記三十卷

五行通用曆一卷

金河流水訣一卷

王叔政　推太歲行年吉凶厄一卷

李燕　穆護詞一卷　　一作馬融《消息機口訣》。

洪範碎金訓字一卷

七曜氣神星禽經三卷

納禽宿經一卷

廖惟馨　星禽曆一卷

杜百　子禽法一卷

司馬先生　三十六禽歌一卷

占課禽宿情性訣一卷

蘇登　神光經一卷

許負　形神心鑑圖一卷

姑布子卿　相法一卷

朱述　相氣色面圖一卷

玄靈子　秘術骨法圖一卷

相禄歌二卷

察色相書一卷

人鑑書七卷

---

① "濮陽復",《宋史·藝文志》作"濮陽夏"。

② "蕉",《宋史·藝文志》作"樵"。

龜照口訣五卷

人倫真訣十卷

女仙相書三卷

相氣色圖五卷

雲蘿　通真神相訣十卷

柳清風　相歌二卷

郭峴述　顯光師相法一卷

十七家集衆相書一卷

占氣色要訣圖一卷

柳陰風　占氣色歌一卷

形神論氣色經一卷

元解訣一卷

相書二卷

月波洞中龜鑑一卷

應玄玉鑑一卷

六神相字法一卷

相笏經三卷

陳混掌　相笏經一卷　管輅、李淳風法。

蕭繹　相馬經一卷

常知非　馬經三卷

谷神子　辨養馬論一卷

相馬病經三卷

相犬經一卷

王立豹　鷹鶻候訣一卷

鷹鶻五藏病源方論一卷

堪輿經一卷

太史堪輿一卷

商紹　太史堪輿曆一卷　黃帝四序堪輿經一卷

占婚書一卷

周公壇經三卷

王佐明　集壇經一卷

李遠　龍紀聖異曆一卷

五音三元宅經三卷

陰陽宅經一卷

陰陽宅經圖一卷

王澄　二宅心鑑三卷　又　二宅歌一卷

陰陽二宅圖經一卷

黃帝八宅經一卷

淮南王見機八宅經一卷

一行　庫樓經一卷

上象陰陽星圖一卷

金圖地鑑一卷

地鑑書三卷

孫李邕①　葬範五卷

地理六壬六甲八山經八卷

地理三寶經九卷

五音山岡訣一卷

地論經五卷

地理正經十卷

朱仙桃　地理贊一卷　又　玄堂範一卷　地理口訣一卷

僧一行　地理經十二卷　又　靈轄歌三卷

玉關歌一卷

---

①　"孫李邕"，《宋史·藝文志》作"孫季邕"。

含意歌七卷

通玄靈應頌三卷

天一通玄機微翼圖一卷

天一玄成局一卷

玄樞經一卷

玄樞纂要一卷

知人秘訣二卷

玄甲袪惑經三卷①

遁甲鈐一卷

八門遁甲入式歌一卷

三元陰局一卷

難逃論一卷

靈臺篇一卷

藻鑑了義經一卷

蔛首經三卷

玄象秘録一卷

真象論一卷

清霄玉鏡要訣一卷

二十八宿行度口訣一卷

星禽課一卷

群書古鑑録無卷　並不知作者。

仁宗　洪範政鑑十二卷

楊惟德　王立翰②　太一福應集要一卷

楊惟德　景祐遁甲符應經三卷

七曜神氣經二卷

---

① "甲"，《宋史·藝文志》作"中"。

② "翰"字，《宋史·藝文志》無。

張中　太一金照辨誤歸正論一卷

魏申　太一總鑑一百卷

上官經邦　大始元靈洞微數一卷

張宏國　五行志訛辨一卷

黃石公　地鏡訣一卷　　一名《照寶曆》,題東方朔進。

庾肩吾　金英玉髓經一卷

陶弘景　握鏡圖一卷

陳樂産　神樞靈轄經十卷

李靖　九天玄機八神課一卷

六壬透天關法一卷

李鼎祚　明鏡連珠十卷

呂才　廣濟百忌曆二卷

李淳風　乾坤秘奥一卷

九天觀燈法一卷

六壬精髓經一卷　　一名《竅甲經》。

質龜論一卷　　李淳風得於石室。

僧一行　肘後術一卷　選日聽龍經一卷

僧令岑　六壬翠羽歌三卷

漢道士姚可九　山陰道士經三卷

碧眼先生　壬髓經三卷

發蒙陵西集一卷

發蒙入式真草一卷

陰陽集正曆三卷

選日纂聖精要一卷

玄女關格經一卷

式法一卷　　起甲子,終癸亥。皆六壬推驗之法。

雜占覆射一卷

六壬金經玉鑑一卷

萬年秘訣一卷

玉女肘後述一卷①

玉關歌一卷

黃河瓶子記一卷

神樞萬一秘要經一卷

越覆經一卷

事神歌一卷

會靈經一卷

纈翠經一卷

灰火經一卷

蛇髓經一卷　以日辰衰旺爲占。

九門經一卷

小廣濟立成雜曆一卷

文武百官赴任上官壇經一卷

玄通玉鏡占一卷

六壬課秘訣一卷

六壬課鈐一卷

玉樞真人　玄女截壬課訣一卷

占燈法一卷

三鏡篇一卷

周易神煞旁通曆一卷

雜占秘要一卷

乾坤變異録一卷

玄女簡要清華經三卷

---

①　"述",《宋史·藝文志》作"術"。

太一占鳥法一卷

參玄通正曆一卷

擇日要法一卷

選時圖二卷

黃帝龍首經一卷

易鑑一卷

月纂一卷

萬勝候天集一卷　並不知作者。

雲雨賦一卷　即劉啓明《占候雲賦式》。

鄭德源　飛電歌一卷

僧紹端　神釋應夢書三卷

詹省遠　夢應録一卷

楊惟德　六壬神定經十卷

王升　六壬補闕新書五卷　上官撮要一卷

陳從吉　類編圖注萬曆會同三十卷

劉氏　三曆會同一卷

周渭　彈冠必用一卷

胡舜申　陰陽備用十三卷

趙希道　涓吉撮要一卷

顧眈　壇經簪飾一卷

蔣文舉　陰陽備要一卷

趙景先　拜命曆一卷

徐道符　六壬歌三卷

陸漸　六壬了了歌一卷

余琇　六壬玄鑑一卷

王齊　醫門玉髓課一卷

張玄達　相押字法一卷

苗公達　六壬密旨二卷

楊稠　六壬旁通曆一卷

劉玄之　月令節候圖一卷

姜岳　六壬賦三卷

楊可　五行用式事神一卷

郭璞　山海經十八卷

趙浮丘公　相鶴經一卷

左慈　助相規誡一卷

郭璞　葬書一卷　山海圖經十卷

袁天剛　玄成子一卷

孫思邈　坐照論並五行法一卷

柳清風　周世明等　玉冊寶文八卷

李淳風　立觀經一卷

僧一行　地理經十五卷　呼龍經一卷　金歌四季氣色訣　一行撰論。

孫知古　人倫龜鑑三卷

王澄　陰陽二宅集要二卷

僧正固　骨法明鏡三卷

丘延翰　銅函記一卷　天定盤古局一卷

漢赤松子　海角經一卷　明鏡碎金七卷

唐舉　肉眼通神論三卷　金鎖歌一卷

鬼谷子　觀氣色出圖相一卷

黃石公　八宅二卷

許負　相訣三卷

李淳風　一行禪師葬律秘密經十卷

呂才　楊烏子改墳枯骨經一卷

曾楊一　青囊經歌二卷

楊救貧　正龍子經一卷

曾文展　八分歌一卷

李筌　金華經三卷

宋齊丘　玉管照神局二卷

天花經三卷　序云黄巢得於長安。

晏氏　辨氣色上面詩一卷　不知名。

劉虚白　三輔學堂正訣一卷

危延真　相法一卷　五星六曜面部訣一卷

裴仲卿　玄珠囊骨法一卷

劉度具　氣色真相法一卷

王希逸　地理秘妙歌訣一卷

地理名山異形歌一卷

孫臏　葬白骨曆　卷亡。

隱逸人　玉環經一卷　不知姓名。

天涯海角經一卷　不知作者。九江李麟注解。

徽宗　太平睿覽圖一卷

陳搏　人倫風鑑一卷

司空班　范越鳳　尋龍入式歌一卷

王洙　地理新書三十卷

蘇粹明　地理指南三卷①

蔡望　五家通天局一卷　報應九星妙術文局一卷

劉次莊　青囊本旨論二十八篇一卷

胡翊　地理詠要三卷

魏文卿　撥沙經一卷

李戒②　營造法式三十四卷

月波洞中記一卷

---

①　"指"字原脱，據《宋史·藝文志》補。

②　"李戒"，《宋史·藝文志》作"李誡"。

月師歌一首　言葬地二十四位星辰休咎。

麻子經一卷

玄靈子三卷

通心經三卷

藻鑑淵微一卷

雜相骨聽聲　卷亡。

氣色微應三卷

通微妙訣　卷亡。

中定聲氣骨法　卷亡。

金歌氣色秘録一卷

學堂氣骨心鏡訣　卷亡。

玉葉歌一卷

洞靈經要訣一卷

雜相法一卷

天寶星經一卷

青囊經　卷亡。

陰陽七元升降論　卷亡。

玄女墓龍冢山年月一卷

玄女星羅寶圖訣一卷

紫微經歌　卷亡。

白鶴望山經一卷

八山二十四龍經一卷

天仙八卦真妙訣一卷

黃泉敗水吉凶法三卷

踏地賦一卷

分龍真殺五音吉凶進退法一卷

地理澄心秘訣一卷

八山穿珠歌一卷

山頭步水經一卷

山頭放水經一卷

大卦煞人男女法一卷

地理搜破穴訣一卷

臨山寶鏡斷風訣一卷

叢金訣一卷

錦囊經一卷

玉囊經一卷

黃囊大卦訣一卷

地理秘要集一卷

通玄論一卷

地理八卦圖一卷

駐馬經一卷

活曜修造吉凶法一卷

天中寶經知吉凶星位法一卷

修造九星法歷代史相一卷

相具經一卷　並不知作者。

李仙師五音地理訣三卷

赤松子　碎金地理經二卷

地理珠玉經一卷

地理妙訣三卷

石函經十卷

銅函經三卷

周易八龍山水論地理一卷

老子地鑑訣秘術一卷

五姓合諸家風水地理一卷

昭幽記一卷

鬼靈經並枯骨經二卷

唐删定陰陽葬經口卷①

唐書地理經十卷

青烏子歌訣二卷

金雞曆一卷

五音二十八將圖一卷

赤松子三卷

易括地林一卷

丘延翰　五家通天局一卷

夫子掘斗記一卷

孔子金鎖記一卷

推背圖一卷

鬼谷子　白虎經一卷　又　白虎五通經訣一卷

洞幽秘要圖一卷

孝經雌雄圖四卷

河上公　金藏秘訣要略一卷

玄珠握鑑三卷

玉函寶鑑三卷

真人水鑑十三卷

張華　三鑑靈書三卷

陶弘景　握鑑方三卷

證應集三卷

金婁先生秘訣三卷

真圖秘訣一卷

---

① “口卷”，《宋史·藝文志》作“二卷”。

銘軌五卷

胡濟川　小游七十二局立成一卷

大小游三奇五福立成一卷

十一神旁通太歲甲子圖一卷

曹植　黃帝寶藏經三卷

括明經一卷

悟迷經一卷

余秀　旦暮經一卷

神樞萬一秘經一卷

紀重政秘要一卷

雷公印法三卷

雷公撮殺律一卷

徐遂　發蒙一卷

玄女十課一卷

呂佐周　地論七曜一卷

陰術氣神一卷

七曜氣神歷代帝紀五卷

玉堂秘訣一卷

大運秘要心髓訣一卷

呂才　陰陽書一卷

五姓鳳髓寶鑑論一卷

陰陽雜要一卷

玄珠録要三卷

張良　玄悟歌一卷

斗書一卷

陰陽二卷

論一卷

黃帝四序經一卷

賓臺七賢論一卷

五姓玉訣旁通一卷

選日時向背五卷

陰陽立成選日圖一卷

七曜選日一卷

周公要訣圖一卷

師曠擇日法一卷

淮南子術一卷

推貴甲子太極尊神經一卷

秘訣歌一卷

福應集十卷

連珠經十卷

玄女斷卦訣一卷

明體經一卷

心注瓶子記一卷

錦繡囊一卷

心鏡歌三卷

指要三卷

萬一訣一卷

符應三卷

隨軍樞要三卷

禳厭秘術詩三卷

廣知集二卷

圓象玄珠經五卷

脈六十四卦歌訣一卷

人元秘樞經三卷

陶隱居一卷

風后一卷

李寬一卷

通元論三卷

凝神子三卷

黃帝四序經一卷

聿斯四門經一卷

氣神經三卷

氣神帝紀五卷

符天人元經一卷

聿斯經訣一卷

大定露膽訣一卷

聿斯都利經一卷

應輪心鏡三卷

秤經三卷

聿斯隱經三卷

碧落經十卷

新書三十卷

三鏡三卷

九天玄女訣一卷

龍母探珠頌一卷

通玄玉鑑頌一卷

徵應集三卷

王與之　鼎書十七卷

蓍龜類

三墳易典三卷　題箕子注。

周易三備三卷　題孔子師徒所述。

嚴遵　卦法一卷

焦贛　易林傳十六卷

京房　易傳算法一卷　易傳三卷

管輅　遇仙訣五音歌六卷　周易八仙歌三卷　易傳一卷

郭璞　周易洞林一卷

呂才　軌限周易通神寶照十五卷

李淳風　周易玄悟三卷

易通子　周易蓂莢璇璣軌革口訣三卷

蒲乾貫　周易指迷照膽訣三卷

黄法　五兆曉明龜經一卷

禄隱居士　易英撲蓍圖一卷　不知名。

中條山道士王鄯　易鏡三卷

無惑先生　易鏡正經二卷

耿格　大演天心照一卷

牛思純　太極寶局一卷

任奉古　明用著求卦一卷

林儵　天道大備五卷

軌格金庭玉鑑七卷

周易神鏡鬼谷林一卷

通玄海底眼一卷

六十四卦頌諭一卷

爻象雜占一卷

六十四卦火珠林一卷

周易靈秘諸關歌一卷

齒骨林一卷①

靈龜經一卷

軌革傳道録一卷

證六十甲子納音五行一卷

龜圖一卷

周易讚頌六卷　並不知作者。

---

① “齒”，《宋史·藝文志》作“齔”。

藝文六

曆算類

苗鋭　新删定廣聖曆二卷

僧一行　開元大衍曆議十三卷

啓玄子　天元玉册十卷

甄鸞　五曹算術二卷　海島算術一卷

趙君卿　周髀算經二卷

張立建①　算經三卷

夏侯陽　算經三卷

王孝通　緝古算經一卷

謝察微　算經三卷

李籍　九章算經音義一卷　又　周髀算經音義一卷

李紹穀　求一指蒙算術玄要一卷

郭獻之　唐寶應五紀曆三卷

徐承嗣　唐建中貞元曆三卷

邊剛②　唐景福崇玄曆十三卷

大唐長曆一卷

馬重續③　晉天福調元曆二十三卷

王處訥　周廣順明元曆一卷　又　建隆應天曆六卷

王朴　周顯德欽天曆十五卷

---

① "張立建"，《宋史·藝文志》作"張丘建"。

② "邊剛"，《宋史·藝文志》作"邊岡"。

③ "馬重續"，《宋史·藝文志》作"馬重績"。

蜀武成永昌曆三卷

唐保大齊政曆三卷

苗訓　太平乾元曆九卷　太平興國七年新修曆經三卷

史序　儀天曆十六卷

曹士蒍　七曜符天曆二卷　七曜符天人元曆三卷

楊緯　符天曆一卷

王公佐　中正曆三卷

正象曆一卷

李思議　重注曹士蒍小曆一卷

七曜符天曆一卷

大衍通玄鑑新曆三卷

沈括　熙寧奉元曆一部　熙寧奉元曆經三卷　立成十四卷
　備草六卷　比較交蝕六卷

衛朴　七曜細行一卷

新曆正經三卷

義略二卷

立成十五卷

隨經備草五卷

長曆三十卷　並孫思恭注。

大衍曆經二卷

大衍曆立成十一卷

大衍曆議略一卷

大衍議十卷

宣明曆經二卷

宣明曆立成八卷

宣明曆要略一卷

大衍曆經二卷

正元曆立成八卷

崇元曆經三卷

崇元曆立成七卷

調元曆經二卷

調元曆立成十二卷

調元曆草八卷

欽天曆經二卷

欽天曆立成六卷

欽天曆草三卷

應天曆經二卷

應天曆立成一卷

乾元曆經二卷

乾元曆立成二卷

儀天曆經二卷

儀天曆立成十三卷

崇天曆經二卷

崇天曆立成四卷

明天曆經三卷

明天曆立成十五卷

明天曆略二卷

符天曆三卷

姚舜輔　蝕神隱耀曆三卷

丘濬　霸國環周立成曆一卷

陰陽集正曆三卷

曆日纂聖精要一卷

曆樞二卷

難逃論一卷

符天行宮一卷

轉天圖一卷

萬歲日出入晝夜立成曆一卷

五星長曆一卷

正象曆一卷

胡秀林　正象曆經一卷

章浦　符天九曜通元立成法二卷

氣神經三卷

氣神鈐曆一卷

氣神隨日用局圖一卷

莊守德　七曜氣神歌訣一卷

呂才　刻漏經一卷

錢明逸　西國七曜曆一卷

闍子明注①　安修睦都聿斯訣一卷②

聿斯隱經一卷

聿斯妙利要旨一卷

李淳風　注釋九章經要略一卷　又　注釋孫子算經三卷　注
　王孝通五經算法一卷　注甄鸞五曹算法二卷

劉微　九章算田草九卷

王孝適③　緝古算經一卷

程柔　五曹算經求一法三卷

魯靖　五曹時要算術三卷

五曹乘除見一捷例算法一卷

夏翰　新重演議海島算經一卷

---

① “闍子明”，《宋史·藝文志》作“闚子明”。

② “都”下，《宋史·藝文志》有“利”字。

③ “王孝適”，《宋史·藝文志》作“王孝通”。

甄鸞注　徐岳大衍算術法一卷

謝察微　發蒙算經三卷

僧一行　心機算術括一卷

徐仁美　增成玄一算經三卷

陳從運　得一算經七卷

三問田算術一卷

龍受益　算法二卷　又　求一算術化零歌一卷　新易一法算
　範九例要訣一卷

徐岳　術數記遺一卷

合元萬分曆三卷　作者名術。

魏劉徽　唐李淳風注　九章算經九卷

孫子算經三卷　不知名。

李淳風等注　五曹算經五卷

長慶宣明大曆二卷

萬年曆十二卷

青蘿妙度真經大曆一卷

行漏法一卷

太始天元玉册截法六卷

求一算法一卷

細曆書一卷

玉曆通政經三卷　並不知作者。

燕肅　蓮花漏法一卷

錢明逸　刻漏規矩一卷

王普　小漏款識一卷　官曆刻漏圖一卷

衛朴　奉元曆經一卷

觀天曆經一卷

姚舜輔　統元曆經一卷①

裴伯壽　陳得一　紀天曆統七卷②　又　統元曆五星立成二卷
　統元曆盈縮朏朒立成一卷　統元曆日出入氣刻立成一卷　統
　元曆義二卷　統元七曜細行曆二卷　統元曆氣朔八行草一卷
　　統元曆考古日食一卷

三曆會同集十卷　　紹興初撰，不知名。

張祚注　法算三平化零歌一卷

王守忠　求一術歌一卷

算範要訣二卷

明算指掌三卷

江本　一位算法二卷

任弘濟　一位算法問答一卷

楊鍇　明微算經一卷

法算機要賦一卷

法算口訣一卷

算法秘訣一卷

算術玄要一卷

劉孝榮　新曆考古春秋日食一卷　新曆考漢魏周隋日月交食
　一卷　新曆考唐交食一卷　新曆氣朔八行一卷　強弱月格法
　數一卷

賈憲　黃帝九章算經細草九卷

張宋圖　史記律曆志訛辨一卷

儀象法要一卷　　紹聖中編。

細行曆書二十卷　　起慶元庚申，至嘉定己卯。太史局進。

---

① “統”，《宋史·藝文志》作“紀”。
② “紀天曆統”，殿本《宋史·藝文志》作“統元曆經”。

兵書類

風后握機一卷

六韜六卷　不知作者。

司馬兵法三卷　齊司馬穰苴撰。

孫武　孫子三卷

吳起　吳子三卷

黃帝秘珠三略三卷

陰符二十四機一卷

握機圖一卷

決勝孤虛集一卷

太公兵書要訣四卷

朱服　校定六韜六卷　又　校定孫子三卷　校定司馬法三卷　校定吳子二卷　校定三略三卷

魏武帝注　孫子三卷

蕭吉注　孫子一卷　或題曹、蕭注。

賈林注　孫子一卷

陳皞注　孫子一卷

宋奇　孫子解並武經簡要二卷

吳章　注司馬穰苴兵法三卷

吳起　玉帳陰符三卷

白起　陣書一卷　又　神妙行軍法三卷

戰國策三十三卷

黃石公　神光輔星秘訣一卷　又　兵法一卷

三鑑圖一卷

兵書統要三卷

三略秘要三卷

成氏注　三略三卷

諸葛亮　行兵法五卷　又　用兵法一卷

行軍指掌二卷

占風雲氣圖一卷

兵書七卷

陶侃　六軍鑑要一卷

李靖　韜鈐秘術一卷　又　總要三卷

六十甲子厭勝法一卷

兵書三卷

占風雲氣三卷

風雲論三卷

三軍水鑑三卷

用兵手訣七卷

出軍占風氣候十卷

衛國公手記一卷

李世勣　六十甲子內外行兵法一卷

李淳風　諸家秘要三卷　又　行軍明時秘訣一卷

太白華蓋法二卷

雲氣營寨占一卷

行軍曆一卷

李筌　通幽鬼訣二卷　又　軍旅指歸三卷

北帝武威經三卷

青囊托守勝敗歌並營野戰一卷

李光弼　將律一卷　又　武記一卷

九天察氣訣三卷

玄女厭陣法一卷　又　兵要式一卷

行兵法二卷

兵法一卷

雜占法一卷

六甲陰符兵法一卷

軍謀前鑑十卷

兵家正書十卷

閫外紀事十卷

李氏　秘要兵書二卷　又　秘要兵術四卷

對敵權變逆順法一卷

佐國玄機一卷

炮經一卷

總戎志二卷

李鼎祚　兵鈐手曆一卷

許子兵勝苑十卷

統軍玉鑑録一卷

張守一　鑿門詩一卷

秘寶興軍集一卷

胡萬頃　軍鑑式二卷

王適　行軍立成七十二局一卷

安營臨陣觀災氣一卷

決戰勝負圖一卷

風雲氣象備急占一卷

秘寶風雲歌一卷

九宮軍要秘術一卷

倚馬立成鑑圖一卷

出軍占怪曆三卷

羅子岊　神機武略歌三卷

易靜　神機武略歌一卷

行軍占風氣一卷

軍占要略二卷

鄭先忠　軍機討略策三卷

古今兵略十卷

論天鏡出戰要訣一卷

將兵秘要法一卷

武師左領記三卷

牛洪道　玄機立成法一卷

孤虛明堂圖一卷

軍用立成一卷

何延錫　辨解序一卷

紀勛　軍國要制五卷

將軍總録三卷

李遠　武孝經一卷

王巒　行軍廣要算經三卷

金符經三卷

十二月立成陣圖法一卷

行軍走馬立成法一卷

立成掌中法一卷

行軍要略分野星圖法一卷

黃道法一卷

徐漢卿　制勝略三卷

牟知白　專征小格略一卷

圖南兵略三卷

從征録五卷

出軍別録一卷

兵書總要四卷

兵策秘訣三卷

萬勝訣二卷

戰鬥秘訣一卷

英雄龜鑑一卷

兵訣一卷

隨軍要訣一卷

軍謀要術一卷

韜鈐秘要一卷

軍旅要術一卷

軍秘禳厭術一卷

占軍機勝負龜訣一卷

訓將勝術二卷

兵書手鑑二卷

尉繚子五卷

常禳經三卷　　燕昭王太子撰，盖依托。

黃石公　三略三卷　又　素書一卷　　張良所傳。

諸葛亮　將苑一卷　兵書手訣一卷　文武奇編一卷　武侯八
　陣圖一卷

鬼谷天甲兵書常禳術三卷　　梁昭明太子撰。

陶弘景　真人水照十三卷

李靖　六軍鏡三卷

六十甲子禳敵克應決勝術一卷

玉帳經一卷

李靖兵鈐新書一卷　　並不知作者。

九天玄女孤虛法一卷

李淳風　懸鏡經十卷

郭代公安邊策三卷　　唐郭震撰。

李筌　太白陰經十卷　占五行星度吉凶訣一卷　注孫子一卷
　闕外春秋十卷

李光弼　統軍靈轄秘筴一卷

五家注孫子三卷　魏武帝、杜牧、陳皞、賈隱林、孟氏。

杜牧　孫子注三卷

裴緒　新令二卷

曹、杜注　孫子三卷

劉玄之　行軍月令一卷

李大著　江東經略十卷

綦先生　兵書一十六卷　並不知名。

許洞　虎鈐兵經二十卷

樂産　太一王佐秘珠五卷

盧元　韜珠秘訣一卷

黄帝太公兵法三卷

趙彦譽①　南北攻守類考六十三卷

柴叔達　浮光戰守錄一卷

沖晦郭氏兵學七卷　郭雍述。

論五府形勝萬言書一卷

闕外策鈐五卷

經武略二百九十卷

治亂貫怪記三卷

三賢安邊策十一卷

邊防備衛策一卷

出軍占候歌一卷

通玄玉鑑一卷

---

① “趙彦譽”，《宋史·藝文志》作“趙善譽”。

握鏡訣怪祥歌一卷

玄女遁甲經三卷

李僕射馬前訣一卷

防城動用一卷

彭門玉帳訣録一卷

遁甲專征賦一卷

帝王中樞賦二卷

長世論十卷

武備圖一卷

兵鑑五卷

陰符握機運宜要五卷　　並不知作者。

仁宗　攻守圖術三卷

曾公亮　武經總要四十卷

蔡挺　裕陵邊機處分一卷

符彦卿　人事軍律三卷

曾致堯　清邊前要十卷

王洙　三朝經武聖略十卷

清邊武略十五卷

風角占一卷　　康定間司天臺集。

任鎮　康定論兵一卷

趙珣　聚米圖經五卷

慶曆軍録一卷　　不知作者。

曾公奭　軍政備覽一卷

耿恭　平戎議三卷　邊臣要略二十卷

趙瑜　安邊致勝策三卷

呂夏卿　兵志三卷

丘濬　征蠻議一卷

阮逸　野言一卷
劉滬　備邊機要一卷
薛向　陝西建明一卷
吉天保　十家孫子會注十五卷
王韶　熙河陣法一卷
韓縝　元豐清野備敵一卷
何去非　三備略講義六卷　備論十四卷
戴溪　歷代將鑑博議十卷
張文伯　百將新書十二卷
劉溫潤　西夏須知一卷
王維清　武昌要訣一卷
徐研　司命兵機秘略二十八卷
徐確　總夫要録一卷
張預　集注百將傳一百卷
余壹　兵籌類要十五卷
葉上達　神武秘略論十卷
夏休　兵法三卷
汪槔　進復府兵議一卷　古今屯田總議七卷
游師雄　元祐分疆録二卷
崇寧邊略三卷　不知作者。
劉荀　建炎德安守御録三卷
度濟　兵録八十卷
西齋兵議三卷　文覺兄弟問答兵機。
章穎　四將傳三卷
神機靈秘圖三卷
軍鑑圖二卷
紀重政軍機決勝立成圖三卷

兵書氣候旗勢圖一卷

諸家兵法秘訣四卷

行師類要七卷

古今兵書十卷

五行陣決一卷

會稽兵術三卷

六十甲子出軍秘訣一卷

玄珠要訣一卷

軍墊兵鈐三卷

韜鈐秘録五卷

將略兵機論十二卷

三軍指要五卷

纂下六甲營圖一卷

五十七陣出軍甲子一卷

行軍玄機百術法一卷

兵書出軍雜占五卷

兵法機要三卷

神兵要術三卷

神兵機要三卷

總戎策二卷

兵書精訣二卷

權經對三卷

行軍用兵玄機三卷

兵機要論五卷

行軍備曆六十卷

兵機簡要十卷

兵談三卷

韓霸　水陸陣圖三卷

強弩備術三卷

九九陣圖一卷

軍林要覽三卷

制勝權略三卷

兵書精妙玄術十卷

兵籍要樞三卷

太一行軍秘術詩三卷

戎機二卷

通神機要三卷

劉玄之　兵家月令一卷　又　軍令備急一卷

湯渭　天一兵機舉要歌一卷

王洪暉　行軍月令四卷

裴守一　軍誡三卷

兵家正史九卷

行軍周易占一卷

張從實　將律一卷

焦大憲　兵易歌神兵苑三卷

星度用一卷

將術一卷

行兵攻具術一卷

行兵攻具圖一卷

兵家秘寶一卷

秘寶書一卷

軍律三卷

張昭　制旨兵法十卷

王洙　青囊括一卷

杜希全　兵書要訣三卷

釋利正　長度人事軍律三卷①

董承祖　至德元寶玉函經十卷

王公亮　行師類要七卷

劉可久　契神經一卷

李泠　靈關訣二卷　一名《靈關集益智》。

兵機法一卷

大一厭禳法一卷

五行陣圖一卷

兵論十卷

六十甲子行軍法一卷

會稽兵家術日月占一卷

統戎式令一卷

六甲五神用軍法一卷

要訣兵法立成歌一卷

六甲攻城破敵法一卷

馬前秘訣兵書一卷

石普　軍儀條目三卷

仁宗　神武秘略十卷　又　行軍環珠一部　又　四路戰守約束一部

軍誡三卷

武記一卷

定遠安邊策三卷

新集兵書要訣三卷

兵書要略一卷

---

① “度”，《宋史·藝文志》作“慶”。

棟將要略十卷

兵論十卷

符彦卿　五行陣圖一卷

新集行軍月令四卷

雲氣圖十二卷

統戎式鏡二卷

行軍氣候秘法三卷

天子氣章雲氣圖十二卷

預知歌三卷

從軍占三卷

兵書論語三卷

彭門玉帳歌三卷

太一行軍六十甲子禳厭秘術詩三卷

兵機舉要湯渭歌一卷

郯子　新修六壬大玉帳歌十卷

郭固　軍機決勝立成圖一卷　又　兵法攻守圖術三卷

王存　樞密院諸房例册一百四十二卷

蔡挺　教閱陣圖一卷

林廣　陣法一卷

王拱辰　平蠻雜議十卷

敵樓馬面法式及申明條約並修城女墻法二卷

楊伋　兵法圖議一卷

韓縝　樞密院五房宣式一卷　又　論五府形勝萬書一卷①

方垌　重演握奇三卷　又　握奇陣圖一卷

梁燾　安南獻議文字並目録五卷

---

① "萬"下，《宋史·藝文志》有"言"字。

愈見御戎十册

韓絳　宣撫經制録三卷

王革　政和營繕軍補録序一卷

溙播州勝兵法三部　卷亡。

任諒　兵書十卷

雜藝術類

李廣　射評要録一卷

梁冀　彈棋經一卷

梁元帝　畫山水松石格一卷

姚最　續畫品一卷

李嗣真　畫後品一卷

竇蒙　畫録拾遺一卷

張又新　畫總載一卷

裴孝源　貞觀公私畫録一卷

李淳風　歷監天元主物簿三卷

胡嶠　廣梁朝畫目三卷

張彦遠　歷代名畫記十卷

韋蘊　九鏡射經一卷

唐畫斷一卷

王琚　射經一卷

王堅道　射訣一卷

荆浩　筆法記一卷

李氏墨經一卷

張學士棋經一卷

宋景真　唐賢名畫録一卷

墨圖一卷

釣鼇圖一卷

端硯圖一卷

畫總録五卷

嘯旨一卷

樗蒲圖一卷　　以上並不知作者。

蘇易簡　文房四譜五卷

李永德　點頭文一卷

李畋　益州名畫録三卷

唐績　硯圖譜一卷

紀宣　廣弓經一卷

王德用　神射式一卷

劉懷德　射法一卷

趙景　小酒令一卷

趙明遠　皇宋進士彩選一卷

蔡襄　墨譜一卷

卜恕　投壺新律一卷

劉敞　漢官儀三卷　　即骰子選。

唐詢　硯録二卷

竇誰　飲戲助歡三卷

郭若虛　圖畫見聞志六卷

司馬光　投壺新格一卷

王覿　投壺禮格二卷

劉道醇　新編五代名畫記一卷

宋朝畫評四卷

李誡　新集木書一卷

朱芾　畫史一卷

任權　弓箭啓蒙一卷

張仲商　射訓一卷

馬思永　射訣一卷

王越石　射議一卷

李孝美　墨苑三卷

李薦①　德隅堂畫品一卷

温子融　畫鑑三卷

王慎修　宣和彩選一卷

陳日華　金淵利術八卷

黃鑄　玉籤詩一卷

李洪　續文房四譜五卷

何珪　射義提要一卷　又　射經三卷

張仲素　射經三卷

田逸　射經四卷

王琚　射經二卷

九鑑射圖一卷

徐諧②　射書十五卷

韋蘊　射訣一卷

李章　射訣三卷

張子霄　神射訣一卷

李靖　弓訣一卷　又　法射指訣一卷

黃損　射法一卷

張守忠　射記一卷

弓訣一卷

呂惠卿　弓試一部

上官儀　投壺經一卷

---

① “李薦”，《宋史·藝文志》作“李廌”。
② “徐諧”，《宋史·藝文志》作“徐鍇”。

鍾離景伯　草書洪範無逸中庸韻譜十卷

唐續　棋圖五卷

金谷園九局譜一卷

王積薪等　棋訣三卷

棋勢論並圖一卷

徐鉉　棋圖義例一卷

棋勢三卷

楊希璨　四聲角圖一卷　又　雙泉圖一卷

玉溪圖一卷

蔣元吉等　棋勢三卷

太宗　棋圖一卷

局譜一卷

韋珽　棋圖一卷

奕棋經一卷

棋經要略一卷

王子京　彈棋圖一卷

樗蒲經一卷

雙陸格一卷

李郃　骰子彩選格三卷

劉蒙叟　彩選格一卷

尋仙彩選七卷

葉子格三卷

李煜妻周氏　繫蒙小葉子格一卷

偏金葉子格一卷

小葉子例一卷

謝赫　古今畫品一卷

徐浩　畫品一卷

曹仲連　畫評一卷

王睿　不絕筆畫圖一卷

朱遵度　漆經三卷

馬經一卷

辨馬圖一卷

馬口齒訣一卷

醫馬經一卷

明堂灸馬經二卷

論駞經一卷

療駞經一卷

醫駞方一卷

類事類

陸機　會要一卷

朱澹遠　語麗十卷

杜公瞻　編珠四卷

祖孝徵　修文殿御覽三百六十卷

歐陽詢　藝文類聚一百卷

虞世南　北堂書鈔一百六十卷

高士廉　房玄齡　文思博要一卷

徐堅　初學記三十卷

燕公事對十卷

張鷟　龍筋鳳髓判十卷

杜佑　通典二百卷

陸贄　備舉文言三十卷

張仲素　詞圃十卷

白居易　白氏六帖三十卷　又　前後六帖三十卷　前，白居易撰；

後,宋孔傳撰。

李翰　蒙求三卷

丘延翰①　唐蒙求三卷

劉綺莊　集類一百卷

李商隱　金鑰二卷

崔鉉　弘文館續會要四十卷

李途　記室新書三卷

顏休　文飛應韶十五卷

高測　韶對十卷②

劉揚名　戚苑纂要十卷

劉揚名　戚苑英華十卷

孟詵　錦帶書八卷

喬舜封　古今語要十二卷

蘇冕　古今國典一百卷

蘇冕　國典會要四十卷

章得象　國朝會要一百五十卷

大孝僚　御覽要略十二卷

册府元龜音義一卷

王欽若　彤管懿範七十卷目十卷③　彤管懿範音義一卷

歐陽詢　麟角一百二十卷

白氏家傳記二十卷

薛高立　集類三十卷

邊崖類聚三十二卷

類事十卷

---

① "丘",《宋史·藝文志》作"白"。

② "韶",《宋史·藝文志》作"韻"。

③ "目",原誤作"百",據《宋史·藝文志》改。

徐叔陽^①　羊頭山記十卷

于政立^②　類林十卷

杜光庭　歷代忠諫書五卷

諫書八十卷^③

唐諫諍論十卷

王昭遠　禁垣備對十卷

魏玄成　勵忠節四卷

王伯璵　勵忠節抄十卷

書判幽燭四十卷

輶車事類三卷

周佑之　五經資政二十卷

經典政要三卷

尹弘遠　經史要覽三十卷

章句纂類十四卷

李知實　檢志三卷

李慎微　理樞七卷

鄒順　廣蒙書十卷

劉漸　群書系蒙三卷

九經對語十卷

錢承志　九經簡要十卷

經史事類三十卷

于史語類拾遺十卷

韋稔　筆語類對十卷　又　應用類對十卷　一名《筆語類對》。

黃彬　經語協韻二十卷

---

①　“徐叔陽”,《宋史·藝文志》作“徐叔暘”。

②　“于政立”,《宋史·藝文志》作“于立政”。

③　《崇文總目輯釋》著錄作者“張易”纂。

朱澹　語類五卷

楊名　廣略新書三卷

十議典録三卷

李德孫　學堂要記十卷

裴説　修文異名録十一卷

搢紳要録二卷

段景　文場纂要二卷

文場秀句一卷①

王雲　文房纂要十卷

彫玉集類二十卷

彫金集三卷

劉國潤　廣彫金類集十卷

庾肩吾　彩璧五卷

金鑾秀蕊二十卷

陸贄　青囊書十卷

蔣氏寶車十卷

瓊林采實三卷

温庭筠　學海兩字三十卷②

鄭嵎　雙金五卷

孫翰　錦繡谷五卷

齊逸人　府新書三卷③

叢髓三卷

盧重華　文髓一卷

---

① 明初刻本《册府元龜》著録作者"王起進"。

② "兩字"二字,《宋史·藝文志》無。

③ "府"上,《宋史·藝文志》有"玉"字。

勁弩子三卷

玉苑麗文五卷

段景　疊辭二卷

玉英二卷

玉屑二卷

金匱二卷

常修半臂十卷

紫香囊二十卷

陸羽　警年十卷

窮神記十卷

李齊莊　事解七卷

王氏千門四十卷

郭道規　事鑑五十卷

沈寥子　文鑑四十卷

李大華　康國集四卷

姚勖　起予集四十卷

李貴臣　家藏龜鑑録四卷

徐德言　分史衡鑑十卷

薛洪　古今精義十五卷　又　筆藏論三卷

蘇源　治亂集三卷

治道要言十卷

馬幼昌　穿楊集四卷

李欽玄　累玉集十卷

支遷喬　京國記二卷

郭微　屬文寶海一百卷

樂黄目　學海搜奇録六十卷

皇覽總論十卷

張陟　唐年經略志十卷

楊九齡　名苑五十卷

晁光乂①　十九書類語十卷

雍公睿　注張楚金翰苑十一卷

劉濟　九經類議二十卷

黎翹　廣略六卷

王博古　修文海十七卷

郭翔　春秋義鑑三十卷

曹化　兩漢史海十卷

楊知憚　名字族十卷

馮洪敏　寶鑑絲綸二十卷

胡旦　將帥要略二十卷

劉顏　輔弼名對四十卷

景泰　邊臣要略二十卷

石待問　諫史一百卷

王純臣　青宮懿典十五卷

李虛一　溉漕新書四十卷

童子洽聞一卷

麟角抄十二卷

雷壽之　古文類纂十卷

漢臣蒙求二十卷

李亢系　蒙求十卷

丘光庭　同姓名録一卷

王殷範　續蒙求三卷

王先生十七史蒙求十六卷

---

① "晁光乂"，《宋史·藝文志》作"是光乂"。

黃簡　文選韻粹三十五卷

白氏　玉連環七卷

白氏　隨求一卷　不知名。

重廣會史一百卷

資談六十卷

聖賢事迹三十卷

引證事類備用三十卷

門類解題十卷

瓊林會要三十卷

青雲梯籍二十卷

南史類要二十卷

粹籍十五卷

六朝采要十卷

十史事語十卷

十史事類十二卷

三傳分門事類十二卷

嘉祐新編二經集粹十卷

鹿革事類二十卷

職官事對九卷

掞天集六卷

文章叢說十卷

新編經史子集名卷六卷

碎玉四淵海集百九十五卷

書林四卷

寶甌三卷

離辭筆苑二卷

詩句類二卷

南北事偶三卷

五色線一卷

珠浦一卷

重廣策府沿革一卷

鴻都編一卷

文章庫一卷

十三代史選三十卷

左傳類要五卷

唐朝事類十卷

群玉雜俎三卷

增廣群玉雜俎四卷

分聲類說三十二卷

文選雙字類要四十卷

書林事類一百卷　　並不知作者。

鄭氏　歷代蒙求一卷

孫應符　初學須知五卷

王敦詩　書林韻會二十八卷

曾恬　孝類書二卷

邵笥　廣韻孝悌蒙求二卷

譙令憲　古今異偶一百卷

宋六朝會要三百卷　　章得象編，王珪續。

虞允文等撰　續會要三百卷

梁克家等撰　中興會要二百卷

楊濟　鍾必萬總修　孝宗會要二百卷

光宗會要一百卷

寧宗會要一百五十卷　　秘書省進。

張從祖纂輯　國朝會要五百八十八卷

王溥　續唐會要一百卷　五代會要三十卷

李安上　十史類要十卷

李昉　太平御覽一千卷

王悼　班史名物編十卷

蘇易簡　文選菁英二十四卷

宋白　李宗諤　續通典二百卷

皮文粲　鹿門家鈔籍咏五十卷

曾致堯　仙鳧羽翼三十卷

僧守能　典籍一百卷①

王欽若　册府元龜一千卷

葉適　名臣事纂九卷

方鼠年　群書新語十一卷

晏殊　天和殿御覽四十卷　類要七十七卷

宋庠　雞跖集二十卷

過勖　至孝通神集三十卷

鄧至　群書故事十五卷

故事類要三十卷

宋並　登瀛秘録八卷

范鎮　本朝蒙求二卷

馬共　元祐學海三十卷

任廣　書籍指南二十卷②

朱繪　事原三十卷

陳彥禧　黌堂要覽十卷

陳紹　重廣六帖學林三十卷

吳淑　事類賦三十卷

---

①　"籍"，《宋史·藝文志》作"類"。

②　"籍"，《宋史·藝文志》作"叙"。

王資深　摭史四卷

馬永易　實賓録三十卷　異號録三十卷

陳貽範　千題適變録十六卷

楊諮　古今名賢歌詩押韻二十四卷

江少虞　皇朝事實類苑二十六卷

葉庭珪　海録碎事二十三卷

陳天麟　前漢六帖十二卷

蕭之美　十子奇對三卷　莊子寓言類要一卷　三傳合璧要覽
　二卷　三子合璧要覽二卷　四子合璧要覽二卷

劉珏　兩漢蒙求十卷

吳逢道　六言蒙求六卷

徐子光　補注蒙求四卷　又　補注蒙求八卷

群書治要十卷　_{秘閣所録。}

蔡攸　政和會要一百一十卷

晏袤數　會要一百卷

謝諤　孝史五十卷

度濟　諫録二十卷

葉才老　和李翰蒙求三卷

林越　漢雋十卷

倪遇　漢書家範十卷

李宗序　隆平政斷二十卷

鄭大中　漢規四卷

張磁　仕學規範四十卷

歐陽邦基　勸戒別録三卷

閻一德　古今政事録二十一卷

僧道蒙　仕途經史類對十二卷

呂祖謙　觀史類編六卷　讀書記四卷

洪邁　經子法語二十四卷　春秋左氏傳法語六卷　史記法語
　八卷　前漢法語二十卷　後漢精語十六卷　三國志精語六
　卷　晉書精語五卷　南史精語六卷　唐書精語一卷

程大昌　演蕃露十四卷　又　續演蕃露六卷　考古編十卷
　續考古編十卷

程俱　班左誨蒙三卷

唐仲友　帝王經世圖譜十卷

錢端禮　諸史提要十五卷

陳傅良　漢兵制一卷　備邊十策九卷

徐天麟　西漢會要七十卷

漢兵本末一卷

曾慥　類説五十卷

錢文字①　補漢兵志一卷

錢諷　史韻四十二卷

鄒應龍　務學須知二卷

高似孫　緯略十二卷　子略四卷

吳曾　南北分門事類十二卷

魏彥惇　名臣四科事實十四卷

王掄　群玉義府五十四卷

范師道　垂拱元龜會要詳節四十卷　國朝類要十二卷

俞鼎　俞經　儒學警悟四十卷

鄭厚　通鑑分門類要四十卷

柳正夫　西漢蒙求一卷

李孝美　文房監古三卷

竇苹　載籍討源一卷

---

① “字”,《宋史·藝文志》作“子”。

王仲閎　語本二十五卷

毛友　左傳類對賦六卷

俞觀能　孝經類鑑七卷

胡宏　叙古蒙求一卷

玉山題府二十卷

熙寧題髓十五卷

帝王事實十卷

聖賢事實十卷

漢唐事實十五卷

國朝韻對八卷

引證事類三十卷

魯史分門屬類賦一卷

古今通編八卷

諸子談論三卷　並不知作者。

醫書類

唐王冰注　黃帝內經素問二十四卷

隋全元起注　素問八卷

黃帝靈樞經九卷

黃帝鍼經九卷

黃帝灸經明堂三卷

黃帝九虛內經五卷

楊玄操　素問釋音一卷　素問醫療訣一卷

秦越人　難經疏十三卷

黃帝脉經一卷　又　脉訣一卷

張仲景　脉經一卷　又　五藏榮衛論一卷

耆婆脉經三卷

徐氏　脉經三卷

王叔和　脉訣一卷

孩子脉論一卷

李績　脉經一卷

張及　脉經手訣一卷　王善注。

徐裔　脉訣二卷

韓氏脉訣一卷

脉經一卷

百會要訣脉經一卷

碎金脉訣一卷

元門脉訣一卷

身經要集一卷

大醫秘訣診候生死部一卷

倉公決死生秘要一卷

神農五藏論一卷

黄帝五藏論一卷

黄庭五藏經一卷

黄庭五藏六府圖一卷

趙業　黄庭五藏論七卷

張向容　大五藏論一卷　又　小五藏論一卷

五藏金鑑論一卷

段元亮　五藏鑑元四卷

孫思邈　五藏旁通明鑑圖一卷　又　針經一卷

張文懿　藏府通玄賦一卷

五藏攝養明鑑圖一卷

吳兢　五藏論應家象一卷①

---

① "家"字,《宋史·藝文志》無。

裴王庭　五色旁通五藏圖一卷

五藏要訣一卷

太元心論一卷

岐伯　針經一卷

扁鵲　鍼傳一卷

玄悟　四神針經一卷

甄擁①　針經抄三卷

王處明　玄秘會要針經五卷

呂博　金縢玉匱鍼經三卷

黃帝問岐伯灸經一卷

顏齊　灸經十卷

明堂灸法三卷

皇甫謐　黃帝三部鍼灸經十二卷　　即《甲乙經》。

岐伯　論針灸要訣一卷

山眺鍼灸經一卷

公孫克　針灸經一卷

吳復珪　小兒明堂針灸經一卷

王惟一　明堂經三卷

明堂玄真經訣一卷

朱遂　明堂論一卷

金鑑集歌一卷

楊上善注　黃帝大素經三卷

刺法一卷

太上天寶金鏡靈樞神景内編九卷

扁鵲注黃帝八十一難經二卷　　秦越人撰。

---

① "甄擁",《宋史·藝文志》作"甄權"。

扁鵲　脉經一卷

張仲景　傷寒論十卷　五藏論一卷

王叔和　脉經十卷　脉訣機要三卷

巢元方　巢氏諸病元候論五十卷

崔知悌　灸勞法一卷

王冰　素問六脉玄珠密語一卷

褚澄　褚氏遺書一卷

華佗　藥方一卷

金匱要略方三卷　張仲景撰，王叔和集。

葛洪　肘後備急百一方三卷

劉涓子　神仙遺論十卷　東蜀李頓録。

宇文士及　妝臺記六卷

師巫　顧顋經二卷

孫思邈　千金方三十卷　千金髓方二十卷　千金翼方三十卷　玉函方三卷

王起　仙人水鏡一卷

王燾　外臺秘方四十卷

陳藏器　本草拾遺十卷

孔志約　唐本草二十卷

李昉　開寶本草二十卷　目一卷

盧多遜　詳定本草二十卷　目録一卷

補注本草二十卷　目録一卷

李含光　本草音義五卷

蕭炳　四聲本草四卷

本草韻略五卷

楊損之　刪繁本草五卷

杜善方　本草性類一卷

陳士良　食性本草十卷

龐安時　難經解義一卷

宋庭臣　黃帝八十一難經注釋一卷

張仲景　療黃經一卷　又　口齒論一卷

王叔和　集金匱玉函八卷

扁鵲　療黃經三卷　又　枕中秘訣三卷

青烏子　風經一卷

吳希言　風論山兆經一卷

支義方①　通玄經十卷

呂廣　金韜玉鑑經三卷

雷公仙人養性治身經三卷

醫源兆經一卷

林億　黃帝三部鍼灸經十二卷

楊曄　膳夫經手録四卷

延年秘録十一卷

混俗順生録二卷

千金纂録二卷

金匱録五卷

司空輿　發焰録一卷

梅崇獻　醫門秘録五卷

治風經心録五卷

郭仁普　拾遺候用深靈玄録五卷

養性要録一卷

党求平　摭醫新説三卷

代榮　醫鑑一卷

---

① "支義方"，原誤作"文義方"，據《宋史·藝文志》改。

衛嵩　金寶鑑三卷

段元亮　病源手鑑二卷

田誼卿　傷寒手鑑三卷

千金手鑑二十卷

王勃　醫語纂要一卷

華顒　醫門簡要十卷

蘇越　群方秘要三卷

古詵　三教保光纂要三卷

醫明要略一卷

張叔和　新集病總要略一卷

外臺要略十卷

司馬光　醫問七卷

耆婆六十四問一卷

伏氏　醫苑一卷

神農食忌一卷

吳群　意醫紀曆一卷

孔周南　靈方志一卷

穆修靖　靈芝記五卷　羅公遠注。

張隱居　金石靈臺記一卷

菖蒲傳一卷

李翱　何首烏傳一卷

張尚容　延齡至寶抄一卷

醫家要抄五卷

黃帝問答疾狀一卷

陶隱居　靈奇秘奧一卷

南海藥譜一卷

家寶義囊一卷

小兒藥證一卷

神仙玉芝圖二卷

經食草木法一卷

孫思邈　芝草圖三十卷　又　太常分藥格一卷　神枕方一卷

崔氏產鑑圖一卷

攝生月令圖一卷

六氣導引圖一卷

侍膳圖一卷

徐玉　藥對二卷

宗令祺　廣藥對三卷

方書藥類三卷

王承宗①　删繁藥脉三卷

蔣淮　療黃歌一卷

郭晏封②　草食論六卷

藥性論四卷

張果　傷寒論一卷

陳昌祚　明時政要傷寒論三卷

李涉　傷寒方論二十卷

青烏子論一卷

石昌璉　明醫顯微論一卷

清溪子　消渴論一卷

龍樹眼論一卷

邢元朴　癰疽論一卷

癰疽論三卷

李言少　嬰孺病論一卷

---

① “王承宗”,《宋史·藝文志》作“江承宗”。

② “郭”字,《宋史·藝文志》無。

楊全迪　崔氏小兒論一卷

療小兒疳病論一卷

劉豹子　眼論一卷

蘇巇　玄感論一卷

李暄　嶺南脚氣論二卷

發背論二卷

邵英俊　口齒論一卷

蕭宗簡　水氣論三卷

骨蒸論一卷

唐陵正師　口齒論一卷　　"唐"一作"廣"。

風疾論一卷

楊太業　三十六種風論一卷

喻義　瘡腫論一卷　又　廣癰疽要訣一卷[①]

蘇游　鐵粉論一卷　又　玄感傳尸方一卷

褚知義　鍾乳論一卷

李昭明　嵩臺論三卷

玉鑑論五卷

王守愚　產前產後論一卷　小兒眼論一卷　普濟方五卷

應驗方三卷

應病神通方三卷

張文仲　法象論一卷

小兒五疳二十四候論一卷

劉涓子　鬼論一卷

僧智宣　發背論一卷

沈泰之　癰疽論二卷

---

①　"廣",《宋史·藝文志》作"療"。

蘇敬　徐玉　唐侍中　三家脚氣論一卷

吳升　宋處　新修鍾乳論一卷

白岑　發背論一卷

西京巢氏　水氣論一卷

李越　新修榮衛養生用藥補瀉論十卷

楊大鄴　嬰兒論二卷

采藥論一卷

制藥論法一卷

連方五藏論一卷

五勞論一卷

大壽性術論一卷①

咽喉口齒方論五卷

產後十九論一卷

小兒方術論一卷

李溫　萬病拾遺三卷

張機　金石制藥法一卷

王氏　食法五卷

嚴龜　食法十卷

養身食法三卷

太清服食藥法七卷

按摩法一卷

攝養禁忌法一卷

王道中　石藥異名要訣一卷

譚延鎬　色脉要訣一卷②

吳復圭　金匱指微訣一卷

---

① “大”,《宋史·藝文志》作“夭”。

② “色脉”,《宋史·藝文志》作“脉色”。

葉傳右①　醫門指要訣一卷

華子顒　相色經妙訣一卷

制藥總訣一卷

修玉粉丹口訣一卷

服雲母粉訣一卷

伏火丹砂訣序一卷

陳玄　北京要術一卷

蕭家　法饌三卷

饌林四卷

藥林一卷

王氏　醫門集二十卷

李崇慶　燕臺集五卷

穿玉集一卷

劉翰　全體治世集三十卷②

雷繼暉　神聖集三卷

華氏集十卷

楊氏妝臺寶鑑集三卷　南陽公主。

傷寒證辨集一卷

賈黄中　神醫普救方一千卷　目十卷

楊歸厚　産乳集驗方三卷

安文恢　萬全方三卷　"全"一作"金"。

孫廉　金鑑方三卷

金匱方三卷

韋宙　獨行方十二卷　又　玉壺備急方一卷

鄭氏　惠民方三卷

---

① "葉傳右",《宋史·藝文志》作"葉傳古"。

② "全",《宋史·藝文志》作"今"。

鄭氏　圃田通玄方三卷　又　惠心方三卷　纂要秘要方三卷

溥濟安衆方三卷

支觀　通玄方十卷

劉氏　五藏旁通導養方一卷

白仁叙　集驗方五卷

服食導養方三卷

孟氏　補養方三卷

崔元亮　海上集驗方十卷

崔氏　骨蒸方三卷

元希聲　行要備急方二卷

劉禹錫　傳信方二卷

王顔　續傳信方十卷

嬰孩方十卷

黃漢忠　秘要合煉方五卷

針眼鈎方一卷

穆昌緒　療眼諸方一卷

孩孺雜病方五卷

朱傅　孩孺明珠變蒸七疳方一卷

小兒秘録集要方一卷

延齡秘寳方集五卷

録古今服食導養方三卷

服食神秘方一卷

姚和　衆童延齡至寳方十卷　又　保童方一卷

許咏　六十四問秘要方一卷

塞上方三卷

晨昏寧待方二卷

王道　外臺秘要乳石方二卷

耆婆要用方一卷

崔行功　纂要方十卷

千金秘要備急方一卷

華宗壽　升天廣濟方三卷　"天"一作"元"。

段咏　走馬備急方二卷

天寶神驗藥方一卷

貞元集要廣利方五卷

大和濟安方一卷

羅普宣　靈寶方一百卷

悟玄子　安神養性方一卷

篋中方一卷

蕭存禮　百一問答方三卷

包會　應驗方三卷

雜用藥方五十五卷

神仙雲母粉方一卷

服术方一卷

慶曆善救方一卷

胡道洽方一卷

賈沈①　備急單方一卷

李八百方一卷

波馳波利譯　吞宇貼腫方一卷②

李繼皋　南行方三卷

杜氏　集驗方一卷

韓待詔　肘後方一卷

王氏　秘方五卷

---

① "賈沈",《宋史·藝文志》作"賈耽"。

② "宇",《宋史·藝文志》作"字"。

徒都子　膜外氣方一卷

潛真子　神仙金匱服食方一卷

楊太僕　醫方一卷

沈承澤　集妙方三卷

章秀言　草木諸藥單方一卷

吳希言　醫門括源方一卷

王朝昌　新集方一卷

老子服食方一卷

葛仙公杏仁煎方一卷

删繁要略方一卷

集諸要妙方一卷

備急簡要方一卷

纂驗方一卷

養性益壽備急方一卷

奏聞單方一卷

反魂丹方一卷

玄明粉方一卷

療癧方一卷

婆羅門僧服仙茅方一卷

高福　攝生要錄三卷

李絳　兵部手集方三卷

孟詵　食療本草六卷

沈知言　通玄秘術三卷

咎殷　產寶三卷　食醫心鑑二卷

甘伯宗　歷代名醫錄七卷

鄭景岫　廣南四時攝生論一卷

葉長文　啓玄子元和紀用經一卷

張文懿　本草括要詩三卷

雷斅　炮炙方三卷

徽宗　聖濟經一十卷

通真子　續注脉賦一卷　脉要新括二卷

李大參　家傷寒指南論一卷

嚴器之　傷寒明理論四卷

王維一　新鑄銅人腧穴鍼灸圖經三卷

高若訥　素問誤文闕義一卷　傷寒類要四卷

徐夢符　外科灸法論粹新書一卷

趙從古　六甲天元運氣鈐二卷

丁德用　醫傷寒慈濟集三卷

馬昌運　黃帝素問入試秘寶七卷

王宗正　難經疏義二卷

楊介存　四時傷寒總病論六卷

僧文宥　必效方三卷

陳師文　校正太平惠民和劑局方五卷

陳氏　經驗方五卷　不知名。

唐慎微　大觀經史證類備急本草三十二卷

王寔　傷寒證治三卷　又　局方續添傷寒證治一卷

郭稽中　婦人產育保慶集一卷

裴宗元　藥詮總辨三卷

孫用和　傳家秘寶方五卷

錢乙　小兒藥證直訣八卷

洪氏　集驗方五卷　不知名。

李石　司牧安驥集三卷　又　司牧安驥方一卷

張渙　小兒醫方妙選三卷

王俣　編類本草單方三十五卷

趙鑄　癉瘧備急方一卷

李璆　張致遠　瘴論二卷

鄭樵　鶴頂方二十四卷　本草外類五卷　食鑑四卷

張傑　子母秘錄十卷

王蓬　經效癰疽方一卷

張銳　雞峰備急方一卷

王世臣　傷寒救俗方一卷

胡權　治癰疽膿毒方一卷

錢竿　海上名方一卷

何偁　經驗藥方二卷

劉元寶　神巧萬全方十二卷

黨永年　攄醫新説三卷

史源　治背瘡方一卷

王貺　濟世全生指迷方三卷

王袞　王氏博濟方三卷

王伯順　小兒方三卷

漢東王先生　小兒形證方三卷

胡愔　補瀉內景方三卷

栖真子　嬰孩寶鑑方十卷

蔣淮　藥證病源歌五卷

成無已　傷寒論一卷

東旦①　傷寒論方一卷

沈虞卿　衛生產科方一卷

沈柄　產乳十八論　卷亡。

温舍人方一卷　不知名。

---

①　"東旦"，《宋史·藝文志》作"朱旦"。

党禹錫　嘉祐本草二十卷

劉方明　幼幼新書四十卷

吳得夫　集驗方七卷

馬延之　馬氏録驗方一卷

李朝正　備急總效方四十卷

陳言　三因病源方六卷

陳抃　手集備急經效方一卷

張允蹈　外科保安要用方五卷

史載之方二卷

夏德懋　衛生十全方十三卷

陸游　陸氏續集驗方二卷

卓伯融　妙濟方一卷

胡元質　總效方十卷

王璆　百一選方二十八卷

朱端章　衛生家寶方六卷　又　衛生家寶産科方八卷　衛生
　家寶小兒方二卷　衛生家寶湯方三卷

楊倓　楊氏家藏方二十卷

許叔微　普濟本事方十二卷

胡氏　經驗方五卷　不著名。

備用方二卷　岳州守臣編，不著名氏。

丘哲　備急效驗方三卷

宋霖　丹毒備急方三卷

黃環　備問方二卷

王磧　易簡方一卷

方導　方氏集要方二卷

王世明　濟世萬全方一卷

張松　究源方五卷

董大英　活幼悟神集二十卷　安慶集十卷

曾孚先　保生護命集二卷

戴衍　尊生要訣一卷

定齋居士　五痔方一卷

李氏　癧疽方一卷　　不知名。

集效方一卷

中興備急方二卷

灸經背面相二卷

神應鍼經要訣一卷

伯樂鍼經二卷

傷寒要法一卷

蘭室寶鑑二十卷

小兒秘要論一卷

紹聖重集醫馬方一卷

傳信適用方一卷

治未病方一卷

用藥須知一卷

治發背惡瘡內補方一卷

博濟嬰孩寶書二十卷

川玉集一卷

產後論一卷

沖和先生　口齒論一卷

脚氣論一卷

靈苑方二十卷

秘寶方二卷

古今秘傳必驗方一卷

太醫西局濟世方八卷

產科經真環中圖一卷

陳开　醫鑑後傳一卷

陳蓬　天元秘演十卷

龐時安①　難經解一卷

朱肱　內外二景圖三卷　南陽活人書二十卷

席延賞　黃帝鍼經音義一卷

莊綽　膏肓腧穴灸法一卷

黃氏②　中藏經一卷

劉温舒　內經素問論奧四卷

劉清海　五藏類合賦一卷

耆婆五藏論一卷

劉皓　眼論審的歌一卷

徐氏　黃帝脉經指下秘訣一卷

平堯卿　傷寒玉鑑新書一卷　傷寒證類要略二卷

董常　南來保生回車論一卷

黃維　聖濟經解義十卷

東軒居士　衛濟書寶一卷③

李樫　傷寒要旨一卷

醫家妙語一卷

小兒保生要方三卷

湯民望　嬰孩妙訣論三卷

---

①　"龐時安"，《宋史·藝文志》作"龐安時"。

②　"黃氏"，《宋史·藝文志》作"華氏"。

③　"書寶"，《宋史·藝文志》作"寶書"。

伍起予　外科新書一卷

癰疽方一卷

董伋①　腳氣治法總要一卷

程迥　醫經正本書一卷

婁居中　食治通說一卷

蘇頌　校本草圖經二十卷

王懷德②　太平聖惠方一百卷

姚和　衆童子秘要論三卷

錢聞禮　錢氏傷寒百問方一卷

閻孝忠　重廣保生信效方一卷

劉甫　十全博救方一卷

周應　簡要濟衆方五卷

王素　經驗方三卷

張田　幼幼方一卷

劉彝　贛州正俗方二卷

李端愿　簡驗方一卷

崔源　本草辨誤一卷

要傳正　明效方五卷

葛懷敏　神效備急單方一卷

沈括　良方十卷

蘇沈良方十五卷　沈括、蘇軾所著。

陳直　奉親養老書一卷

文彥博　藥準一卷

董伋　旅舍備要方一卷

---

① “董伋”,《宋史・藝文志》作“董汲”。
② “王懷德”,《宋史・藝文志》作“王懷隱”。

初虞世　古今録驗生養必用方三卷^①

龐安　驗方書一卷

勝金方一卷

王趙選秘方二卷

　　右子類，凡三千九百九十九部，二萬八千二百九十卷。

---

①　"生養"，《宋史・藝文志》作"養生"。

藝文七

集類四：曰楚辭類，曰別集類，曰總集類，曰文史類。

楚辭類

楚辭十六卷　　楚屈原等撰。

王逸　章句楚辭十七卷

晁補之　續楚辭二十卷　又　變離騷二十卷

黃伯思　翼騷一卷

洪興祖　補注楚辭十七卷考異一卷

周紫芝　竹坡楚辭贊説一卷

朱熹　楚辭集注八卷辨證一卷

黃銖　楚辭協韻一卷

離騷一卷　　錢果之集傳。

別集類

董仲舒集一卷

枚乘集一卷

劉向集五卷

王褒集五卷

揚雄集六卷　又　二十四箴一卷

李尤集二卷

張衡集六卷

張超集三卷

蔡邕集十卷

諸葛亮集十四卷

曹植集十卷

魏文帝集一卷

王粲集八卷

陳琳集十卷

嵇康集十卷

阮林集十卷

張華集二卷　又　詩一卷

江統集一卷

傅玄集一卷

束哲集一卷

張敏集二卷

潘岳集七卷

索靖集一卷

劉琨集十卷

陸機集十卷

陸雲集十卷

郭璞集六卷

蘭亭詩一卷

陶淵明集十卷

謝莊集一卷

顏延之集五卷

謝靈運集九卷

謝惠連集五卷

王僧達集十卷

鮑昭集十卷

江淹集十卷

王融集七卷

孔稚圭集十卷

謝朓集十卷　又　詩一卷

顏之推　稽聖賦一卷

梁簡文帝集一卷

昭明太子集五卷

沈約集九卷　又　詩一卷

劉子綽集一卷①

劉孝威集一卷

吳均詩集三卷

何遜詩集五卷

庾肩吾集二卷

任昉集六卷

庾信集二十卷　又　哀江南賦一卷

陳后主集一卷

江總集七卷

沈烱集七卷

徐陵詩一卷

張正見集一卷

唐太宗詩一卷

玄宗詩一卷

王績集五卷

許敬宗集十卷

任敬臣集十卷

宋之問集十卷

---

① "劉子綽",《宋史·藝文志》作"劉孝綽"。

沈佺期集十卷

崔融集十卷

李嶠詩十卷

蘇味道詩一卷

杜審言詩一卷

徐鴻詩一卷

王勃詩八卷　又　文集三十卷　雜序一卷

楊炯集二十卷　又　拾遺四卷

盧照鄰集十卷

駱賓王集十卷

陳子昂集十卷

劉希夷詩四卷

趙彥昭詩一卷

崔湜詩一卷

武平一詩一卷

李乂詩一卷

孫逖集二十卷

張說集三十卷　又　外集二卷

蘇頲集三十卷

張九齡集二十卷

李白集三十卷

嚴從　中黄子三卷

毛欽一集三十卷　李白撰。①

梁肅集二十卷

李翰集一卷

---

① 此書與李白無涉，原注當是衍文。

孟浩然詩三卷

王昌齡集十卷

崔顥詩一卷

盧象詩一卷

李適詩一卷

陶翰詩一卷

皇甫曾詩一卷

皇甫冉集二卷

嚴維詩一卷

祖咏詩一卷

丘爲詩一卷

常建詩一卷

岑參集十卷

崔國輔詩一卷

則天中興集十卷　又　別集一卷

太宗御集一百二十卷

真宗御集三百卷　目十卷　又　御集一百五十卷

仁宗御集一百卷　目録三卷

英宗御制一卷

神宗御筆手詔二十一卷　又　御集一百六十卷

哲宗御制前後集共二十七卷

徽宗御制崇觀宸奎集一卷　又　宮詞一卷

阮籍集十卷

阮咸集一卷

王道珪注　哀江南賦一卷

張庭芳注　哀江南賦一卷

陸淳　東皋子集略二卷

魏文正公時務策五卷

郭元振　九諫書一卷　又　安邦策三卷

李靖　霸國箴一卷

王起注　崔融寶國贊一卷①

許恭集十卷

任希古集十卷

王勃　舟中纂序五卷

盧照鄰　幽憂子三卷

駱賓王　百道判二卷

李嶠　新咏一卷

吳筠集十一卷

杜甫小集六卷

薛蒼舒　杜詩刊誤一卷

元結　元子十卷　又　琦玕子一卷

常袞詔集二十卷

賀知章　入道表一卷

鮑防集五卷　又　雜感詩一卷

令狐楚　梁苑文類三卷

李司空論事十七卷

馮宿集十卷

邵説集十卷

杜元穎　五題一卷

李紳批答一卷

劉軻　翼孟三卷

李德裕　窮愁志三卷　又　雜賦二卷　平泉草木記一卷

---

① "國"，《宋史·藝文志》作"圖"。

段全緯集五卷

薛逢別集九卷

李虞仲制集四卷

柳冕集四卷

李程表狀一卷

李群玉後集五卷　又　詩集二卷

令狐綯表疏一卷

夏侯韞　與涼州書一卷

商璠　丹陽集一卷

舒元輿文一卷

譚正夫文一卷

張琛文一卷

來擇　秣陵子集一卷　又　集三卷

齊栗文一卷

暢當詩一卷

皇甫松　大隱賦一卷

于武陵詩一卷

陸希聲　頤山錄詩一卷

陸鸞集一卷

沈棲遠　景臺編十卷

袁皓集一卷

黃滔　編略十卷

賈島小集八卷

費冠卿詩一卷

孟遲詩一卷

王德輿詩一卷

鄭谷　宜陽集一卷

郁潭　百篇一卷

周濆詩一卷

薛瑩　洞庭詩一卷

李洞詩集三卷

丁稜詩一卷

朱鄴賦三卷　又　詩三卷

盧延讓詩集一卷

楊弇詩一卷

賀蘭明吉集一卷

徐融集一卷

韋説詩一卷

劉綺莊集十卷

張琳集十卷

徐昦集八卷

嚴宗集一卷

薛逢賦四卷　又　別紙十三卷

宋言賦一卷

郭賁　體物集一卷

楊復恭　行朝詩一卷

韓偓詩一卷　又　入翰林後詩一卷

馮涓　懷口賦一卷①　又　集十三卷　龍吟集三卷　長樂集
　一卷

朱朴　荆山子詩集四卷　又　雜表一卷

孫郃小集三卷②

楊士達　擬諷諫集五卷

---

① "口"，《宋史·藝文志》作"秦"。
② "郃"，《宋史·藝文志》作"郃"。

陳光詩一卷

吳仁璧詩一卷

戚同文　孟諸集二十卷

王振詩一卷

嚴虔崧　寶囊五卷　又　表狀五卷

倪明基詩一卷

李洪皋集二卷　又　表狀一卷

韋文靖牋表一卷

崔升　魯史分門屬類賦一卷

韋鼎詩一卷

孫該詩一卷

衛單詩一卷

蔡融詩一卷

來鵬詩一卷

謝璧賦一卷　又　詩集四卷策林十卷　咏高士詩一卷　沃山
　焦山賦一卷

扈蒙鷔山集二十卷

毛欽一文二卷

張友正文一卷

南卓集一卷

陳陶文録十卷

封鷔　翰稿八卷

胡會集十卷

李商隱賦一卷　又　雜文一卷

劉鄴集四卷　又　從事三卷

陳黯集一卷　"陳"一作"劉"。

陳汀　五源文集三卷　又　賦一卷

張次宗集六卷

劉三復　景臺雜編十卷　又　問遺集三卷　別集一卷

王毅集十卷

倪曙　瓊稿集三卷　又　賦一卷

皮日休別集七卷

陸龜蒙詩編十卷　又　賦六卷

錢珝制集十卷　又　舟中録二十卷

楊夔集五卷　又賦一卷　冗書十卷　冗餘集十卷

鄭昌士　白巖集五卷　又　詩集十卷

程遜集十卷

溫庭筠　漢南真稿十卷　又　集十四卷　握蘭集三卷　記室
　備要三卷　詩集五卷

崔毅　管記集十卷

蔣文彧　記室定名集三卷

盧肇　愈風集十卷　又　大統賦注六卷　海潮賦一卷　通屈
　賦一卷

鄭賓　行宮集十卷　<small>"賓"一作"賓"。</small>

張澤　飲河集十五卷

劉宗　望制集八卷　<small>"宗"作"榮"。</small>

陸宸　禁林集七卷

張玄晏集二卷

高駢集三卷

李積　鼎國集三卷

顧雲集遺十卷　又　賦二卷　啓事一卷　苕亭雜筆五卷
　纂新十卷^①　苕川總載十卷　<small>"苕"一作"昭"。</small>

---

①　"新"下,《宋史·藝文志》有"文苑"二字。

康軿 九筆雜編十五卷

樂朋 龜集七卷 又 綸閣集十卷

徐寅別集五卷

吳融賦集五卷

崔致遠 筆耕集二十卷 又 別集一卷

崔邁集二卷

羅袞集二卷

李山甫雜賦二卷

李溪集四卷

羊昭業集十五卷

章震 肥川集十卷 又 磨盾集十卷

李景略 南燕染翰二十卷

孫邵① 孫文子纂四十卷②

汪文蔚集三卷

劉韜美 從軍集四十卷

郭子儀表奏五卷

顏真卿集十五卷

元結集十卷

李嶼詩一卷

常袞集三十三卷 又 集十卷

韋應物集十卷

高適詩集十二卷

李嘉祐詩一卷

張謂詩一卷

盧綸詩一卷

---

① "孫邵",《宋史·藝文志》作"孫邰"。
② "孫文子纂",《宋史·藝文志》作"孫子文纂"。

李端詩囗卷①

耿緯詩三卷

司空文明集一卷

韓翃詩五卷②

錢起詩十二卷

郎士元詩二卷

張繼詩一卷

陸贄集二十卷

王仲舒制集二卷

羊士諤詩一卷

雍裕之詩一卷

裴度集二卷

武元衡詩三卷

權德輿集五十卷

韓愈集五十卷　　又　　遺文一卷　　昌黎文集序傳碑記一卷　　西
　掖雅言五卷

祝光　　韓文音義五十卷

朱熹　　韓文考異十卷

樊汝霖　　譜注韓文四十卷

洪興祖　　韓文年譜一卷　　韓文辨證一卷

方崧卿　　韓集舉正一卷

柳宗元集三十卷

張敦頤　　柳文音辨一卷

劉禹錫集三十卷　　又　　外集十卷

吕温集十卷

---

① “囗卷”，《國史經籍志》作“三卷”。

② “韓翃”，《宋史·藝文志》作“韓翃”。

李觀集五卷

李賀集一卷　又　外集一卷

歐陽詹集一卷

歐陽袞集一卷

張籍集十二卷

孟東野詩集十卷

李翱集十二卷

皇甫湜集八卷

賈島詩一卷

盧仝詩一卷

劉义詩一卷

沈亞之詩十二卷

樊宗師集一卷

吳武陵詩一卷

張碧詩一卷　又　歌行一卷

包幼正詩一卷

朱放詩二卷

符載集二卷

鮑溶歌詩五卷

李益詩一卷

李約詩一卷

熊孺登詩一卷

蔣防集一卷

崔元翰集十卷

張登集六卷

竇叔向詩一卷

竇鞏詩一卷

穆員集九卷

殷堯藩詩一卷

獨孤及集二十卷

張仲素詩一卷

劉言史詩十卷

章孝標集七卷

莊南傑　雜歌行一卷

朱灣詩一卷

張祐詩十卷

李絳文集六卷

元積集四十八卷　又　元相逸詩二卷

趙暘詩一卷

白居易　長慶集七十一卷

袁不約詩一卷

施肩吾集十卷

李甘集一卷

朱慶餘詩一卷

李程集一卷

王涯　翰林歌詞一卷

令狐楚表奏十卷　又　歌詩一卷

李涉詩一卷

楊巨源詩一卷

喻鳧詩一卷

薛瑩詩一卷

牛僧孺集五卷

李紳詩三卷

李德裕集二十卷　又　別集十卷　記集二卷　姑臧集五卷　德

裕翰苑所作。

杜牧集二十卷

温庭筠集七卷

薛段成式集七卷

薛能詩集十卷

崔嘏制誥十卷

薛逢詩一卷

馬載詩一卷

姚鵠詩一卷

顧況集十五卷

顧非熊詩一卷

裴夷直詩二卷

項斯詩一卷

劉駕　古風詩一卷

李廓詩一卷

韓宗詩一卷

李遠詩一卷

曹鄴　古風詩二卷

許渾詩集十二卷

姚合詩集十卷

李頻詩一卷

李郢詩一卷

雍陶詩集三卷

于鄴詩十卷

陸暢集一卷

劉得仁詩集一卷

趙嘏　編年詩二卷

孫樵集三卷

儲嗣宗詩一卷

李鍇詩一卷

鄭巢詩一卷

鄭嵎　津陽門詩一卷

李殷　古風詩一卷

盧肇　文標集三卷

李商隱文集八卷　又　四六甲乙集四十卷　別集二十卷　詩
　集三卷

劉滄詩一卷

于鵠詩一卷

鄭畋集五卷　又　詩集一卷　論事五卷

皮日休　文藪十卷　滑臺集一卷①　弔江都賦一卷

劉蛻集十卷

李昌符詩一卷

侯圭　江都賦一卷

沈光詩集一卷

陸龜蒙集四卷

喻坦之集一卷

周賀詩一卷

曹唐詩三卷

許棠詩集一卷

獨孤霖　玉堂集二十卷

李山甫詩一卷

胡曾　咏史詩三卷　又　詩一卷

張喬詩一卷

———————

　　①　"滑",《宋史·藝文志》作"胥"。

王棨詩一卷

于濆　古風詩一卷

聶夷中詩一卷

林寬詩一卷

薛廷珪　鳳閣書詞十卷

羅虬北　紅兒詩十卷

羅鄴詩一卷

羅隱　湘南應用集三卷　又　淮海寓言七卷　甲乙集三卷
　外集詩一卷　啓事一卷　讒本三卷　讒書五卷

崔道融集九卷

高駢詩一卷

顧雲編稿十卷　又　鳳策聯華三卷

司空圖　一鳴集三十卷

崔塗詩一卷

崔魯詩一卷

林嵩詩一卷

王駕詩六卷

唐彦謙詩集二卷

方干詩二卷

徐凝詩一卷

周朴詩一卷

陳陶詩十卷

王貞白集七卷

陸希聲　君陽遁叟山集記一卷

鄭渥詩一卷

鄭雲叟　擬峰集二卷

杜甫詩二十卷　又　外集一卷

杜詩標題三卷　題鮑氏，不知名。

王維集十卷

賈至集十卷　又　詩一卷

儲光羲集二卷

綦母潛詩一卷

劉長卿集二十卷

蕭穎士集十卷

李華集二十卷

秦系　秦隱君詩一卷

張鼎詩一卷

程晏集十卷

張南史詩一卷

陳黯集一卷

杜荀鶴　唐風集二卷

嚴鄆詩一卷

李溪奏議一卷

吳融集五卷

褚載詩一卷

曹松詩一卷

翁承贊詩一卷

張蠙詩一卷

孫郃集二卷①

秦韜玉集三卷

鄭谷詩三卷　又　詩一卷　外集一卷

韓偓　香奩小集一卷　又　別集三卷

_____

①　"孫郃"，《宋史·藝文志》作"孫郃"。

王轂詩三卷

裴説詩一卷

李雄詩三卷

説李中集三卷

李善夷集六卷

黃璞集五卷

孫元晏　六朝咏史詩一卷

竇永賦一卷

閻防詩一卷

王季友詩一卷

林藻集一卷

劉憲詩一卷

朱景玄詩一卷

蘇拯詩一卷

王建集十卷

楊炎集十卷

唐于公異奏記一卷

麴信陵詩一卷

劉商集十卷

戎昱集五卷

戴叔倫述稿十卷

張韋詩一卷

陳羽詩一卷

李慎詩一卷

劉威詩一卷

邵謁詩一卷

鄭昌士　四六集一卷

柳俵詩一卷

任藩詩一卷^①

楊衡詩一卷

文丙詩一卷

皮氏　玉笥集一卷　　不知作者。

黃滔　莆陽黃御史集二卷

黃寺丞詩一卷　　不著名,題唐人。

蘆中詩二卷　　不知作者。

李琪　金門集十卷

韋莊　浣花集十卷

諫草一卷

殷文圭　冥搜集二十卷　又　登龍集十五卷

孫晟集五卷

李崧　真珠集一卷

高輦　昆玉集一卷

馬幼昌集四卷

林鼎　吳江應用二十卷

王睿　炙轂子三卷　又　聯珠集五卷

周延禧　百一集二十卷

沈文昌集二十卷

張沈　一飛集三卷

呂述　東平小集三卷

馮道集六卷　又　河間集五卷　詩集十卷

李松　錦囊集三卷　又　別集一卷

王仁裕　乘輅集五卷　又　紫閣集五卷　紫泥集十二卷　紫

---

① 　"任藩",《宋史·藝文志》作"任翻"。

泥後集四十卷　詩集十卷

公乘億　珠林集四卷　又　華林集三卷　集七卷　賦十二卷

王超　洋源集十卷　又　鳳鳴集三卷

孫開物集十六卷

李琪　應用集三卷

崔拙集二卷

李愚　白沙集十卷　又　五書一卷

丘光業詩一卷

錢鏐　吳越石壁記一卷

孫光憲　荆臺集四十卷　又　筆備集十卷　紀遇詩十卷　鞏
　湖編甂三卷　橘齋集二卷

和凝　演論集三十卷　又　游藝集五十卷　紅藥編五卷

賈緯　草堂集二十卷　又　續草堂集十五卷

張正　西掖集三十卷

休九鑄集五卷

韋莊諫疏牋表四卷

楊懷玉　忘筌集三卷

王倓後集十卷

喬諷集十卷

李洪茂集十卷

毛文晏　昌城後寓集十五卷　又　西閣集十卷　東壁出言
　三卷

杜光庭　廣成集一百卷　又　壺中集三卷

庾傳昌　金行啓運集二十卷

李堯夫　梓潼集二十卷

勾令言　玄舟集十二卷

童九齡　潼江集二十卷

王朴　翰苑集十卷

李瀚　丁年集十卷

塗昭良集八卷

李昊　蜀祖經緯略一百卷　又　樞機集二十卷

商文圭　從軍稿二十卷　又　鏤冰錄二十卷　筆耕詞二十卷

游恭　東里集三卷　又　廣東里集二十卷　短兵集三卷

朱潯　昌吳啓霸集三十卷

沈松　錢金集八卷

郭昭度　芸閣集十卷

李氏金臺鳳藻集五十卷

李爲光　斐然集五卷

程簡之　金鏤集十二卷

沈顔　陵陽集五卷　又　聲書十卷　解聲十五卷

程柔　安居雜著十卷

陳濬　挹讓錄七卷

李煜集十卷　又　集略十卷　詩一卷

宋齊丘　祀玄集三卷

孫晟　續古闕文一卷

陳致雍　曲臺奏議集二十卷

孟拱辰　鳳苑集三卷

湯筠　戎機集五卷

喬舜　擬謠十卷

張安石詩一卷

趙搏歌詩二卷

方納　遠華集一卷

韋藹詩一卷

張傑詩一卷

謝礒隱　雜感詩二卷

戴文　迴文詩一卷　"文"一作"又"。

守素先生遺榮詩集三卷

譚用藏詩一卷①

羅紹威　政餘詩集一卷

章碣詩一卷

商渚　潛陽詩集三卷

熊惟簡　湘西詩集三卷

李明詩集五卷

郭鵬詩一卷

孟賓子　金鰲詩集二卷

李叔文詩一卷

王希羽詩一卷

廖光圖詩集二卷

廖凝詩集七卷

廖遜詩集二卷

廖融詩集四卷

王梵志詩集一卷

左紹沖集三卷

熊皦　屠龍集五卷

章郾詩一卷

朱存　金陵覽古詩二卷

韓溉詩一卷

高蟾詩二卷

孫魴詩集三卷

---

① "譚用藏",《宋史·藝文志》作"譚藏用"。

成文幹詩集五卷

吳蛻　一字至七字詩二卷

羅浩源　廬山雜咏詩一卷

王遵　咏史一卷

冀訪　咏史十卷

孫玄晏　覽北史三卷

崔道融　申唐詩三卷

杜羣　咏唐史十卷

趙容　刺賢詩一卷　　"容"一作"谷"。

閻承琬　咏史三卷　六朝咏史六卷

童汝爲　咏史一卷

陸元皓　咏劉子詩三卷

高邁賦一卷

謝觀賦集八卷

蔣防賦集一卷

俞巖賦集一卷

侯圭賦集五卷

鄭瀆賦二卷

王雄賦集二卷①

賈嵩賦集三卷

蔣凝賦集三卷

桑維翰賦二卷

林絢　大統賦二卷　大紀賦三卷

李希運　兩京賦一卷

崔葆　數賦十卷

---

①　"雄"，《宋史·藝文志》作"翃"。

毛濤　渾天賦一卷

劉惲　悲甘陵賦一卷

盧獻卿　愍征賦一卷

張瑩　弔梁賦一卷　　"梁"下或有"郊"字。

王朴　樂賦一卷

趙鄰幾　禹別九州賦三卷

魯褒　錢神論一卷

潘詢　注才命論一卷

錢棲業　大虛潮論一卷

杜光庭　三教論一卷　　大寶論一卷

丁友亮　唐興贊論一卷①

丘光庭　海潮論一卷

趙昌嗣　海潮論一卷

九證心戒一卷②

杜嗣先　兔園策十卷

鄭寬　百道判一卷

吳康仁判一卷

崔銳判一卷

趙璘表狀一卷

李善夷表集一卷

鄭嵎表狀略三卷

彭霽啓狀一卷

鄭氏貽孫集四卷

張濬表狀一卷

李巨川啓狀二卷

---

① "贊",《宋史·藝文志》作"替"。

② 清文淵閣《四庫全書》本《通志·藝文略》著錄作者"楊嗣復撰"。

鄭隼　渚宮集四卷

李鶱　魚化集一卷

樊景表狀集五卷

羅貫啓狀二卷

梁震表狀一卷

趙仁拱　潛龍筆職三卷

黄台江西表狀二卷

周慎辭表狀五卷

郭洪　記室袖中備要三卷

金臺倚馬集九卷

擬狀制集三卷

章表分門一卷

兩制珠璣集二卷

搢紳集三卷

蓬壺集一卷

忘機子五卷　　並不知作者。

張昭　嘉善集五十卷

高錫　簪履編七卷

王祐集二十卷

羅處約　東觀集十卷

郭贄　文懿集三十卷

陳摶　釣潭集二卷

王溥集二十卷

趙上文集二十卷①

薛居正集三十卷

---

① “文”，《宋史・藝文志》作“交”。

竇儀　端揆集四十五卷

白積集十卷

徐鉉　質論一卷

蘇易簡章表十卷

李昉集五十卷

朱昂集三十卷

王旦集二十卷

鞠常集二十卷

李瑩集十卷

梁周翰　翰苑制草集二十卷①

王禹偁　制誥集十二卷

韓又奏議三卷

楊億　號略集七卷②

劉宣集一卷

楊徽之集五卷

趙師民　儒林舊德集三十卷

丘旭詩一卷　又　賦一卷

曾致堯　直言集一卷

張翼詩一卷

韋文化　韶程詩一卷

趙晟　金山詩一卷

李度　策名詩一卷

楊日嚴集十卷

趙抃　成都古今集三十卷

宋敏求　書閣前後集西垣制詞文集四十八卷

———————————

①　"翰"字原脱，據《宋史·藝文志》補。

②　"號"，《宋史·藝文志》作"號"。

呂惠卿文集一百卷　又　奏議一百七十卷

龔鼎臣諫草三卷

程師孟文集二十卷　又　奏議十五卷

楊繪文集八十卷

張方平　玉堂集二十卷

王洙　昌元集十卷

承幹文集十卷

田況文集三十卷

鄧綰　治平文集三十卷　又　翰林制集十卷　西垣制集三卷
　奏議二十卷　雜文詩賦五十卷

劉彝　明善集三十卷　又　居易集二十卷

趙世繁歌詩十卷

張詵文集十卷　又　奏議三十卷

韓絳文集五十卷　又　內外制集十三卷　奏議三十卷

龐元英文集三十卷

李常文集六十卷　又　奏議二十卷

孫覺文集四十卷　又　奏議十二卷　外集十卷

呂公孺詩集奏議二十卷

熊本文集三十卷　又　奏議二十卷

傅堯俞奏議十卷

葉康直文集十卷

李承之文集三十卷　又　奏議二十卷

盧秉文集十卷　又　奏議三十卷

晁補之　雞肋集一百卷

王庠文集五十卷

劉紋集六十卷

孔文仲文集五十卷

孔武仲奏議二卷

蒲宗孟文集奏議七十卷

張利一奏議三卷

喬執中　古律詩賦十五卷　又　雜文碑志十卷

趙仲庠内外制十卷　又　雜文五十卷　制誥表章十卷

趙仲銳文集十卷

李之純文集二十卷　又　奏議五卷

趙世逢　英華集十卷

李清臣文集一百卷　又　奏議三十卷

李新集四十卷

沈洙文集十卷

杜紘文集二十卷　又　奏議十卷　後山集三十卷

曾肇　元祐制集十二卷　又　曲阜外集三十卷

張舜民　畫墁集一百卷

王存文集五十卷

李昭集三十卷

蔣之奇　荆溪前後集八十九卷　又　別集九卷　北扉集九
　卷　西樞集四卷　卮言集五卷　芻言五十篇

舒亶文集一百卷

龔原文集七十卷　又　潁川唱和詩三卷

安燾文集四十卷　又　奏議十卷

張商英文集一百卷

蔡肇文集三十卷

劉跂集二十卷

秦敏學集二卷

曾孝廣文集二十卷

張閎文集二十卷

吳居厚文集一百卷　又　奏議一百二十卷

呂益柔文集五十卷　又　奏議一卷

姚祐文集六十卷　又　奏議二十卷

上官均文集五十卷　又　奏議十卷

葉煥　繼明集一卷

趙仲御　東堂集一卷

李長民　汴都賦一卷

鮑慎由文集五十卷

游酢文集十卷

劉安世文集二十卷

許安國詩三卷

唐恪文集八十卷

譚世績文集三十卷　又　奏議二十一卷　外制五卷　師陶集二卷

孫希廣　樵漁論三卷

竇夢證　東堂集三卷　恭翔集十卷　又表奏集十卷

盧文度集二卷

崔氏干旟錄六卷

李慎儀集十二卷

唐鴻集五卷

青蕪編集一卷

陳光圖集七卷

李洪源集二卷

酈炎文四篇

沈彬　閒居集十卷

羅隱後集二十卷　又　汝江集三卷　歌詩十四卷　吳越掌書記集三卷

熊皎　南金集二卷

龔霖詩一卷

倪曉賦一卷

譚用之詩一卷

扈載集五卷

南唐李後主集十卷

宋齊丘文傳十三卷

徐鍇集十五卷

馮延巳　陽春録一卷

田霖四六一卷

潘佑　滎陽集二十卷

左偃　鍾山集一卷

張爲詩一卷

徐演^①　探龍集五卷

張麟　答輿論三卷

楊九齡　桂堂編事二十卷

蔡昆詩一卷

廖正圖詩一卷

劉昭禹詩一卷

孫魴詩五卷

李建勛集二十卷

杜田注　杜詩補遺正繆十二卷

薛倉舒　杜詩補遺五卷　續注杜詩補遺八卷

洪興祖　杜詩辨證二卷

范質集三十卷

① 　“徐演”,《宋史·藝文志》作“徐寅”。

趙普奏議一卷

李瑩集一卷

陶穀集十卷

王佑　襄陽風景古迹詩一卷

柳開集十五卷

徐鉉集三十二卷

湯悅集三卷

宋白集一百卷　又　柳枝詞一卷

賈黃中集三十卷

李至集三十卷

張洎集五十卷

李諮集二十卷

楊朴詩一卷

潘閬詩一卷

羅處約詩一卷

李光輔集一卷

王操詩一卷

盧積　曲肱編六卷

趙湘集十二卷

古成之集三卷

章士廉集二卷

張君房　野語三卷

李九齡詩集一卷

廖氏家集一卷

王禹偁　小畜集三卷　又　外集二十卷　承明集十卷　別集
　十六卷

田錫集五十卷　又　別集三卷　奏議二卷

魏野　草堂集二卷　又　鉅鹿東觀集十卷

張咏集十卷

寇準詩三卷　又　巴東集一卷

丁謂集八卷　又　虎丘録五十卷　刀筆集二卷　青衿集三卷
　　知命集一卷

胡旦集十六卷

陳靖集十卷

晁迥　昭德新編三卷

穆修集三卷

熊知至集一卷

劉隨諫草二十卷

林逋詩七卷　又　詩二卷

柴慶集十卷

劉夔應制一卷

謝伯初詩一卷

呂祐之集二十卷

錢惟演　擁旄集五卷

陳堯佐　愚丘集二卷　又　潮陽新編一卷

石介集二十卷

夏竦集一百卷　又　策論十三卷

宋庠　緹巾集十二卷　又　操縵集六卷　連珠一卷

王隨集二十卷

石延年詩二卷

宋郊文集四十四卷

宋祁集一百五十卷　又　濡削一卷　刀筆集二十卷　西川猥
　　稿三卷

鄭文寶集三十卷

楊億　蓬山集五十四卷　又　武夷新編集二十卷　潁陰集二十卷　刀筆集二十卷　別集十二卷　汝陽雜編二十卷　鑾坡遺札十二卷

劉筠　册府應言集十卷　又　榮遇集二十卷　山中刀筆集三卷①　表奏六卷　肥川集四卷

韓丕詩三卷

种放集十卷

李介　种放江南小集二卷

柴成務集二十卷

孫何集四十卷

孫僅詩一卷

許申集一卷

錢易集六十卷

高弁集三卷

錢昭度詩一卷

唐異詩集一卷

江爲詩一卷

李畋集十卷

張楝集三卷

張景集二十卷

郭震集四卷

鄭修集一卷

許允豹詩一卷

劉若沖　永昌應制集三卷

陳漸集十五卷

---

① "山中",《宋史·藝文志》作"中山"。

陳充　民士編二十卷

錢彥遠　諫垣集三十卷　又　諫垣遺稿五卷

齊唐集三十卷　又　策論十卷

鮑當集一卷　又　後集一卷

何涉　治道中術六卷

仲訥集十二卷

梅堯臣集六十卷　又　後集二卷

畢田詩一卷

楊備　姑蘇百題詩三卷

宋綬　當山秘殿集三卷　又　託車集五卷^①　常山遺札三卷

許推官吟一卷

袁陟　廬山四游詩一卷　又　金陵訪古詩一卷　魯交集三卷

鄭伯玉詩一卷

顏太初集十卷

范仲淹集二十卷　又　別集四卷　尺牘二卷　奏議十五卷
　丹陽編八卷

呂申公試卷一卷

杜衍詩一卷

丘濬　觀時感事詩一卷　困編一卷

晏殊集二十八卷　又　臨川集三十卷　詩二卷　二州集十五
　卷^②　二府別集十二卷　北海新編六卷　平臺集一卷

胡宿集七十卷　又　制詞四卷

包拯奏議十卷

廖偁　朱陵編一卷

戴真詩二卷

---

① "車",《宋史・藝文志》作"居"。
② "州",《宋史・藝文志》作"府"。

錢藻賢良策五卷

蘇愛欽集十六卷

張伯玉　蓬萊詩二卷

孫復集十卷

周曇　咏史詩八卷

尹洙集二十八卷

崔公度　感山賦一卷

燕肅詩二卷

尹源集六卷　又　幕中集十六卷

葉清臣集十六卷

李淑　書殿集二十卷　又　筆語十五卷

龍昌期集八卷

田況策論十卷

蔣康叔小集一卷

張俞集二十六卷

寇隨詩一卷

王琪詩二十卷

狄遵度集十卷

黃亢集十二卷

李問詩一卷

李祺　刀筆集十五卷　又　象臺四六集七卷

陳亞　藥名詩一卷

黃通集三卷

湛俞詩一卷

江休復集四十卷

王回集十卷

蘇洵集十五卷　又　別集五卷

李泰伯　直講集三十三卷　又　後集六卷

黄庶集六卷

劉輝集八卷

王同集十卷

王令集二十卷　又　廣陵文集六卷

余靖集二十卷　又　諫草三卷

孫沔集十卷

劉敞集七十五卷

蔡襄集六十卷　又　奏議十卷

歐陽修集五十卷　又　別集二十卷　六一集七卷　奏議十八
　卷　內外制集十一卷　從諫集八卷

韓琦集五十卷　又　諫垣存稿三卷

富弼奏議十二卷　又　札子十六卷

呂誨集十五卷　又　章奏二十卷

趙抃　南臺諫垣集二卷　又　清獻盡言集二卷

元絳　玉堂集二十卷　又　玉堂詩十卷

鄭獬集五十卷

王陶詩三十卷　又　集五卷

宋敏求　東觀絕筆二十卷

晁端友詩十卷

程師孟　長樂集一卷

陶弼集十五卷

強至集四十卷

邵雍集二十卷

張載集十卷

張先詩二十卷

陳襄集二十五卷　又　奏議一卷

曾鞏　　元豐類稿五十卷　　又　　別集六卷　　續稿四十卷

揚蟠詩二十卷

袁思正集六卷

晁端忠詩一卷

章望之集四十卷　　又　　集十一卷

吳頎詩一卷

劉渙詩十二卷

吳孝宗集二十卷

呂南公　　灌園集三十卷

王韶奏議六卷

李師中詩三卷

楊繪諫疏七卷

傅翼之集一卷

任大中集三卷

方子通詩一卷

王震　　元豐懷遇集七卷

張徽集三卷　　又　　北闉詩一卷

王無咎集十五卷

司馬光集八十卷　　又　　全集一百十六卷

龔鼎臣集五十卷

文彥博集三十卷　　又　　顯忠集二卷

王安石集一百卷

張方平集四十卷　　又　　進策九卷

王珪集一百卷

范鎮　　諫垣集十卷　　又　　奏議二卷

程顥集四卷

朱光庭奏議三卷

范祖禹集五十五卷

王巖叟集四十卷

趙瞻集二十卷　又　奏議十卷

楊傑集十五卷　又　別集十卷

鮮于侁集二卷

蘇頌集七十二卷　又　略集一卷

劉攽集六十卷

王剛中文集六卷

顏復集十三卷

孔平仲　詩戲一卷

劉摯集四十卷

邢居實　呻吟集一卷

陳軒　綸閣編六卷　又　榮名集二卷　臨汀集六卷

陳敦詩六卷

陳先生　揭陽集十卷　不知名。

劉定詩一卷

許彥國詩三卷

張重集八卷

王定民　雙誨編二十四卷

何宗元　十議三卷

張公庠詩一卷

韋驤集十八卷　又　賦二十卷

李清臣集八十卷　又　進策五卷

程頤集二十卷

蘇軾　前後集七十卷　奏議十五卷　補遺三卷　南征集一卷
　　詞一卷　南省説書一卷　應詔集十卷　内外制十三卷
　　別集四十六卷　黄州集二卷　續集二卷　和陶詩四卷　北

　歸集六卷　僧耳手澤一卷　年譜一卷

蘇轍　欒城集八十四卷　應詔集十卷　策論十卷　均陽雜著

　一卷

黃庭堅集三十卷　樂府二卷　外集十四卷　書尺十五卷

陳師道集十四卷　又　語業一卷

秦觀集四十卷

蔣之奇集一卷

曾布集三十卷

呂惠卿集五十卷

曾肇集四十卷　又　奏議十二卷　西垣集十二卷　庚辰外制

　集三卷　內制集五卷

張耒集七十卷　又　進卷十二卷

李昭玘集三十卷

晁補之集七十卷

李廌集三十卷

蔡肇集六卷　又　詩三卷

呂陶集六十卷

張舜民集一百卷

張商英集十三卷

鄭俠集二十卷

錢惟演　伊川集五卷

陳簡能集一卷

馮京　潛山文集一卷

陳舜俞集三十卷　又　治說十卷　應制策論一卷

金君卿集十卷

劉煇　東歸集十卷

王安國集六十卷　又　序言八卷

王安禮集二十卷

范純仁　忠宣集三十卷　又　彈事五卷　國論五卷

韓維　南陽集三十卷　又　潁邸記室集一卷　奏議一卷

李復　潏水集四十卷

傅堯俞集十卷

丁隲奏議二十卷　又　奏議一卷

陳師錫奏議一卷

彭汝礪　鄱陽集四十卷

龔夬奏議一卷

范百祿　榮國集五十卷　又　奏議六卷　内制五卷　外制
　　五卷

鄒浩　文卿集四十卷

郭祥正集三十卷

陳瓘集四十卷　又　責沈一卷　諫垣集三卷　四明尊堯集五
　　卷　了齋親筆十卷　尊堯餘言一卷

李新集四十卷

吳栻　蜀道紀行詩三卷　又　菴峰集一卷

徐積集三十卷

任伯雨　戀草二卷　又　乘桴集三卷

葛次仲集句詩三卷

鄭少微策六卷

石柔　橘林集十六卷

謝逸集二十卷　又　溪堂詩五卷

謝薖集十卷

陸純集一卷

張勵詩二十卷

廖正一集八卷

韓筠集一卷

張勸詩二卷

王寀　南陔集一卷

楊天惠集六十卷

劉跂集二十卷　王家撰。

唐庚集二十二卷

馬存集十卷　又　經濟集十二卷

朱服集十三卷

毛滂集十五卷

李樵詩二卷

朱減集十二卷

劉珏奏議一卷

崔鷗集三十卷

李若水集十卷

梅執禮集十五卷

晁說之集二十卷

楊時集二十卷　又　龜山集三十五卷

李朴集二十卷

王安中集二十卷

徐俯集三卷

呂本中詩二十卷

翟汝文集三十卷

汪藻集六十卷

程俱集三十四卷

李綱文集十八卷

趙鼎　得全居士集二卷　又　忠正德文集十卷

朱勝非奏議十五卷

綦崇禮　北海集六十卷

葉夢得　石林集一百卷　又　奏議十五卷　建康集八卷

孫覿　鴻慶集四十二卷

汪伯彦後集二十五卷　又　續編一卷

胡銓　澹菴集七十卷

李光前後集三十卷

張澂　澹巖集四十卷

李邴　草堂後集二十六卷

饒節　倚松集十四卷

吳則禮集十卷

韓駒　陵陽集十五卷　又　別集二卷

傅察集三卷

趙鼎臣　竹隱畸士集四十卷

趙育　酒隱集三卷

曾匪集十六卷

陳東奏議一卷

章誼奏議二卷　又　文集二十卷

劉安世　元城盡言集十三卷

許景衡　橫塘集三十卷

田畫集二卷

劉弇　龍雲集三十二卷

慕容彦逢集三十卷

李端叔　姑溪集五十卷　又　後集二十卷

米芾　山林集拾遺八卷

倪濤　玉溪集二十二卷

張彦實　東窗集四十卷　又　詩十卷

劉一止　苕溪集五十五卷

王賞　玉臺集四十卷

馮時行　縉雲集四十三卷

高登　東溪集十二卷

仲並　浮山集十六卷

王洋　東牟集二十九卷

關注集二十卷

葛立方　歸愚集二十卷

曹勛　松隱集四十卷

辛次膺奏議二十卷　又　牋表十卷

周麟之　海陵集二十三卷

王鎡集二十三卷

任古　拙齋遺稿三卷

任正言　小醜集十二卷　又　續集五卷

張積　鶴鳴先生集四十一卷

呂大臨　玉溪先生集二十八卷

胡恭　政議進稿一卷

葉訪所業二卷

勾滋　達齋文集七卷

吳正肅　制科文集十卷

王發　制舉策論十卷

呂頤浩　忠穆文集十五卷

張元幹　蘆川詞二卷

三顧隱客文集十一卷

文選精理二十卷

岳陽黃氏　靈仙集十五卷　以下不知名。①

①　"下"，《宋史・藝文志》作"上"。

宋初梅花千咏二卷

易安居士文集七卷 宋李格非女撰。 又 易安詞六卷

辛棄疾長短句十二卷 又 稼軒奏議一卷

吳楚紀行一卷 宋峽州守吳氏撰,不知名。

劉子翬 屏山集二十卷

劉珙集九十卷 又 附録四卷

鄧良能 書潛集三十卷

游桂 畏齋集二十二卷

王十朋 南游集二卷 又 後集一卷

史浩 真隱漫録五十卷

洪适 盤洲集八十卷

洪遵 小隱集七十卷

洪邁 野處猥稿一百四卷 又 瓊野録三卷

劉儀鳳 奇堂集三十卷 又 樂府一卷

羅願小集五卷

張嶫 紫微集三十卷

周紫芝 大倉稊米集七十卷

毛开 樵隱集十五卷

張行成 觀物集二十卷

倪文舉 綺川集十五卷

張嗣良 敝帚集十四卷 又 南澗甲乙稿七十卷[①]

韓元吉 愚戇録十卷

宋汝爲 忠嘉集一卷 又 後集一卷

陳熙甫奏札一卷

陳康伯 葛溪集三十卷

---

① 《宋史·藝文志》置此書於"韓元吉愚戇録十卷"後。

陳恬　澗上卷三十卷

汪中立　符桂録三卷

王萊　龜湖集十卷

何遑　蒙野集四十九卷

曹彦章　箕潁集一十卷

孫應時　燭湖集十卷

沈與求　龜溪集十二卷

呂祖儉　大愚集十一卷

顏師魯文集四十四卷

陳峴　東齋表奏二卷

聶冠卿　蘄春集十卷

沈夏文集二十卷

陳正伯　書丹推詞十一卷

劉給事文集一卷

鄧忠臣文集十二卷

賀鑄　慶湖遺老集二十九卷

林栗集三十卷　又　奏議五卷

龔茂良　靜泰堂集三十九卷

周必大　詞科舊稿三卷　又　掖垣類稿七卷　玉堂類稿二十
　卷　政府應制稿一卷　歷官表奏十二卷　省齋文稿四十
　卷　別稿十卷　平園續稿四十卷　承明集十卷　廢議十二
　卷　雜著述二十三卷　書稿十五卷　附録五卷

朱松　韋齋集十二卷　又　小集一卷

朱熹前集四十卷　後集九十一卷　續集十卷　別集二十四卷

張栻　南軒文集四十八卷

呂祖謙集十五卷　又　別集十六卷　外集五卷　附録三卷

汪應辰　翰林詞章五卷

鄭伯熊集三十卷

鄭伯英集二十六卷

陸九淵　象山集二十八卷　又　外集四卷

潘良貴集十五卷

林待聘內外制十五卷

吳鎰　敬齋集三十二卷

沈樞　宜林集三十卷

吳芾　湖山集四十三卷　又　別集一卷　和陶詩三卷　附錄

　三卷　當塗小集八卷

吳天驥　鳳山集十二卷

雍焯　過溪前集二十卷　又　後集三卷

趙彥端　介菴集十卷　又　外集三卷　介菴詞四卷

龐謙孺　白蘋集稿四卷

李迎遺稿一卷

謝諤　江行雜著三卷

曾丰　樽齋緣督集十四卷

陳傅良　止齋集五十二卷

陳亮集四十卷　又　外集詞四卷

蔡幼學　育德堂集五十卷

曾煥　毅齋集十八卷　又　臺城丙稿四卷　南城集十八卷

曾習之詩文二卷

蘇元老文集三十二卷

彭克　玉壺梅花三百咏一卷

王景文集四十卷

劉安上文集四卷

劉安節文集五卷

周博士文集十卷　不知名。

黃季岑　玉餘集十卷①

吳億　溪園自怡集十卷

周邦彥　清真居士集十一卷

程大昌文集二十卷

蘇籀　雙溪集十一卷

楊椿　芸室文集七十五卷

蔣邁　桂齋拙稿二卷　又　施正憲遺稿二卷

丘崇文集十卷

羅適　赤城先生文集十卷

王灼　頤室文集五十七卷

余安行　石月老人文集三十五卷

陸游　劍南續稿二十一卷　又　渭南集五十卷

費氏　芸山居士文集二十二卷　不知名。

李正民　大隱文集三十卷

杜受言　碔砆集十三卷

鄧肅　栟櫚集二十六卷

胡安國　武夷集二十二卷

胡寅　斐然集二十卷

程敦儒　寵堂集六十八卷　又　後集二十卷

朱翌集四十五卷　又　詩三卷

廖剛　高峰集十七卷

趙令時　安樂集三十卷

陸九齡文集六卷

周孚　鉛刀編三十二卷　玉堂梅林文集二十卷　又　雲溪類
　集三十卷

---

① “玉”，《宋史・藝文志》作“三”。

李璜　蘗菴文集十二卷

江公望　釣臺棄稿十四卷

吳沈　環溪集八卷

月湖信筆三卷　　不知作者。

趙雄奏議二十卷

許開　志隱類稿二十卷

項安世　丙辰悔稿四十七卷

趙逵　棲雲集二十五卷

黃策集四十卷

連實學奏議二卷　　不知名。

衛膚敏諫議遺稿二卷

姜夔　白石叢稿十卷

陳伯魚　澹齋草紙目録四十二卷

彭龜年　止堂集四十七卷

彭鳳　梅坡集五卷

李彌遠①　筠溪集二十四卷

龔日華　北征讜議十二卷

蕭之敏　直諒集三卷

李士美　北門集四卷

劉清之文集二十三卷

葉適文集二十八卷

周南　山房集五卷

王秬　復齋制表一卷

倪思奏議二十六卷　又　歷官表奏十卷　翰林奏草一卷　翰
　林前稿二十卷　翰林後稿二卷

---

①　"李彌遠",《宋史·藝文志》作"李彌遜"。

畢仲游文集五十卷

王之道　相山居士文集二十五卷　又　相山長短句二卷

王從三　近齋餘録五卷

謝伋　藥寮叢稿二十卷

羅點奏議二十三卷

李縶奏議二卷

詹儀之奏議二卷

胡執　萬石書一卷

周行已集十九卷

鮑欽止集二十卷

黃裳集六十卷

林敏功集十卷

方孝能文集一卷

王庠集五十卷

秦敏學集二卷

姚述堯　簫臺公餘一卷

蒙泉居士　韓文英華二卷

蘇過　斜川集十卷

王彥輔　鳳臺子和杜詩三卷

杜甫詩詳說二十八卷　不知作者。

郭徹　南湖詩八卷

陸長翁文集四十卷

詹叔羲　往天論十二卷

朱敦儒　陳淵集二十六卷　又　詞三卷

王寔集三十卷

蘇庠集三十卷

李師稷　皇華編一卷

劉一止集五十卷　《苕溪集》多五卷，張攀《書目》以此本爲《非齋類稿》。①

葛勝仲集八十卷

傅崧卿集六十卷　又　奏議二卷　制誥三卷

勾龍如淵雜著一卷

洪皓集十卷

胡宏集一卷

曾惇詩一卷

黄邦俊集三卷　又　強記集八卷

江袤集二十卷

盛澱策論一卷

潘闐　集杜詩句一卷

林震集句二卷

溢江集六卷　不知作者。

周總集一卷

張守集五十卷　又　奏議二十五卷　又　十八卷

范成大　石湖居士文集　卷亡。　又　石湖別集二十九卷　石
　　湖大全集一百三十六卷

許翰　襄陵文集二十二卷

樓鑰文集一百二十卷

張宰　蓮社文集五卷

胡世將集十五卷　又　忠獻胡公集六十卷

洪龜父詩一卷

柯夢得　抱甕集十五卷

姜如晦　月溪集三十二卷

錢聞詩文集二十八卷　又　廬山雜著三卷

---

① “非”下，《宋史·藝文志》有“有”字。

芮暉　家藏集七卷

王咨　雪齋文集四十卷

李燾文集一百二十卷

薛齊誼　六一先生事證一卷

王大昌　六一先生在滁詩一卷

汪居正①　竹西文集十卷

李觀　顯親集六卷

陳汝錫　鶴溪集十二卷

陳逢寅　山谷詩注二十卷

朱熹　校昌黎集五十卷

王洙　注杜詩三十六卷

方醇道　類集杜甫詩史三十卷

僧道翹　寒山拾得詩一卷

傅自得　至樂齋集四十卷

俞汝尚　溪堂集四卷

劉壽詩集二十卷

方惟深集十卷　又　錄一卷

王庭　雲螫集三卷

蔡栖　浩歌集一卷

王庭珪　盧溪集十卷

邵緝　荆溪集八卷

吳氏　符川集一卷　不知名。

陳克　天台詩十卷　又　外集四卷

劉綺　清溪詩集三卷

王質　雪山集三卷

---

① "汪居正",《宋史·藝文志》作"王居正"。

蕭德藻　十巖擇稿七卷　又　外編三卷

楊萬里　江湖集十四卷　又　荊溪集十卷　西歸集八卷　南
　海集八卷　朝天集十一卷　江西道院集三卷　朝天續集八
　卷　江東集十卷　退休集十四卷

危稹文集二十卷

林憲　雪巢小集二卷

葉鎮　會稽覽古詩一卷

邵博文集五十七卷

鄭剛中文集口卷①

李浩文集三卷

許及之文集三十卷　又　涉齋課稿九卷

黃榦文集十卷

錦屏先生文集十一卷　　不知名。

祝充　韓文音義五十卷

宋德之　青城遺稿二卷

沈渙文集五卷

王述文集二十卷

毛友文集四十卷

王惟之②　雪溪集八卷

范浚　香溪文集二十一卷

胡嶧　如村冗稿二十卷

唐文若　遁菴文集三十卷

黃公度　莆陽知稼翁集十二卷

方有聞文集一卷

陳楠文集十六卷

---

① "口卷",《宋史・藝文志》作"八卷"。

② "王惟之",《宋史・藝文志》作"王惟之"。

陳與義詩十卷　又　岳陽紀咏一卷

張文伯　江南凱歌二十卷

曾幾集十五卷

張孝祥文集四十卷　又　詞一卷　古風律詩絕句三卷

石行正　玉壘題咏九卷

何耕　勸戒詩一卷

孫稽仲　谷橋愚稿十卷

臨卭計用章集十二卷

李縝　梅百咏詩一卷

倪正甫　兼山小集三十卷

黃嚳　復齋漫稿二卷

丁逢　南征詩一卷

京鏜詩七卷　又　詞二卷

趙時逢　山窗斐稿一卷

王稱詩四卷

徐璣　泉山詩稿一卷

黃虒詩稿一卷

黃景說　白石丁稿一卷

吳賦之文集一卷

曾布之　丹丘使君詩詞一卷

朱存　金陵詩一卷

石召集一卷

潘咸詩一卷

文史聯珠十三卷　不知作者。

得全居士詞一卷　不知名。

汪遵　咏史詩一卷

韓遂詩一卷

張安石集一卷

盧士衡詩一卷

葉楚詩一卷

陳三思詩一卷

丁稜詩一卷

江漢編七卷　不知作者。

晉惠遠　廬山集十卷

僧棲白詩一卷

僧子蘭詩一卷

僧懷浦詩集一卷

僧安綏　雁蕩山集一卷

僧虛中詩一卷

僧貫林集三十卷

僧清塞集一卷

僧齊巳集十卷　又　白蓮編外集十卷

僧義現集三卷

僧應之集一卷

僧承訥集一卷

僧無願集一卷

僧靈穆集一卷

僧靈護　筠源集十卷

僧可朋　玉壘集十卷

僧自牧　括囊集十卷

僧賓付集一卷

僧尚顏　荆門集五卷

僧曇域　龍華集十卷

僧文雅集一卷

僧光白　蓮社集二十卷　又　虎溪集十卷

僧處默詩一卷

僧希覺　擬江東集五卷

僧鴻漸詩一卷

僧智暹詩一卷

僧康白詩十卷

僧惠崇詩三卷

僧文暢　碧雲集一卷

僧楚巒詩一卷

僧皎然詩十卷

僧無可詩一卷

僧靈澈詩一卷

僧修睦詩一卷

僧彙征集三卷

僧本先集一卷

僧文彧詩一卷

僧秘演集二卷

僧保暹集二卷

僧智圓　閒居編五十一卷

僧大容集一卷

僧來鵬詩一卷

僧可尚　揀金集九卷

僧惠澄詩一卷

僧有鵬詩一卷

僧警淳詩一卷

僧靈一詩一卷

止禪師　青谷集二卷

僧惠洪　物外集二卷　又　石門文字禪三十卷

僧祖可詩十三卷

道□□□果詩一卷①

魯玄機詩集一卷②

李季蘭詩集一卷　唐女道士李裕撰。

勾台符　臥雲編三卷

石仲元詩二卷

謝希孟詩二卷　又　采蘋詩一卷

曹希蘊歌詩後集二卷

蒲氏玉清編一卷

吳氏南宮詩二卷

王尚恭詩一卷　王充女。

徐氏閨秀集一卷

王氏詩一卷

王綸　瑤臺集二卷

許氏詩一卷　許彥國母。

楊吉　登瀛集五卷

劉京集四十卷

---

① “道□□□果詩”，《宋史·藝文志》作“道士主父果詩”。
② “魯”，《宋史·藝文志》作“魚”。

藝文八

總集類

孔逭　文苑十九卷

蕭統　文選六十卷　李善注。

庾自直　類文三百六十二卷

柳宗直　西漢文類四十卷

竇儼　東漢文類三十卷

陶叔獻　西漢文類四十卷

五臣注文選三十卷

周明辨　文選彙聚十卷

呂延祚注　文選三十卷

常寶鼎　文選名氏類目十卷

卜鄰　續文選二十三卷

樂史　唐登科文選五十卷

姚鉉　唐文粹一百卷

宋白　李昉等纂　文苑英華一千卷

宋遵度　群書麗藻一千卷

呂祖謙　皇朝文鑑一百五十卷　又　國朝名臣奏議十卷

王勉　楚辭章句二卷

楚辭釋文一卷

離騷約二卷

徐鍇　賦苑二百卷　目一卷

廣類賦二十五卷

靈仙賦集二卷

甲賦五卷

賦選五卷

江文蔚　唐吳英秀賦七十二卷

桂香賦集三十卷

楊翔　典麗賦六十四卷

類文賦集一卷

謝壁　七賦一卷

杜鎬　君臣廣載集三十卷

李虛巳　明良集五百卷

劉元濟　正聲集五卷

王正範　續正聲集五卷　又　洞天集五卷

韋莊　采玄集一卷

陳正圖　備遺綴英集二十卷

劉明素　麗文集五卷

劉松　宜陽集十卷

叢玉集七十卷

李商隱　桂管集二十卷

樂瞻　文囿集十卷

雜文集二十卷

劉贊　蜀國文英八卷

分門文集十卷

劉從義　遺風集二十一卷

游恭　短兵集三卷

鮑溶集六卷

皮日休　藪文一卷

徐陵　玉臺新咏十卷

廣玉臺集三十卷

文選後名人詩九卷

高仲武詩甲集五卷　詩乙集五卷

唐省試詩集三卷

顏陶　唐詩類選二十卷

鍾安禮　資吟五卷

張爲　前賢咏題詩三卷

僧玄鑑　續古今詩集

詩纘集三卷

元稹　白居易　李諒　杭越寄和詩集一卷

唐集賢院詩集二卷

蘇州名賢雜咏一卷

新安名士詩三卷

應制賞花詩十卷

許恭宗　文館詞林詩一卷

喬舜　桂香詩一卷

雍子方　沈括編　集賢院詩一卷

趙仲祥詩十卷

朱壽昌　樂府集十卷

蔣文彧　廣樂府集三卷

許南容　五子策林十卷

周仁瞻　古今類聚策苑十四卷

禮部策十卷

楊協　論苑十卷

唐凌烟閣功臣贊一卷

國子監武成王廟贊二卷

大中祥符封禪祥瑞贊五卷

丁謂　大中祥符祀汾陰祥瑞贊五卷

馬文敏　王言會最抄五卷

唐制誥集十卷

元和制誥集十卷

元和制策三卷

滕宗諒　大唐統制三十卷

擬狀注制集十卷

費乙　舊制編録六卷

貞元制敕書奏一卷

毛文晏　咸通麻制一卷

雜制詔集二十一卷

朱梁宣底八卷

制誥二卷

後唐麻稿集三卷

長興制集四卷

江南制集七卷

吳越石壁集二卷

李慎儀　集制二十卷

五代國初内制雜編十卷

建隆景德雜麻制十五卷

神哲徽三朝制誥三卷

李琪　玉堂遺範三十卷

蔡省風　瑤池集二卷

唐哀册文四卷

孫洙　褒恤雜録三卷

晉宋齊梁彈文四卷

馬總　奏議集二十卷

張元璹　歷代忠諫事對十卷

歷代名臣文疏三十卷

唐名臣奏七卷

張易　唐直臣諫奏七卷

御集諫書八十卷

唐奏議駮論一卷

趙元拱　諫爭集十卷

唐初表章一卷

毛漸表奏十卷

任諒　建中治本書一卷

沈常　總戎集十卷

顧臨　梁燾　總戎集十卷

續羽書六卷

王紹顏　皋書十卷

李緯　縱橫集二十卷

趙化基　止戈書五十卷

張鋼　管記苑十卷

李大華　掌記略十五卷　新掌記略九卷

林逢　續掌記略十五卷

唐格　群經雜記一卷

周明辨　五經手判六卷

徐德言　分史衡鑑十卷

劉攽　經史新義一部　卷亡。

南康筆　代耕心鑑十卷

干祿寶典二十七卷

薛廷珪　克家志九卷

趙世繁　忠孝錄五卷

趙世逢　幽居録五卷

臧嘉猷　羽書集三卷

劉允濟　金門待詔集五卷

僧惠淨　續古今詩苑英華十卷

孫翌　正聲集三卷

崔融　珠英學士集五卷

竇常　南薰集三卷

搜玉集一卷　　唐崔湜至融，凡三十七人，集者不知名。

太平内制三卷　　睿宗、玄宗時制詔。

賀鑑　歸鄉集一卷

奇章集四卷　　李林甫至崔百餘家詩。

唐德音三十卷　　起武德迄天寶。

張曲江雜編一卷　　集者並不知名。

李康　玉臺後集十卷

殷璠　河岳英靈集二卷　又　丹陽集一卷

蕭昕　送邢桂州詩一卷

曹恩　起予集五卷

李吉甫　麗則集五卷　又　類表五十卷

許孟容　謝亭詩集一卷

竇氏連珠集一卷

孟總　唐名臣奏議集二十卷

送毛仙翁詩集一卷　　牛僧孺、韓愈等贈。

高仲武　中興間氣集二卷　　錢起等詩。

集賢院諸廳壁記二卷　　李吉甫、武元衡、常衮題咏集。

大曆浙東酬唱集一卷

臨淮尺題集二卷

臨平詩集一卷

送白監歸東都詩一卷

洛中集一卷

名公唱和集四卷

垂風集一卷

咸通初表奏集一卷

唐十九家詩十卷

雲門寺詩一卷

章奏集類二十卷

唐百家詩選二十卷

陸海六卷　集者並不知名。

令狐楚　斷金集一卷　又纂　雜詩一卷

劉禹錫　彭陽唱和集二卷　又　彭陽唱和後集一卷　汝洛唱
　和集三卷　吳蜀集一卷　劉白唱和集三卷

段成式　漢上題襟十卷

擅溪子　道民　連壁詩集三十二卷

孟啓　本事詩一卷

盧瑰　杼情集二卷

僧曇光上人詩一卷

姚合　極玄集一卷

韋莊　又玄集三卷

皮日休　松陵集十卷

芮挺章　國秀集三卷

宋太祖　真宗　御制國子監兩廟贊二卷

賜陳搏詩八卷

送張無夢歸山詩一卷

賜王韶手詔一卷

漢魏文章二卷

漢名臣奏二卷

漢賢遺集一卷

三國志文類六十卷

晉代名臣集十五卷

謝氏蘭玉集十卷

古詩選集十卷

宋二百家詩二十三卷

長樂三王雜事十四卷　集者並不知名。

陳彭年　宸章集二十五卷

宋綬　本朝大詔令二百四十卷　又　唐大詔令一百三十卷

　目録三卷

洪遵　中興以來玉堂制草三十四卷

周必大　續中興玉堂制草三十卷

韓忠彦　追榮集一卷

朱翌　五制集一卷

熊克　京口詩集十卷

李仁剛　浯溪古今石刻集録一卷

侍其光祖　浯溪石刻後集再集一卷

李燾　謝家詩集一卷

再憶　宋百家詩選五十卷　又　續選二十卷

吳説編　古今絕句三卷

廖敏得　浯溪石刻續集一卷

呂祖謙　東萊集詩二卷

孔文仲　三孔清江集四十卷

劉燾　楊萬里　米芾等　壯觀類編一卷

邵浩　坡門酬唱二十三卷

倪恕　安陸酬唱集六卷

管銳　横浦集二卷

方松卿　續横浦集十二卷

趙不敵　清漳集三十卷

廖遅　樵川集十卷

洪适　荆門惠泉詩集二卷

詹淵　括蒼集三卷

陳百朋　續括蒼集五卷

柳大雅　括蒼別集四卷

胡舜舉　劍津集十卷

許份　漢南酬唱集一卷

楊恕　臨江集三十四卷

汪浹　元祐榮觀集五卷

衛博　定盦類稿十二卷

于霆　南紀集五卷

湯邦傑　南紀別集一卷

家求仁　名賢雜咏五十卷　又　草木蟲魚詩六十八卷

程九萬　三老奏議七卷

畢仲游　元祐館職詔策詞記一卷

謝逸　溪堂師友尺牘六卷

羅唐二茂才重校唐宋類詩二十卷

三洪制稿六十二卷　洪适、洪遵、洪邁撰。

李壁　中興諸臣奏議四百五十卷

洪邁　唐一千家詩一百卷

三蘇文集一百卷　郎曄進。

臨賀郡志二卷

相江集十卷

豫章類集十卷

千家名賢翰墨大全五百一十八卷

三蘇文類六十八卷

續本事詩二卷

集選一百卷

唐賢長書一卷

唐三十二僧詩一卷

四僧詩八卷

唐雜詩一卷

五代制詞一卷

重編類啓十卷

潤州金山寺詩一卷　　自《臨賀郡志》以下並不知集者姓名。

蔡省風　瑤池集一卷

陳匡圖　擬玄類集十卷

韋縠　唐名賢才調詩集十卷

劉吉　江南續又玄集二卷

田錫　唐明皇制誥後集一百卷

蘇易簡　禁林宴會集一卷

子起　家宴集五卷　　不知姓。

楊徽　論苑十卷

馮翊嚴　滁州琅邪山古今名賢文章一卷

朱博　叢玄集二十卷

二李唱和詩一卷　　李昉、李至作。

楊億　西昆酬唱集二卷

陳充　九僧詩集一卷　　宋初僧惠崇等。

四釋聯唱詩集一卷　　丁謂序。

楊偉　虢郡文齋集五卷

謫仙集十卷　　勾龍震集古今人詞,以李白爲首。

僧仁贊　唐宋類詩二十卷

許洞　徐鉉　雜古文賦一卷

郭希朴　養閒亭詩一卷

幼暉　金華瀛洲集三十卷

王咸　典麗賦九十三卷

華林義門書堂詩集一卷　王欽若、錢惟演等作。

張逸　楊諤　潼川唱和集一卷

李祺　天聖賦苑一十八卷　又　珍題集三十卷

滕宗諒　岳陽樓詩二卷

徐徽　滁陽慶曆集十卷

韓琦　閱古堂詩一卷

送僧符游南昌集一卷　范鎮序。

石聲編一卷　趙師旦家編集。

吳中復　吳秘　張谷等　南犍唱和詩集一卷

鄭雍　古今名賢詩二卷

歐陽修　禮部唱和詩集三卷　送元絳詩集一卷　送文同詩一卷　鮮于侁序。

晏殊　張士遜　笑臺詩一卷

慧明大師　靈應天竺集一卷

宋璋　錦里玉堂編五卷

孫洙　褒題集三十卷　又　張氏詩傳一卷

宋敏求　寶刻叢章三十卷　寶刻叢章拾遺三十卷

孫氏　吳興詩三卷　不知名。

姚闢　荊溪唱和詩一卷

林少穎　觀瀾文集六十三卷

呂本中　江西宗派詩集一百十五卷

曾紘　江西續宗派詩集二卷

石處道　松江集一卷

江文叔　桂林文集二十卷

劉褒　續集十二卷

黄豈　續乙集八卷

張修　桂林集十二卷

徐大觀　又續集四卷

丁逢　郴江前集十卷　又　後集五卷　又　郴江續集九卷

楊倓　南州集十卷

王仁　澧陽集四卷

道士田居實　司空山集二卷

姜之茂　臨川三隱詩集三卷

熊克　館學喜雪唱和詩二卷

陳天麟游山唱和詩一卷

史正心　清暉閣詩一卷

葛郛　載德集四卷

王十朋　楚東唱酬集一卷

莫琮　椿桂堂詩一卷

何絃　籍桂堂唱和集一卷

莫若沖　清湘泮水酬和詩一卷

陳讜　西江酬唱詩一卷

廖伯憲　岳陽唱和詩三卷

黄學行　又乙集一卷

劉璿　政和縣齋酬唱一卷

林安宅　南海集二十卷

曾肇　滁陽慶曆前集十卷

吳珏　滁陽慶曆後集十卷

干越題咏三卷　　李並序。

郝篋　都梁集十卷

西湖寓隱回文類聚一卷

鄆州白雪樓詩一卷　蕭德藻序。

三蘇翰墨一卷　蘇軾等書。

桂香集六卷

留題落星寺詩一卷

翰苑名賢集一卷

宋賢文集三卷

宋賢文藪四十卷

先容集一卷

制誥章表二卷　又　制誥章表十五卷

儒林精選時文十六卷

玉堂詩三十六卷

辭林類稿三卷

海南集十八卷

鄞江集九卷

嘉禾詩文一卷

潯陽琵琶亭紀咏二卷

潯陽庾樓題咏一卷

滕王閣詩一卷

膾炙集一卷

玉枝集三十二卷

永康題紀詩咏十三卷

聖宋文粹三十卷

布袋集一卷

元祐密疏一卷

唐宋文章二卷

聖宋文選十六卷

唐宋詩後集十四卷

君山寺留題詩集一卷

制誥三卷

春貼子詞一卷

高麗表章一卷

登瀛集五十二卷

羅浮寓公集三卷

羅浮一卷　集者不知名。

陳材夫　仕途必用集十卷

翁忱　岳陽別集二卷

鍾興　秭歸集八卷

卜無咎　廬山記拾遺一卷

商侑　盛山集一卷

劉充　唐詩續選十卷

王安石　建康酬唱詩一卷　又　唐百家詩選二十卷　四家詩
　　選十卷　送朱壽昌詩三卷

韓忠彥　考德集三卷

元積中　江湖堂詩集一卷

孔延之　會稽掇英集二十卷

程師孟　續會稽掇英集二十卷

曾公亮　元日唱和詩一卷

孫覺　荔枝唱和詩一卷

蒲宗孟　曾公亮勛德集三卷

馬希孟　禓州集三卷

曾旼　潤州類集十卷

魏泰　襄陽題咏集二卷

蘇夢齡　摛華集三卷

王得臣　江夏古今紀咏集五卷

楊傑　高僧詩一卷

孫頎　抄齋唱和集一卷

薛傅正　錢塘詩前後集三十卷

唐愈　江陵集古題咏十卷

章粢　成都古今詩集六卷

孫永康　簡公崇終集一卷

道士龔元正　桃花源集二卷

紹聖三公詩三卷　司馬光、歐陽修、馮京所著。

陸經　靜照堂詩一卷

劉珵　宣城集三卷

唐庚　三謝集一卷

上官彝　麻姑山集三卷

翁公輔　下邳小集九卷

彈粹　鵝城豐湖亭詩一卷

蔡驛　惠泉詩一卷

林慮　西漢詔令十二卷

俞向　長樂集十四卷

四學士文集五卷　黃庭堅、晁補之、張耒、秦觀所著。

內制六卷　晏殊以下所撰，不知集者名。

沈晦　三沈集六十一卷

輶軒唱和集三卷　洪皓、張邵、朱弁所集。

程邁　止弋堂詩一卷

樊汝霖　唐書文藝補六十三卷

何琥　蘇黃遺編一卷　蘇軾、黃庭堅所著。

楊上行　宋賢良分門論六十二卷

戴覺　李丁　單題詩十二卷

廖剛　世綵集三卷

送王周歸江陵詩二卷　杜衍等所撰。

許端夫　齋安集十二卷

黄仁榮　永嘉集三卷

李知已　永嘉集三卷

晁氏新詞一卷　晁端禮、晁沖之所撰。

陸時雍　宏詞總類前後集七十六卷

梅江三孫集三十一卷　孫立節及子勔、孫何所著。

鮑喬　豫章類集十卷

鄧揎　小有天後集一卷

蕭一致　濂溪大成集七卷

館閣詞章一卷

館閣詩八卷　並中興館閣諸臣所撰。

文史類

劉勰　文心雕龍十卷

鍾嶸　詩評一卷

任昉　文章緣起一卷

李允　翰林論三卷　“允”一作“元”，又作“克”。

王昌齡　詩格一卷　又　詩中密旨一卷

杜嗣先　兔園策府三十卷

柳璨　史通析微十卷

劉餗　史例三卷

劉知幾　史通二十卷

白居易　白氏金針詩格三卷　又　白氏制朴一卷

僧皎然　詩式五卷　又　詩評一卷

辛處信注　文心雕龍十卷

王瑜卿　文旨一卷

王正範　文章龜鑑五卷

范攄　詞林一卷

孫卻　文格二卷

倪宥　文章龜鑑一卷

劉蓬　應求類三卷

竇莘　載籍討源一卷

舉要二卷

吳武陵　十三代史駁議十二卷

林概　史論二十卷

王諫　唐史名賢論斷二十卷

程鵬　唐史屬辭四卷

王摃之　絲綸點化二卷

方仲舒　究判玄微一卷

樂史　登科記解題一十卷

蔣之奇　廣州十賢贊一卷

白行簡　賦要一卷

范傳正　賦訣一卷

浩虛舟　賦門一卷

紇于俞　賦格一卷

和凝　賦格一卷

毛友　左傳類對賦六卷

王維　詩格一卷

王杞　詩格一卷　"杞"一作"超"。

賈島　詩格密旨一卷

元兢　詩格一卷　又　古今詩人秀句二卷

僧辭遠　詩式十卷

許文貴　詩鑑一卷

僧元鑑　續古今詩人秀句二卷

司馬光　續詩話一卷

姚合　詩例一卷

鄭谷　國風正訣一卷

王睿　炙轂子詩格一卷

張仲素　賦樞一卷

倪宥　詩體一卷

張爲　唐詩主客圖二卷

僧齊已　玄機分明要覽一卷　又　詩格一卷

李洞　賈島詩句圖一卷

僧神彧　詩格一卷

徐鋭　詩格一卷

馮鑑　修文要訣二卷

林逋　句圖三卷

李淑　詩苑類格三卷

僧定雅　寡和圖三卷

劉攽　詩話一卷

邵必　史例總論十卷

司馬光　詩話一卷

馬偁　賦門魚鑰十五卷

蔡寬夫　詩史二卷

吳處厚　賦評一卷

蔡希蘧　古今名賢警句圖一卷

魏泰　隱居詩話一卷

楊九齡　正史雜編十卷

郭思　瑶溪集十卷

蔡絛　西清詩話三卷

李頎　古今詩話錄七十卷

李錞　詩話一卷

僧惠洪　天廚禁臠三卷

周紫芝　竹坡詩話一卷

強行父　唐杜荀鶴警句圖一卷

黃徹　䂮溪詩話十卷

鄭樵　通志叙論二卷

曾發　選注摘遺三卷

胡源　聲律發微一卷

費袞　文章正派十卷

李善五臣同異一卷

嚴有翼　藝苑雌黃二十卷

方道醇　集諸家老杜詩評五卷

方絟　續老杜詩評五卷

彭郁　韓文外抄八卷

趙師懿　柳文筆記一卷

葛立方　韻語陽秋二十卷

呂祖謙　古文關鍵二十卷

新集詩話十五卷　　集者不知名。

元祐詩話一卷

歷代吟譜二十卷

唐宋名賢詩話二十卷

金馬統例三卷

詩談十五卷

韓文會覽四十卷　　並不知作者。

　　右集類,凡二千三百六十九部,三萬四千九百六十五卷。

宋史藝文志考異

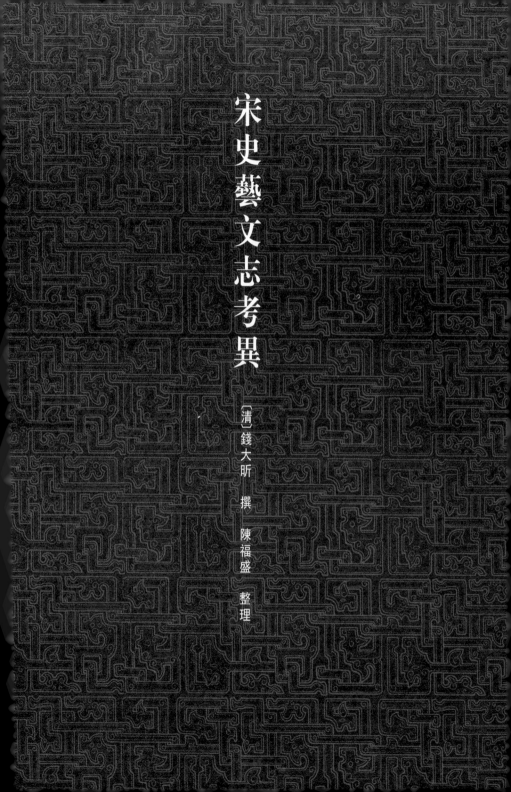

〔清〕錢大昕　撰

陳福盛　整理

底本：清乾隆四十五年（1780）刻本《廿二史考異》
　　　卷七十三《宋史藝文志考異》
校本：清光緒十年（1884）长沙龙氏家塾刻《潛研
　　　堂全書》本《廿二史考異·宋史·藝文志》

藝文志一

宋舊史，自太祖至寧宗，爲書凡四。志藝文者，前後部帙，有亡增損，互有異同。今删其重複，合爲一志。按，此志合《三朝》《兩朝》《四朝》《中興國史》彙而爲一。

當時史臣無學，不能博涉群書，考其同異，故部分乖刺，前後顛倒，較之前史，蹖駁尤甚，有一書而兩三見者。如陸德明《經典釋文》三十卷，見經解類，又見小學類。李涪《刊誤》二卷，見經解類，又見傳記類。《傳記》作一卷。程大昌《易老通言》十卷，見易類，又見道家類。《汲冢周書》十卷，見書類，又見別史類。《戰國策》三十三卷，見縱橫家，又見兵書類。僧辯機《唐西域記》十二卷，見道家類，又見地理類。楊九齡《桂堂編事》二十卷，見傳記類，又見別集類。李荃《閫外春秋》十卷，見別史類，又見兵書類。杜延業《晋春秋略》二十卷，見編年類，又見史鈔類。蕭方《三十國春秋》三十卷，見編年類，又見霸史類。本名"方等"，誤去"等"字。常璩《華陽國志》十卷，見別史類，又見霸史類。作十二卷。《王通元經薛氏傳》十五卷，見編年類，又見傳記類。劉恕《十國紀年》四十二卷，見別史類，又見霸史類。作四十卷。司馬彪《九州春秋》十卷，見別史類，又見霸史類。作九卷。趙曄《吳越春秋》十卷，見別史類，又見霸史類。余知古《渚宮舊事》十卷，見傳記類，又見地理類。作故事。林鉞《漢雋》十卷，見史鈔類，又見類事類。蔣之奇《廣州十賢贊》一卷，見傳記類，又見文史類。江少虞《皇朝事實類苑》二十六卷，見故事類，又見類事類。曾致堯《清邊前要》五十卷，見故事類，又見兵書類。作十卷。歐陽修《集古録》五卷，見目録類，又《集古録跋尾》六卷，見小學類。趙明誠《金石録》三十卷，見目録類，又見小學類。宋敏求《寶刻叢章》三十卷，見小學類，又見總集類。晁公武《讀書志》四卷，見目録類，又見傳記類。作二十卷。皇甫松《醉鄉日月》三卷，見小説類，又見雜藝術類。僧贊寧《物類相感志》五卷，見小説類，又見雜家類。作十卷。荆浩《筆記法》一卷，見雜藝術類，又見小學類。王皥《唐餘録》六十卷，見別史類，又見傳記類。作十六卷。毛友《左傳類對賦》六卷，見類事類，又見文史類。于政立《類林》十卷，見傳記類，又見類事類。《新唐志》作“于立政”。鄭至道《諭俗編》一卷，見刑法類，又見雜家類。丘光庭《海潮論》一卷，①見小説家類，又見別集類。范鎮《東齋記事》十二卷，見故事類，又見傳記類。張宗誨《花木録》七卷，見雜家類，又見小説家類。邵亢《體論》十卷，見儒家類，又見雜家類。雜家誤“亢”爲“元”。韓熙載《格言》五卷，見儒家類，又見雜家類。丘光庭《兼明書》四卷，見禮類，又見經解類，作三卷。又見雜家類。作十二卷。祝充《韓文音義》五十卷，見小學類，又見別集類。王晋《使範》一卷，見儀注類，又見刑法類。李綽《張尚書故實》一卷，見傳記類，而小説家又有《尚書故實》一卷。范成大《桂海虞衡志》三卷，見地理類，而傳記類又有范成大《虞衡志》一卷。辛怡顯《雲南録》三卷，見故事類，又有辛怡顯《至道雲南録》三卷。汪洙《榮觀集》五卷，見故事類，而總集類又有汪洙《元祐榮觀集》五卷。武密《帝王興衰年代録》二卷，見編年類，而別史録又有武密《帝王年代録》三十卷。姚寬《西溪叢話》二卷，見小説家類，而雜家類又有姚寬《叢語》上下二卷。吴曾《能改齋漫録》十三卷，見小説家類，而雜家類又有吴曾《漫録》十二卷。徐度《却埽編》三卷，見傳記

---

　　①　“丘光庭”，原避諱作“邱光庭”，據清光緒十年(1884)長沙龍氏家塾刻《潛研堂全書》本《廿二史考異·宋史·藝文志》(以下簡稱“潛研堂本”)改。

類，而雜家類又有徐度《崇道却埽編》十三卷。"十"字疑衍。錢景衎《南岳勝概》一卷，見地理類，而道家類又有錢景衎《南岳勝概編》一卷。李璋《太原事迹雜記》十三卷，見傳記類，而地理類又有李璋《太原事迹》十四卷。胡嶠《陷遼記》三卷，見傳記類，而地理類又有胡嶠《陷虜記》一卷。龔穎《運曆圖》三卷，見編年類，而別史類又有龔穎《年曆圖》八卷。《李司空論事》七卷，見故事類，而別集類又有《李司空論事》十七卷。令狐綯《制表疏》一卷，見故事類，而別集類又有令狐綯《表疏》一卷。崔昇《魯史分門屬類賦》一卷，見別集類，而春秋類又有崔昇《春秋分門屬類賦》三卷，注云："楊均注。"又類事類有《魯史分門屬類賦》，注云："不知作者。"郭憲《洞冥記》四卷，見傳記類，而小説家類又有《漢武帝洞冥記》四卷，注云："東漢郭憲編。"宋綬《本朝大詔令》二百四十卷，見總集類，而故事類又有《宋朝大詔令》二百四十卷，注云："紹興中，出於宋綬家。"洪興祖《韓子年譜》一卷，見傳記類，又見別集類，而譜牒類又有洪興祖《韓愈年譜》一部，注云："卷亡。"薛齊誼《六一居士年譜》一卷，見傳記類，而別集類又有薛齊誼《六一居士事證》一卷，疑即一書也。顏師古《刊謬正俗》八卷，已見經解類，而儒家類又有顏師古《糾謬正俗》八卷，此書本名《匡謬正俗》，宋人避諱，或改爲"刊"，或改爲"糾"，其實一書也。殷璠《丹陽集》一卷，見總集類，而別集類又有商璠《丹陽集》一卷，宋人避諱，改"殷"爲"商"，其實一書也。章懷太子《修身要覽》十卷，已見儒家類，而雜家類又有李賢《修書要覽》十卷，疑亦一書，訛"身"爲"書"也。《仁宗觀文覽古圖記》十卷，已見別史類，而故事類又有《仁宗觀文鑑古圖》十卷。李淑《三朝訓鑑圖》十卷，已見故事類，而別史類又有李淑《三朝訓覽圖》十卷，"鑑"與"覽"字形相似，疑皆重出也。吕夷簡《三朝寶訓》三十卷，林希《兩朝寶訓》二十一卷，並見別史類，而故事類又有呂夷簡、林希進《五朝寶訓》六十卷,蓋即合此兩書而爲一,其實亦重出也。經解類有蘇鄂《演義》十卷,雜家類又有蘇鄂《演義》十卷。沈顔《聲書》十卷,已見雜家類,而別集類又有沈顔《聲書》十卷,誤“聲”爲“聲”,實一書也。小説家類有狐剛子《靈圖感應歌》一卷,雜家類有狐剛子《感應類從譜》一卷,疑亦一書而重出也。胡旦《演聖通論》六十卷,已載於經解類,而又分見於易類、書類、詩類。張九成《中庸》、《大學》、《孝經説》各一卷,已載於《經解類》,而又分見於禮類、孝經類。鄭樵《通志》二百卷,已載於別史類,而《六書略》又入小學類。《圖譜有無記》,即《圖譜略》也,又入目録類;《諡法》三卷,即《諡略》也,又入經解類;《叙論》二卷,又入文史類,非重出乎? 陸德明《經典釋文》,已於經解、小學、類兩見之矣,而又分見於易類、書類、詩類、春秋類、禮類、論語類,至小學類已載《釋文》全部,又別出《爾雅音義》二卷,非重複之甚乎?

　　有一類之中,前後重出者。如沈棐《春秋比事》二十卷,春秋類兩見。張九成《語録》十四卷,儒家類兩見。趙君錫《遺事》一卷,傳記類兩見。王晋《使範》一卷,刑法類兩見。《李新集》四十卷,別集類兩見。陸修靜《老子道德經雜説》一卷,道家類兩見。秦再思《洛中記異》十卷,小説家類兩見。李嗣真《畫後品》一卷,郭若虛《圖畫見聞志》六卷,皆於雜藝術類兩見。王琚《射經》亦雜藝術類兩見,而前云一卷,後云二卷。小説家類前有樂史《續廣卓異記》三卷,後有樂史《廣卓異記》三卷。別集類前有《李煜集》十卷,後有南唐《李後主集》十卷。釋氏類前有般刺密帝彌伽釋迦譯《首楞嚴經》十卷,後有般刺密諦譯《楞嚴經》十卷。曆算類前有謝察微《算經》三卷,後有謝察微《發蒙算經》三卷。傳記類前有王巖叟《韓忠獻公別録》一卷,後有《韓琦別録》三卷,王巖叟撰。故事類前有《三朝訓鑑圖》十卷,仁宗製序,後有李淑《三朝訓鑑圖》十卷。兵書類前有《郭代公安邊策》三卷,後有《定遠安邊策》三卷,實一書也。見晁氏《讀書志》。兵書類前有余壹《兵籌類要》十五卷,後有余臺《兵籌類要》十五卷,"臺"與"壹"字形相涉,疑即一書也。曆算類前有王孝通《緝古算經》一卷,後有王孝適《緝古算經》一卷,"適"即"通"字之訛,亦一書也。農家類前有李綽《秦中歲時記》一卷,後有李綽《輦下歲時記》一卷。綽,唐時人,唐都關內,輦下,即秦中也。前有劉時靖《時鏡新書》五卷,後有劉靖《時鑑雜書》一卷,注云:"'雜'一作'新'。"宋人避諱改"鏡"爲"鑑",其實一書也。總集類前有蔡省風《瑤池集》二卷,後有葉省風《瑤池集》一卷,"葉"與"蔡"字形相涉,疑亦一書也。《新唐志》:蔡省風《瑤池新咏》二卷,集婦人詩。釋氏類前有《華嚴法界觀門》一卷,宋密注,後有《華嚴法界觀門》一卷,僧杜順集,刊本"杜"訛作"法"。僧宗密注。"宋"即"宗"字之訛,亦一書也。傳記類前有《晋朝陷蕃記》二卷,後有《開運陷虜事迹》一卷,俱云不知作者,疑亦一書也。晁公武云:"《石晋陷蕃記》一卷,范質撰。"蓋即此書。春秋類前有《公羊疏》三十卷,[①]後有徐彥《公羊疏》三十卷。總集類前有宋白《文苑英華》一千卷,後有李昉、扈蒙《文苑英華》一千卷。前有《唐百家詩選》二十卷,後有王安石《唐百家詩選》二十卷。皆一書而重出也。別集類前有《廖光圖詩集》二卷,後有《廖正圖詩》一卷,本名匡圖,宋人避諱,或改爲"光",或改爲"正",其實一書也。小說家類前有鍾輅《前定錄》一卷,後有鍾輅《感定錄》一卷,疑亦一書也。

　　若夫編次之失當者,如《南唐列祖實錄》《後蜀高祖實錄》

---

①　"卷",原誤作"疏",據潛研堂本改。

《後蜀主實録》當入霸史,而入之編年;《高宗過江事實》《廣王事迹》當入故事,而入之霸史;趙志忠《大遼事迹》當入霸史,而入之雜家;吕本中《童蒙訓》,朱熹《小學之書》,吕祖謙《少儀外傳》皆儒家也,而入之小學;邵雍《皇極經世書》《觀物内篇》《觀物外篇》亦儒家也,而入之易類;楊王休《諸史闕疑》,趙粹中《史評》,王應麟《小學紺珠》類事也,而入之小學;又《通鑑地理考》《通鑑地理通釋》《漢藝文志考證》《漢制考》皆史鈔也,而入之職官;陳師道《後山詩話》,陸游《山陰詩話》,胡仔《漁隱叢話》,僧惠洪《冷齋夜話》,無名氏《垂虹詩話》皆文史也,而入之小説;范成大《吳門志》,當作吳郡。地理也,而入之傳記;晁公武《昭德堂藁》别集也,而入之傳記;同一音義也,楊齊宣《晋書音義》入正史類,劉伯莊《史記音義》,蕭該《漢書音義》,董衝《唐書釋音》,竇苹《唐書音訓》入小學類;同一年譜也,薛齊誼《六一居士年譜》入傳記類,王宗稷《蘇文忠年譜》入别集類,洪興祖《韓子年譜》則傳記、别集、譜牒三類皆有之;同一蒙求也,李翰《蒙求》,葉才老《和李翰蒙求》入類事類,洪邁《次李翰蒙求》入小學類;同一花木譜也,蔡襄《荔枝譜》,邱濬《洛陽貴尚録》,紀牡丹。入小説類,歐陽修《牡丹譜》,孔武仲、劉攽、王觀《芍藥譜》入農家類;同一錢譜也,封演《錢譜》,張台《錢録》入農家類,顧協《錢譜》,董逌《錢譜》入小説類,洪遵《泉志》入傳記類,皆義例之未一也。又如類事類有徐天麟《西漢會要》,而《東漢會要》則失之。總集類有洪邁《唐一千家詩》,而《唐人萬首絶句》則失之。故事類有陳騤《中興館閣録》,而《續録》則失之。傳記類有洪适《五代登科記》,而《唐登科記》則失之。

蓋以崇寧以後,史之所未録者。“蓋”當作“益”,“崇寧”當作“寧宗”,皆刊本之訛。

易　類

史文徽　易口訣義六卷

按，《崇文總目》云：“河南史證撰。”晁氏云：“唐史證撰抄注疏，以便講習，田氏以爲魏鄭公撰，誤也。”陳振孫亦云：“避諱作‘證’字。”則此《志》“徽”字當作“徵”之訛。

晁補之　太極傳五卷　因說一卷

《文獻通考》以爲晁以道撰。以道名“說之”，非“補之”也。

楊簡　已易一卷

《文獻通考》在儒家類。

書　類

王晦叔　周書音訓十二卷

本名曙，避英宗諱稱其字，而傳記類有王曙《戴斗奉使録》，故事類有王曙《群牧故事》，所謂史駁文也。

朱熹　書說七卷　黃士毅集

“黃士毅集”四字，應改分注。

禮　類

禮粹二十卷　注：“不知作者。”

《崇文總目》，唐寧州參軍張頻纂。

石墊　中庸集解二卷

“墊”當作“塾”字。字子重與敦義爲近，故知當从敦也。

樂　類

趙邦利　彈琴手勢譜一卷

“邦”當作“邪”，字之訛也。此《志》訛字頗多，如方勺《泊宅編》，訛“勺”爲“与”，徐度《却埽編》，訛“度”爲“慶”，杜佑《賓佐記》，訛“賓”爲“實”，陳翥《桐譜》，訛“桐”爲“相”，吕渭《廣陵止息譜》，訛“渭”爲“謂”，吕祖謙《左氏博議》，訛“博”爲“傳”，葉模《石林過庭録》，訛“林”爲“杯”，胡仔《孔子編年》，訛“仔”爲“仔”，王仁裕《開元天寶遺事》，訛“裕”爲“豁”，宋庠《尊號録》，訛“庠”爲“祥”，錢惟演《金坡遺事》，訛“坡”爲“陵”，趙抃《成都古今集記》，訛“抃”爲“扑”，楊倞注《荀子》，訛“倞”爲“保”，辛崇《僧伽行狀》，訛“辛”爲“卒”，僧杜順《集華嚴法界觀門》，訛“杜”爲“法”，僧神會《荷澤顯宗記》，訛“神會”爲“會神”，劉邵《人物志》，訛“劉邵”爲“即郡”，沈括《忘懷録》，訛“忘”爲“志”，黄希聲《隅書》，訛“聲”爲“聲”，陳翰《異聞集》，訛“翰”爲“輪”，温畬《續定命録》，訛“畬”爲“奢”，王闢之《澠水燕談》，訛“闢”爲“關”，王績《補妒記》，訛“妒”爲“姑”，黄休復《茅亭客話》，訛“休”爲“林”，上官融《文會談叢》，訛“文”爲“友”，張丘建《算經》，[①]訛“丘”爲“立”，賈耽《備急單方》，訛“耽”爲“沈”，沈顔《聱書》，訛“聱”爲“聲”，史正志《清暉閣詩》，訛“志”爲“心”，鄭準《渚宫集》，訛“渚”爲“者”，談鑰《吳興志》，訛“興”爲“與”，《離堆志》，訛“堆”爲“準”，又別集類束晳訛爲“晳”，沈烱訛爲“堈”，王績訛爲“續”，胡曾訛爲“會”，孟賓于訛爲“子”，張耒訛爲“來”，魚元機訛爲“魯”，此類皆刊本之訛，非盡史臣之失也。

聶崇義　景祐大樂圖二十卷

“崇義”當作“冠卿”。崇義仕於宋初，不當景祐時。

春秋類

朱瑗　春秋口義五卷

“朱瑗”當是“胡瑗”之訛。

---

① “丘”，原避諱作“邱”，據潛研堂本改。

崔昇　春秋分門屬類賦三卷　注：“楊均注。”

此書又見別集類，題云《魯史分門屬類賦》，而類事類又有《魯
史分門屬類賦》，注云：“不知作者。”疑即一書也。晁氏《讀書
志》：“《魯史分門屬類賦》三卷，皇朝楊筠撰，以《左氏》事類分
十門，各爲律賦一篇，乾德四年上之。”此《志》云崔昇撰，而楊
均注之，與晁《志》異。

程大昌　演繁露六卷

按，程大昌《演繁露》十四卷，《續演繁露》六卷，已見類事類。
《文獻通考》入之雜家類。此又入春秋類，蓋以其取董生《繁
露》之名，疑爲説《春秋》而作，而不知其非一類也。

經解類

劉餗　六説五卷　兼講書五卷　授經圖三卷

按，《唐志》：“《六説》五卷，乃劉迅所撰，迅乃餗之弟也。”《唐
書·迅傳》云：“續《詩》《書》《春秋》《禮》《樂》五説。”《崇文總
目》亦云：迅作《六書》，以繼《六經》，故標概作書之誼，而著其
目，惟《易》闕而不叙。然則此書名爲《六説》，實止五説矣。
《兼講書》及《授經圖》則《唐志》無之，疑非餗、迅兄弟所作。

胡旦　演聖通論六十卷

陳氏云：“《易》十七，《書》七，《詩》十，《禮記》十六，《春秋》十。
其第一卷爲目録。”此《志》於易、詩、書三類，別出《演聖通論》
之目，而春秋、禮類仍復闕之。據陳氏《解題》，《詩》止十卷，
此《志》云二十卷，亦恐誤。

小學類

謝利貞　玉篇解疑三十卷

《崇文總目》作趙利正。

象文玉篇二十卷

《崇文總目》云："釋慧力撰。"《志》列《玉篇解疑》之下，似亦利
貞所撰。

羅點　清勤堂法帖六卷

宋自太宗《淳化法帖》而後，模刻法帖，亡慮數十家，《志》皆不
載，而獨取羅點一家，恐難免挂漏之誚矣。

藝文志二

正史類

楊齊宣　晉書音義三卷

此書何超所撰，楊齊宣爲序，《志》誤以爲齊宣。

編年類

蕭方　三十國春秋二十卷

本名方等，脫"等"字。

孫盛　晉陽春秋三十卷

"春"字衍。

程正柔　大唐補紀三卷

本名匡柔，避諱改。

五代唐懿宗紀年録一卷　五代唐獻祖紀年録一卷

懿宗當作懿祖，謂朱邪執宜也。獻祖者，克用之父國昌也。《五代會要》：天成四年十一月，史館上新修《懿祖》《獻祖》《太祖紀年録》，共二十卷。據此《志》，《懿》《獻》二祖各一卷，則《太祖紀年録》，當是十八卷，《志》獨失書。

宋太祖實録五十卷　注："李沆、沈倫修。"

按，《太祖實録》本有兩本，各五十卷，太宗太平興國中初修，史臣李昉、扈蒙、李穆、郭贄、宋白等，宰相沈倫爲監修表進。真宗咸平中重修，史官則錢若水、李宗諤、梁顥、趙安仁，而宰相李沆監修表進之。《志》誤並兩本爲一，又以李沆列於沈倫之前，益爲不倫矣。

別史類

常璩　華陽國志十卷　江南志二十卷

《江南志》非璩所作。

史鈔類

劉希古　歷代紀要五十卷

希古當作熙古。《本傳》作十五卷。小學類有劉希古《切韵十玉》五卷,《本傳》作《切韵拾玉》二篇。亦當爲"熙"字。

故事類

王琳　魏鄭公諫録五卷

"琳"當作"綝",即方慶也。《唐志》故事類有王方慶《文貞公事録》一卷,即此書。

劉公鉉　鄴城舊事六卷

地理類有劉公鉉《鄴城新記》三卷,疑即一書。《新唐志》作公鋭。有《新記》而無《舊事》。

龔頤正　續稽古録一卷

本名惇頤,避諱更名。和州人,給事中原之曾孫也。又撰《元祐黨籍列傳譜述》一百卷,淳熙修四朝國史,多取其書。以洪邁奏補和州文學,後賜出身,《志》失載。

洪邁　翰 _{刊本訛作"漢"。} 苑群書三卷　又　會稽和買事宜録七卷

按,《和買事宜録》,邁所撰。《翰苑群書》,則邁兄遵所撰也。《志》皆以爲邁撰,誤。

職官類

蔡元道　祖宗官制舊典三卷

本名惇,避諱改稱其字。

傳記類

劉諫　一作練。　**國朝傳記三卷**

"諫"當作"餗"。按，《唐志》小説家有劉餗《傳記》三卷，注云：
"一作《國史異纂》。"則《異纂》與《傳記》本是一書。此《志》小
説家既有劉餗《傳記》三卷，而傳記類又有劉餗《國史異纂》三
卷，已爲重出，又不知"諫""練"皆"餗"字之訛，而更出之，益
可笑矣。

李巨川　**許國公勳阯録三卷**

故事類有李巨川《勤王録》二卷，蓋即此書。温公《通鑑考異》
亦引許國公《勤王録》，知"勳阯"必"勤王"之訛。

乾寧會稽録一卷　**三楚新録一卷**　**英雄佐命録一卷**　**世宗征**
淮録一卷　**濠州干戈録一卷**

此五書非李巨川所作，當注云："並不知作者。"《三楚新録》疑
即周羽沖所撰，已見霸史類。

柳程　**柳氏家學一卷**

小説家類有柳珵《家學要録》二卷，又有柳涅《常侍言旨》一
卷，蓋即一人也。晁氏云："《家學要録》一卷，柳珵采其曾祖
彥昭、祖芳、父冕家集所記累朝典章因革著此録。又《常侍言
旨》一卷，柳珵記其世父芳所著，凡六章。"然則程、涅皆字之
訛。珵既爲芳之孫，不當又稱芳爲世父。考《唐史》，芳未嘗
爲常侍，惟芳子登官至右散騎常侍，實珵之世父，則所云常侍
者，蓋謂登也。

劉昶　**嶺外録異三卷**

地理類有劉恂《嶺表録異》三卷。"昶"與"恂"字形相涉，疑即
一書。《唐志》有劉恂，無劉昶。

趙普　飛龍記一卷

亦名《龍飛日曆》。

韓文公歷官記一卷　注：程俱撰。

陳振孫云："新安張敦頤撰。"

王襄　南陽先生傳二十卷

"先生"當作"先民"。

李綱　近世厚德録一卷

此李元綱所撰，非李忠定也。史脱"元"字。

藝文志三

儀注類

歐陽修　太常因革禮一百卷

即蘇洵、姚闢所修。

鄭樵　鄉飲禮三卷　又　鄉飲禮圖三卷

禮類有鄭樵《鄉飲禮》七卷，疑亦重出。

目録類

商仲茂　十三代史目一卷

本姓殷，避諱追改。別集類有商璠《丹陽集》，商文圭《從軍
藳》，藝術類有張仲商《射訓》，五行類有商紹《太史堪輿曆》，
皆本"殷"字也。

地理類

曹璠　國照十卷

按，下文又有曹璠《須知國鏡》二卷，宋人避諱，往往改"鏡"爲
"照"，此兩書疑亦重出也。

達奚洪　一作"通"。　海外三十六國記一卷

按，上文有達奚宏通《西南海蕃行記》一卷，疑即一書。此作
"洪"者，避諱改也。《唐志》作達奚通《海南諸蕃行記》，無
"宏"字。

陸游　會稽志二十卷

此與沈作賓、趙不迹《會稽志》二十卷本是一書，沈、趙皆紹興

守臣，而陸游爲之序。游子子虞嘗預纂修《志》，以爲游所撰，又分《陸志》與《沈趙志》爲二，皆失之不考爾。

李獻父　相臺志十二卷

晁氏《志》作李琮。

劉灝　清源志七卷

陳振孫云："《清源志》七卷，通判州事永嘉戴溪撰。時慶元已未，太守信安劉穎。"蓋即此書。"穎""灝"字形相涉，未知孰是。

霸史類

南唐書十五卷　不知作者

按，《南唐書》傳於今者，有馬令、陸游二家，《馬書》三十卷，《陸書》十五卷，此云十五卷，疑是陸氏書也。

蔣文惲　閩中實錄十卷

陳氏《書錄解題》作蔣文惲。

藝文志四

儒家類

馬融　忠經一卷

隋、唐《志》俱無此書,蓋宋人僞托。

外書十二卷　注:"程顥、程頤講學。"

當在程氏《遺書》《語録》之下。

伊洛淵源十三卷　注:"不知作者。"

或云朱熹撰。

曾大公　公侯正術十卷

《唐志》在雜家類,題云:"魯人初。初者其名,而姓則未詳。"
此《志》作曾大公,刊本之訛也。

名、墨、縱橫家,無所增益

按,宋《三朝》《兩朝》《四朝國史》,各志藝文,前《志》已著録
者,則後史不復登載,故有無所增益之語。元人修史,既彙而
爲一,而秉筆之臣,空疏淺陋,不能刪其繁復,正其次第,以至
一類之中,前後失次,甲乙乖方,徒憑鈔胥,照本增入,此語亦
遂存而不刪。昔人譏作奏雖工,宜去葛龔,豈意蘭臺、東觀之
儒,亦復謬濫至此。

道家類

劉向　關尹子九卷

諸子多出劉向校定,獨此書繫之劉向,似《關尹》九卷,乃中壘
所作矣。

釋氏類

法林辨正論八卷　陳子良作

按，法琳《辨正論》八卷，又見於《破邪論》之下，此訛"琳"爲"林"，實一書也。晁氏云："潁川陳良序。"《唐志》云："陳子良注。"此以爲子良作，亦誤。

李遵　天聖廣燈録三十卷

本李遵勗撰，避諱去下一字。

楊士達　禪關八問一卷　注："宗美。"

《唐志》云："楊士達問，唐宗美對。"此脱"對"字。

僧肇　寶藏論一卷　又　般若無知論一卷　涅槃無名論一卷

上文已有僧肇《寶藏論》三卷，蓋合三論爲一部。

魏靜　永嘉一宿覺禪師集一卷

上文有魏靜《永嘉一宿覺禪宗集》一卷，此重出。

道院集要三卷　注："不知作者。"

陳振孫云："王古撰。以晁迥《法藏碎金》《耄智餘書》删重集碎，別爲此書。"

李通元　華嚴合論一卷

按，李長者《華嚴合論本》一百二十卷，此云一卷者，乃真際禪師所撰《華嚴法相撮要》也。

崇正辨三卷　胡演撰

"演"當作"寅"。寅著此辨，專以排斥釋氏，當列於儒家，不當在釋氏類。

神仙類

陳處士　同洪讓書老子道經一卷

"同"當作"周"，即周弘讓也。宋人避諱，改爲"洪"字。

王用德　晋州羊角山慶曆觀記一卷

　　“慶曆”當作“慶唐”。

農家類

李綽　輦下歲時記一卷

　　此與《秦中歲時記》當是一書。

劉靖　時鑑雜　一作“新”。**書四卷**

　　上文有劉安靖《時鏡新書》五卷，疑即此書。改“鏡”爲“鑑”者，避諱也。

周絳　補山經一卷

　　“山”當作“茶”。

雜家類

皇甫選注何亮本書三卷

　　按，下文又有何亮《本書》三卷，亦重出。

潘祖　志筌書三卷

　　陳氏《書録解題》有潘植《忘筌書》二卷，此《志》訛“植”爲“祖”，訛“忘”爲“志”也。

藝文志五

小説家類

李義山　雜藁一卷

此與李商隱《雜纂》當是一書。

洪邁　夷堅志六十卷　甲、乙、丙志。　**夷堅志八十卷**　丁、戊、己、庚志。

陳氏《書録解題》：“《夷堅志》甲至癸二百卷，支甲至支癸一百卷，三甲至三癸一百卷，四甲四乙二十卷，凡四百二十卷。”

王煥　北山紀事十二卷

陳氏云：“户部侍郎王遘少愚撰。”

陳師道　談叢究理一卷

按，儒家類有陳師道《後山理究》一卷，傳記類有陳師道《後山居士叢談》一卷，此又別出《談叢究理》一卷，不惟重出，且復舛訛。今後山書具存。

黄朝英　青箱雜記十卷

按，朝英所撰，本名《緗素雜記》，其《青箱雜記》十卷，則吳處厚所撰也。

天文類

符天經一卷　曹士爲　符天經疏一卷　符天通真立成法二卷

“士爲”當是“士蔿”之訛。曆算類已有曹士蔿《七曜符天曆》二卷，[①]《七曜符天人元曆》三卷，此必重出也。

---

① “卷”原誤作“十”，據潛研堂本改。

五行類

珞録子賦一卷　不知姓名，宋李企注

《晁志》："《珞琭子疏》五卷，皇朝李全、東方明撰。""全"與
"企"字形相似也。下文又有珞琭子《三命消息賦》一卷，當是
重出。

郭璞　山海經十八卷

按，《山海經》古書，郭氏爲之注，非郭所撰。且下文即有"《山
海圖經》十卷，郭璞序，不著姓名"。謂非自相矛盾乎？《漢
志》雖以《山海經》列於形法家，要是地理家之權輿，《志》既以
《山海經贊》二卷入地理類，而此復入之五行類，似未嘗寓目
此書者，大可怪矣。

蓍龜類

周易三備三卷　題孔子師徒所述，蓋依托也。

《史記正義》引《中備》，孔子爲商瞿母筮，得大蓄，與子貢、顏
回問答之語。《中備》蓋即《三備》之一篇。又五行類有《周易
三備雜機要》一卷，亦此類也。《唐志》蓍龜即在五行之內。
此《志》既別立蓍龜一家，而許季山《易訣》《周易六帖》《周易
髓要雜訣》《周易天門子訣》《周易三略經》《易林》《諸家易林》
《易新林》《易旁通手鑑》《易元圖》《周易薪蕢訣》《易頌卦》《太
清易經訣》《周易通占》《周易子夏占》《周易口訣開題》《周易
飛燕轉關林》《周易括世應頌》《周易鬼靈經》《周易三空訣》
《周易三十六占》《周易爻咏》《周易鬼鎮林》《周易金鑑歌》《周
易聯珠論》《周卦轆轤關》《易轆轤圖頌》《易大象歌》《周易卜

卦》《郭璞周易玄義經》《周易察微經》《周易鬼御算》①《周易逆刺》《易鑑》、黄子玄《易頌》、王守一《周易探玄》《易訣雜頌》《易杜秘林》《易大象林》、李鼎祚《易髓》、成玄英《易流演》、虞翻注《京房周易律歷》、陶隱居《易髓》、王鄯《周易通神歌》、張胥《周易繚繞詞》、靈隱子《周易河圖術》、焦氏《周易玉鑑領》《周易三備雜機要》《周易經類》《法易》一作《易訣》《周易竅書》《周易靈真述》《周易靈真訣》《易卦林》《周易飛伏例》《周易火竅》《周易備要》《周易六神頌》、天門子《易髓》《六十四卦歌》，凡六十家，仍列於五行類，此亦義例之未當者。

---

① "御"，原誤作"衙"，據潛研堂本改。

藝文志六

兵書類

陶弘景①　真人水照十三卷

《唐志》作"水鏡"，宋人避諱追改。

雜藝術類

宋景真　唐賢名畫録一卷

"宋"當作"朱"，字之訛也。本名景玄，宋人避諱，易爲"真"字，如"玄武"爲"真武"也。

類事類

章得象　國朝會要一百五十卷　宋初至慶曆四年。

按，下文有"《宋六朝會要》三百卷，章得象編。刊本'象'或作'蒙'誤。王珪續"。則得象此書，即在三百卷內。慶曆五年以後，至神宗朝，則王珪所續也。《志》中前後重複，似此者非一，略舉以見例。

大孝　一作"存"。僚御覽要略十二卷

"大孝僚"三字不可解，當考。

册府元龜音義一卷

按，王欽若《册府元龜》一千卷尚在下文，而《音義》轉列於前，此亦義例之可議者。

---

① "陶弘景"，原避諱作"陶宏景"，據潛研堂本改。

李知實　一作"寶"。　**檢志三卷**

《唐志》作李知保。"保"與"寶"同音。又訛爲"實"爾。

文選雙字類要四十卷　注："不知作者。"

陳振孫云："蘇易簡撰。"

醫書類

林億　黄帝三部鍼灸經十二卷

即皇甫謐所撰《甲乙經》也。嘉祐中,詔光祿卿直秘閣林億、國子博士高保衡等校正醫書,如《素問》《靈樞》《難經》《甲乙經》《脈經》,皆億等所校,而史家無學,偶見此書卷首有億名,遂以爲億所撰,此亦劉向、關尹子之類也。

楊介存　四時傷寒總病論六卷

按,晁氏《志》有楊介《存真圖》一卷,其人名介,非名介存也。竊意"介存"下當有脱文,《四時傷寒總病論》則別是一人所撰。

唐慎微　大觀經史證類備急本草三十二卷

按,元初刊本,首載康州防禦使入内醫官曹孝忠序云:蜀人唐慎微,因本草舊經,衍以證類,臣親奉玉旨,[①]謂此書實可垂濟,乃詔節使臣楊戩總工刊寫,又命臣校正而潤色之。謹奉明詔,删繁緝紊,務底厥理,凡六十餘萬言,請目以《政和新修經史證類備用本草》云。蓋慎微書初刻於大觀二年。有杭州仁和縣尉管句學事艾晟序。故系以大觀,及政和奉詔校正,即易以政和之號,非有二書也。

成無已　傷寒論一卷

按,無已撰《傷寒明理論》四卷,又注仲景《傷寒論》十卷,《志》稱《傷寒論》一卷,誤也。《志》不載成氏《傷寒明理論》,而別有嚴器之《傷寒明理論》四卷,未審即一書否。

---

①　"旨",原誤作"音",據潛研堂本改。

藝文志七

別集類

司空文明集一卷

本名曙，宋人避諱，故舉其字。包幼正本名佶，避徽宗諱，亦
稱字。李泰伯本名覯，避高宗諱，亦稱字。

祝光　韓文音義五十卷

即祝充《韓文音義》也。一類之中，前後重出，又訛"充"爲
"光"爾。

趙抃　成都古今集三十卷

地理類有趙朴《成都古今集记》三十卷，蓋即此書。訛"抃"爲
"朴"爾。此地理總集之流，不當入別集類。

恭翔集十卷　又　表奏集十卷

即敬翔也。總集類有許恭宗《文館詞林詩》，即許敬宗也。史
臣避宋諱追改之。

王禹偁　小蓄集三卷

當作三十卷。

石柔　橘林集十六卷

陳氏作"石柔"。

劉一止　苕溪集五十五卷

按，下文別出《劉一止集》，注云："《苕溪集》多五卷。"此亦一
書重出，當刪並爲一。

張嗣良　敝帚集十四卷　又　南澗甲乙藁七十卷　韓元吉
**　愚戇録十卷**

按，《南澗甲乙藁》乃韓元吉撰。元吉字無咎，門下侍郎維之

玄孫,居廣信溪南,故自號南澗。《志》誤。

連寶學奏議二卷 不知名。

蓋寶文閣學士連南夫也。

李燾文集一百二十卷

《燾傳》云:"《文集》五十卷,《奏議》三十卷。"

王惟之　雪溪集八卷

當作"性之"。

得全居士詞一卷 不知作者。

陳振孫云:"《得全詞》一卷,趙鼎元鎮撰。"此卷前有趙鼎《得全居士集》,而於此詞獨失其名,何也?

藝文志八

總集類

朱梁宣底八卷

故事類有《梁宣底》三卷，此亦重出。

吴越石壁集二卷

別集類有錢鏐《吴越石壁記》一卷，疑即一書。

楊倓　南州集十卷

陳振孫云：“太平州教授林桷《子長集》。”按，楊倓於淳熙中嘗知太平州，疑即與桷　同時。桷任纂修，而倓爲郡守，均得列名卷端也。

曾肇　滁陽慶曆前集十卷

陳氏云：“《滁陽慶曆集》十卷，朝散郎滁人徐徽仲元集，斷自慶曆以來。曾肇子開，紹聖中謫守，爲之序。”此《志》前有徐徽《滁陽慶曆集》十卷，而復出此，其實非有二本也。